清华大学优秀博士学位论文丛书

论个人私密信息
——以个人私密信息的法律界分为中心

张璐（Zhang Lu）著

Research on Personal Information of Privacy Nature:
Focus on the Legal Demarcation of Personal Information
of Privacy Nature

清华大学出版社
北京

内 容 简 介

本书围绕个人私密信息的规范构造展开,遵循权利对象、权利客体和权利保护的线索,以个人私密信息的法律界分为重点,围绕"双向辨析"和"双重保护",主要回答"个人私密信息是什么"和"如何保护个人私密信息"的问题。具体而言,个人私密信息是隐私权和个人信息权益的保护对象,本书对私密性的判断从"双向辨析"视角出发,梳理研究私密信息的规范历史和体系定位,针对实践中个人信息私密性检验的现状,提出个人私密信息的检验模型,并进一步区分个人私密信息与相似概念(个人信息、隐私、个人敏感信息),以期从"证成"和"证伪"两个角度对个人私密信息这一权利对象展开翔实论证。同时分析个人私密信息的权利客体:隐私权和个人信息权益,从权利保护角度区分"隐私权与个人信息"的"双重保护"规则,细化"隐私权优先"二阶递进模式的法律适用。

版权所有,侵权必究。举报:010-62782989,beiqinquan@tup.tsinghua.edu.cn。

图书在版编目(CIP)数据

论个人私密信息:以个人私密信息的法律界分为中心/张璐著. —北京:清华大学出版社,2024.9
(清华大学优秀博士学位论文丛书)
ISBN 978-7-302-66249-5

Ⅰ. ①论… Ⅱ. ①张… Ⅲ. ①个人信息－法律保护－研究 Ⅳ. ①D913.04

中国国家版本馆 CIP 数据核字(2024)第 095715 号

责任编辑:张维嘉
封面设计:傅瑞学
责任校对:薄军霞
责任印制:宋　林

出版发行:清华大学出版社
　　网　　址:https://www.tup.com.cn,https://www.wqxuetang.com
　　地　　址:北京清华大学学研大厦 A 座　　邮　　编:100084
　　社 总 机:010-83470000　　邮　　购:010-62786544
　　投稿与读者服务:010-62776969,c-service@tup.tsinghua.edu.cn
　　质量反馈:010-62772015,zhiliang@tup.tsinghua.edu.cn
印 装 者:三河市东方印刷有限公司
经　　销:全国新华书店
开　　本:155mm×235mm　　印　　张:16.75　　字　　数:287 千字
版　　次:2024 年 9 月第 1 版　　印　　次:2024 年 9 月第 1 次印刷
定　　价:99.00 元

产品编号:101486-01

一流博士生教育
体现一流大学人才培养的高度(代丛书序)①

  人才培养是大学的根本任务。只有培养出一流人才的高校,才能够成为世界一流大学。本科教育是培养一流人才最重要的基础,是一流大学的底色,体现了学校的传统和特色。博士生教育是学历教育的最高层次,体现出一所大学人才培养的高度,代表着一个国家的人才培养水平。清华大学正在全面推进综合改革,深化教育教学改革,探索建立完善的博士生选拔培养机制,不断提升博士生培养质量。

  学术精神的培养是博士生教育的根本

  学术精神是大学精神的重要组成部分,是学者与学术群体在学术活动中坚守的价值准则。大学对学术精神的追求,反映了一所大学对学术的重视、对真理的热爱和对功利性目标的摒弃。博士生教育要培养有志于追求学术的人,其根本在于学术精神的培养。

  无论古今中外,博士这一称号都和学问、学术紧密联系在一起,和知识探索密切相关。我国的博士一词起源于2000多年前的战国时期,是一种学官名。博士任职者负责保管文献档案、编撰著述,须知识渊博并负有传授学问的职责。东汉学者应劭在《汉官仪》中写道:"博者,通博古今;士者,辩于然否。"后来,人们逐渐把精通某种职业的专门人才称为博士。博士作为一种学位,最早产生于12世纪,最初它是加入教师行会的一种资格证书。19世纪初,德国柏林大学成立,其哲学院取代了以往神学院在大学中的地位,在大学发展的历史上首次产生了由哲学院授予的哲学博士学位,并赋予了哲学博士深层次的教育内涵,即推崇学术自由、创造新知识。哲学博士的设立标志着现代博士生教育的开端,博士则被定义为独立从事学术研究、具备创造新知识能力的人,是学术精神的传承者和光大者。

---

① 本文首发于《光明日报》,2017年12月5日。

博士生学习期间是培养学术精神最重要的阶段。博士生需要接受严谨的学术训练,开展深入的学术研究,并通过发表学术论文、参与学术活动及博士论文答辩等环节,证明自身的学术能力。更重要的是,博士生要培养学术志趣,把对学术的热爱融入生命之中,把捍卫真理作为毕生的追求。博士生更要学会如何面对干扰和诱惑,远离功利,保持安静、从容的心态。学术精神,特别是其中所蕴含的科学理性精神、学术奉献精神,不仅对博士生未来的学术事业至关重要,对博士生一生的发展都大有裨益。

独创性和批判性思维是博士生最重要的素质

博士生需要具备很多素质,包括逻辑推理、言语表达、沟通协作等,但是最重要的素质是独创性和批判性思维。

学术重视传承,但更看重突破和创新。博士生作为学术事业的后备力量,要立志于追求独创性。独创意味着独立和创造,没有独立精神,往往很难产生创造性的成果。1929年6月3日,在清华大学国学院导师王国维逝世二周年之际,国学院师生为纪念这位杰出的学者,募款修造"海宁王静安先生纪念碑",同为国学院导师的陈寅恪先生撰写了碑铭,其中写道:"先生之著述,或有时而不章;先生之学说,或有时而可商;惟此独立之精神,自由之思想,历千万祀,与天壤而同久,共三光而永光。"这是对于一位学者的极高评价。中国著名的史学家、文学家司马迁所讲的"究天人之际,通古今之变,成一家之言"也是强调要在古今贯通中形成自己独立的见解,并努力达到新的高度。博士生应该以"独立之精神、自由之思想"来要求自己,不断创造新的学术成果。

诺贝尔物理学奖获得者杨振宁先生曾在20世纪80年代初对到访纽约州立大学石溪分校的90多名中国学生、学者提出:"独创性是科学工作者最重要的素质。"杨先生主张做研究的人一定要有独创的精神、独到的见解和独立研究的能力。在科技如此发达的今天,学术上的独创性变得越来越难,也愈加珍贵和重要。博士生要树立敢为天下先的志向,在独创性上下功夫,勇于挑战最前沿的科学问题。

批判性思维是一种遵循逻辑规则、不断质疑和反省的思维方式,具有批判性思维的人勇于挑战自己,敢于挑战权威。批判性思维的缺乏往往被认为是中国学生特有的弱项,也是我们在博士生培养方面存在的一个普遍问题。2001年,美国卡内基基金会开展了一项"卡内基博士生教育创新计划",针对博士生教育进行调研,并发布了研究报告。该报告指出:在美国和欧洲,培养学生保持批判而质疑的眼光看待自己、同行和导师的观点同样非常不容易,批判性思维的培养必须成为博士生培养项目的组成部分。

对于博士生而言,批判性思维的养成要从如何面对权威开始。为了鼓励学生质疑学术权威、挑战现有学术范式,培养学生的挑战精神和创新能力,清华大学在2013年发起"巅峰对话",由学生自主邀请各学科领域具有国际影响力的学术大师与清华学生同台对话。该活动迄今已经举办了21期,先后邀请17位诺贝尔奖、3位图灵奖、1位菲尔兹奖获得者参与对话。诺贝尔化学奖得主巴里·夏普莱斯(Barry Sharpless)在2013年11月来清华参加"巅峰对话"时,对于清华学生的质疑精神印象深刻。他在接受媒体采访时谈道:"清华的学生无所畏惧,请原谅我的措辞,但他们真的很有胆量。"这是我听到的对清华学生的最高评价,博士生就应该具备这样的勇气和能力。培养批判性思维更难的一层是要有勇气不断否定自己,有一种不断超越自己的精神。爱因斯坦说:"在真理的认识方面,任何以权威自居的人,必将在上帝的嬉笑中垮台。"这句名言应该成为每一位从事学术研究的博士生的箴言。

提高博士生培养质量有赖于构建全方位的博士生教育体系

一流的博士生教育要有一流的教育理念,需要构建全方位的教育体系,把教育理念落实到博士生培养的各个环节中。

在博士生选拔方面,不能简单按考分录取,而是要侧重评价学术志趣和创新潜力。知识结构固然重要,但学术志趣和创新潜力更关键,考分不能完全反映学生的学术潜质。清华大学在经过多年试点探索的基础上,于2016年开始全面实行博士生招生"申请-审核"制,从原来的按照考试分数招收博士生,转变为按科研创新能力、专业学术潜质招收,并给予院系、学科、导师更大的自主权。《清华大学"申请-审核"制实施办法》明晰了导师和院系在考核、遴选和推荐上的权力和职责,同时确定了规范的流程及监管要求。

在博士生指导教师资格确认方面,不能论资排辈,要更看重教师的学术活力及研究工作的前沿性。博士生教育质量的提升关键在于教师,要让更多、更优秀的教师参与到博士生教育中来。清华大学从2009年开始探索将博士生导师评定权下放到各学位评定分委员会,允许评聘一部分优秀副教授担任博士生导师。近年来,学校在推进教师人事制度改革过程中,明确教研系列助理教授可以独立指导博士生,让富有创造活力的青年教师指导优秀的青年学生,师生相互促进、共同成长。

在促进博士生交流方面,要努力突破学科领域的界限,注重搭建跨学科的平台。跨学科交流是激发博士生学术创造力的重要途径,博士生要努力提升在交叉学科领域开展科研工作的能力。清华大学于2014年创办了"微沙龙"平台,同学们可以通过微信平台随时发布学术话题,寻觅学术伙伴。3年来,博士生参与和发起"微沙龙"12000多场,参与博士生达38000多人次。"微沙龙"促进了不同学科学生之间的思想碰撞,激发了同学们的学术志趣。清华于2002年创办了博士生论坛,论坛由同学自己组织,师生共同参与。博士生论坛持续举办了500期,开展了18000多场学术报告,切实起到了师生互动、教学相长、学科交融、促进交流的作用。学校积极资助博士生到世界一流大学开展交流与合作研究,超过60%的博士生有海外访学经历。清华于2011年设立了发展中国家博士生项目,鼓励学生到发展中国家亲身体验和调研,在全球化背景下研究发展中国家的各类问题。

在博士学位评定方面,权力要进一步下放,学术判断应该由各领域的学者来负责。院系二级学术单位应该在评定博士论文水平上拥有更多的权力,也应担负更多的责任。清华大学从2015年开始把学位论文的评审职责授权给各学位评定分委员会,学位论文质量和学位评审过程主要由各学位分委员会进行把关,校学位委员会负责学位管理整体工作,负责制度建设和争议事项处理。

全面提高人才培养能力是建设世界一流大学的核心。博士生培养质量的提升是大学办学质量提升的重要标志。我们要高度重视、充分发挥博士生教育的战略性、引领性作用,面向世界、勇于进取,树立自信、保持特色,不断推动一流大学的人才培养迈向新的高度。

邱勇

清华大学校长
2017年12月

丛书序二

以学术型人才培养为主的博士生教育,肩负着培养具有国际竞争力的高层次学术创新人才的重任,是国家发展战略的重要组成部分,是清华大学人才培养的重中之重。

作为首批设立研究生院的高校,清华大学自20世纪80年代初开始,立足国家和社会需要,结合校内实际情况,不断推动博士生教育改革。为了提供适宜博士生成长的学术环境,我校一方面不断地营造浓厚的学术氛围,另一方面大力推动培养模式创新探索。我校从多年前就已开始运行一系列博士生培养专项基金和特色项目,激励博士生潜心学术、锐意创新,拓宽博士生的国际视野,倡导跨学科研究与交流,不断提升博士生培养质量。

博士生是最具创造力的学术研究新生力量,思维活跃,求真求实。他们在导师的指导下进入本领域研究前沿,汲取本领域最新的研究成果,拓宽人类的认知边界,不断取得创新性成果。这套优秀博士学位论文丛书,不仅是我校博士生研究工作前沿成果的体现,也是我校博士生学术精神传承和光大的体现。

这套丛书的每一篇论文均来自学校新近每年评选的校级优秀博士学位论文。为了鼓励创新,激励优秀的博士生脱颖而出,同时激励导师悉心指导,我校评选校级优秀博士学位论文已有20多年。评选出的优秀博士学位论文代表了我校各学科最优秀的博士学位论文的水平。为了传播优秀的博士学位论文成果,更好地推动学术交流与学科建设,促进博士生未来发展和成长,清华大学研究生院与清华大学出版社合作出版这些优秀的博士学位论文。

感谢清华大学出版社,悉心地为每位作者提供专业、细致的写作和出版指导,使这些博士论文以专著方式呈现在读者面前,促进了这些最新的优秀研究成果的快速广泛传播。相信本套丛书的出版可以为国内外各相关领域或交叉领域的在读研究生和科研人员提供有益的参考,为相关学科领域的发展和优秀科研成果的转化起到积极的推动作用。

感谢丛书作者的导师们。这些优秀的博士学位论文,从选题、研究到成文,离不开导师的精心指导。我校优秀的师生导学传统,成就了一项项优秀的研究成果,成就了一大批青年学者,也成就了清华的学术研究。感谢导师们为每篇论文精心撰写序言,帮助读者更好地理解论文。

感谢丛书的作者们。他们优秀的学术成果,连同鲜活的思想、创新的精神、严谨的学风,都为致力于学术研究的后来者树立了榜样。他们本着精益求精的精神,对论文进行了细致的修改完善,使之在具备科学性、前沿性的同时,更具系统性和可读性。

这套丛书涵盖清华众多学科,从论文的选题能够感受到作者们积极参与国家重大战略、社会发展问题、新兴产业创新等的研究热情,能够感受到作者们的国际视野和人文情怀。相信这些年轻作者们勇于承担学术创新重任的社会责任感能够感染和带动越来越多的博士生,将论文书写在祖国的大地上。

祝愿丛书的作者们、读者们和所有从事学术研究的同行们在未来的道路上坚持梦想,百折不挠!在服务国家、奉献社会和造福人类的事业中不断创新,做新时代的引领者。

相信每一位读者在阅读这一本本学术著作的时候,在汲取学术创新成果、享受学术之美的同时,能够将其中所蕴含的科学理性精神和学术奉献精神传播和发扬出去。

清华大学研究生院院长

2018 年 1 月 5 日

导师序言

　　厘清隐私与个人信息之间的关系,界分个人私密信息的范畴,是数字时代诸多法律问题展开讨论前提的基础理论问题,具有事实和规范的双重价值。个人私密信息的界分与保护,从根本上讲是关于中国特色的隐私和个人信息关系问题的研究。尽管在我国《民法典》编纂的过程中对于隐私权和个人信息的关系存在不同的观点,但是从《民法典》人格权编第六章即"隐私权和个人信息保护"来看,我国已明确采取对隐私和个人信息区分保护的二元模式。《民法典》第一千零三十二条第二款规定,"隐私是自然人的私人生活安宁和不愿为他人知晓的私密空间、私密活动、私密信息"。这种"私人生活安宁"和"私密空间、私密活动、私密信息"的"1+3"模式即为现行法上关于隐私权的基本界定。而法律对于个人信息和隐私保护的立场完全不同,个人信息的主要价值在于社会交往的可识别性,其功能定位于正常社会活动和社会交往的基础,个人信息在社会交往中发挥着个人与他人及社会的媒介作用。隐私与个人信息并非简单的平面式交叉关系,而是在立体上处于完全不同的层次。正因如此,私密信息便不仅仅是隐私与个人信息的重合部分,而是处于事实层的隐私在信息层上的投射。如此便形成不同于欧美模式的"第三条道路",这种混合继受也给概念区分和权利构造带来了不小的难题。

　　对个人私密信息研究的本质是立足个人信息之上多元利益的区分,厘清个人信息保护层级体系,实现个人信息权益保护与数字经济发展的平衡。在现行法上,隐私与个人信息的区分保护已成定局,关键在如何对二者予以准确的权利界分,私密信息的规范适用等问题在学说和实践中仍存争议。私密信息是私密空间、私密活动以及私人生活安宁所涉事项的信息化表达。其特殊性在于:此类信息一方面具有私密性,因此落入隐私权的保护范围;另一方面又以信息的形式存在,应作为个人信息受法律保护。对比,尽管《民法典》第一千零三十四条第三款规定,"个人信息中的私密信息,适用有关隐私权的规定;没有规定的,适用有关个人信息保护的规定",但并不能机械地认为,就私密信息的法律适用隐私权的规定一定优先于个人信息保护。私密信息既是信息也是隐私,它既要适用隐私的规定,也要适用信息保护和利用的规制,具体法律适用应从强化私密信息保护的规范目的出发进行判断。

本书作为国内第一本专门针对个人私密信息进行研究的学术著作,必将推动我国学界对个人私密信息认识的深化。从体例上讲,本书沿着权利对象、权利客体、权利保护的研究主线,以个人私密信息的法律界分为重点,围绕"双向辨析"和"双重保护",主要回答"个人私密信息是什么"和"如何保护个人私密信息"的问题。从纵向上看,本书对个人私密信息的立法沿革做系统梳理,包括对我国历史上具有隐私属性的个人信息保护的发展历程、《民法典》编纂中个人私密信息的立法过程的详细考究,可以推动我国学界对私密信息认识的深化,以期为后来者对这一类特殊个人信息的研究提供翔实的研究素材。从横向上看,本书比较分析个人私密信息与域外类似的特别个人信息类型,在全球视角下为我国个人私密信息找到合适的体系定位,也在世界个人信息保护立法浪潮中贡献中国智慧。从结论上看,本书界定个人私密信息的概念特征和构成要件,明确个人私密信息的判断标准,以回应个人信息的类型化保护,为今后个人私密信息领域的细化规则和司法实践提供了建议,郑重推荐研究该领域的人士来阅读这本令人期待的学术作品。

本书作者张璐是我的学生。作为老师,我一路见证了她的成长,很欣慰地看到她对学术的敬仰和对科研的热爱。不论是硕士还是博士期间,她一直对法学研究的前沿性和时代性选题充满兴趣,对个人信息进行了系统的研究,也产出了多篇高质量的学术论文。读博期间,张璐曾到英国牛津大学访学,其间就个人私密信息在国际知名期刊 *Computer Law & Security Review* 上发表了一篇英文论文,这是第一篇以我国个人私密信息为主题的英文文献,对于向世界"讲好中国法治故事"做出了贡献,也展示了新一代学者的研究实力和学术担当。

作为老师,很高兴看到学生多年来的研究成果得以出版,这是她一直以来努力的见证,期待张璐博士在未来的研究中,能够取得更大的成绩。张璐博士是一名优秀的年轻学者,她勤奋上进、乐观开朗、团结合作的性格给人留下深刻印象。如今她入职中国政法大学,开启了自己热爱的教师生涯,期待着她在未来的学术研究和教书育人的道路上行稳致远、勇攀学术高峰。

是为序。

申卫星

2024年1月12日

摘　要

　　个人信息之上存在多元利益,区分不同类型个人信息的保护力度、对小部分特别的个人信息给予突出保护,成为各国个人信息保护立法中平衡民事权利保护和经济发展的重要手段。《中华人民共和国民法典》规定隐私权与个人信息权益区分保护模式,个人私密信息的提出成为两者重要的制度桥梁,对个人私密信息的研究是数字时代解决中国问题的重要注脚。我国法律中的隐私包括私人生活安宁和私密空间、私密活动、私密信息,个人信息是与已识别或可识别的自然人有关的各种信息,个人私密信息同时属于隐私权和个人信息权益的保护对象。隐私权与个人信息保护制度在规范对象、规范目的、规范逻辑和规范手段上存在不同,个人私密信息的权利保护客体同时包括了不愿为他人知晓的隐私权利和防范因信息不合理使用而可能带来风险的个人信息权益。个人私密信息的界分具有"双向辨析"视角。首先,在隐私中识别个人私密信息,私密信息的范围广泛且包容性强,实体性的私密空间和私密活动可以转化为电子化的私密信息;私人生活安宁与私密信息之间是并列关系而非包含关系,私人生活安宁不是隐私权保护对象的兜底。其次,在个人信息中识别私密信息,个人私密信息须先后满足"识别性""秘密性"和"私人性"三个特征,对个人私密信息的判断可结合主观和客观两方面。"法律列举＋综合考量"模式下,个人私密信息可定义为不愿为他人所知的、与社会公益和他人权益无关的个人信息,包括身份证件号码、生物识别信息、财务信息等;认定个人信息的私密性,需结合信息处理的具体情境,应当考虑私人性、可获得性、风险性和可识别性等因素。敏感信息是最为常见的特殊个人信息类型,且具有很高的参考价值,"敏感信息覆盖说"之下,个人私密信息是特别的敏感信息,敏感信息的保护规则可以直接适用于个人私密信息保护。权利保护上,法律规定"隐私权优先"的二阶递进模式,但是不能机械地认为所有隐私权规则都优先于个人信息规则的适用,应从强化私密信息保护的规范目的出发具体判断两者规范竞合的情形,保护程度更强的规则优先适用。在权利行使方面,仅在"法律另有规定"和"当事人明确同意"的情形下才可以处理个人私密信息；个人信息保护制度中基本原则、权能体系、信息处理者的义务等规范可适用于个人私密信息。在权利救济方面，个人私密信息适用人格权请求权和侵权损害赔偿请求权；处理个人私密信息活动造成损害或风险，信息处理者不能证明自己没有过错的，应当承担损害赔偿等侵权责任。

关键词：私密信息；个人信息；隐私权；敏感信息；私密性检验

Abstract

There are multiple interests on personal information. Differentiating the protection of distinct types of personal information and giving prominent protection to a small number of special personal information have become an important method to balance the protection of civil rights and the development of the digital economy in the personal information protection legislation of various countries. Chinese Civil Code establishes a separate protection model for the right to privacy and personal information interest. The proposal of personal information of privacy nature (the PIPN hereafter) has become a significant institutional bridge between the two. The research on the PIPN is a key footnote to solve Chinese problems in the digital era. Privacy under Chinese law includes the tranquility of private life, private space, private activities and the PIPN. Personal information refers to all kinds of information related to identified or identifiable natural persons. The right to privacy and personal information interest are at two different levels of rights and interests under Civil Code, and they are different in terms of normative objects, normative purposes, normative logic and normative means. But the PIPN is the object of protection of both the right to privacy and personal information interest, and could be summarised to a kind of personal information which is unwilling to be known to others with privacy nature. The demarcation of the PIPN has the perspective of "two-way analysis". First, the PIPN needs to be identified in privacy. The physical private space and private activities can be abstracted into the PIPN in digital form; the relationship between tranquility of private life and the PIPN private information is a juxtaposition rather than an inclusive one, and the tranquility of private life is also not the bottom line for the object of privacy protection. Secondly, to identify the PIPN that needs to be identified in personal information, personal private information must meet three characteristics of "identification", "confidentiality" and "privateness" successively, and it can be defined through a method of combining basic definition plus enumerations. It is recommended to consider the context and purpose of processing when deciding the PIPN, and the level of privateness, availability, risk and identifiability will be considered to the privacy test. Sensitive personal information is the most common type of special personal information and has a high reference value. The PIPN is a particular kind of sensitive personal information under the "sensitive information coverage theory", so the protection rules for sensitive personal information can be directly applied to the protection of the PIPN. In terms of rights protection, the law stipulates a second-order progressive model of "privacy rights first", but it cannot be mechanically considered that all privacy rights rules take precedence over the application of personal information rules. The two norms should be specifically judged from the normative purpose of strengthening the protection of the PIPN, and the rule with a stronger degree of protection shall be selected first. In terms of the exercise of rights, the PIPN can only be processed "within the scope of the law" and when "the parties expressly consent"; the regulations in personal information protection system (including the basic principles, subject rights system, and obligations of information processors and so on) could be applied to the PIPN. As for remedies of rights, the PIPN is subject to both the right to claim personal rights and the right to claim compensation for infringement damages; if the processing of the PIPN causes damage or risk, and the personal information processor cannot prove that he is not at fault, he shall bear tort liability such as damages.

Key Words: Private Information, Personal Information, the Right to Privacy, Sensitive Information, the Privacy Test

目 录

第1章 绪论 ·· 1
  1.1 研究背景与价值 ·· 1
  1.2 研究对象和方法 ·· 6
    1.2.1 研究对象 ·· 6
    1.2.2 研究思路 ·· 8
    1.2.3 研究方法 ·· 9
  1.3 国内外研究现状简评 ·· 10
    1.3.1 国内研究现状简评 ································· 10
    1.3.2 国外研究现状简评 ································· 14

第2章 权利对象：个人私密信息的体系定位与检验实践 ····· 16
  2.1 我国隐私权与个人信息保护关系的发展历程 ········· 17
    2.1.1 我国隐私权的发展 ································· 17
    2.1.2 通过隐私权保护个人信息阶段：2017年《民法总则》
         之前 ·· 18
    2.1.3 《民法典》回应隐私权与个人信息保护的关系 ······· 20
  2.2 个人私密信息：隐私权与个人信息权益的保护对象 ····· 22
    2.2.1 隐私权及其保护对象 ····························· 22
    2.2.2 个人信息权益的性质及其保护对象 ········· 23
    2.2.3 "二元路径"简析 ··································· 25
  2.3 个人信息私密性检验实践 ··································· 26
    2.3.1 隐私权与个人信息关系的民事纠纷 ········· 26
    2.3.2 典型案例 ·· 29
    2.3.3 案例分析总结 ······································· 32
  2.4 本章小结 ·· 34

第 3 章 个人私密信息的法律基准和双向辨析 ·············· 35
3.1 "私密"的法律基准概述 ····························· 35
- 3.1.1 德国"领域理论" ··························· 36
- 3.1.2 英国"违反保密信息制度" ··················· 37
- 3.1.3 个人信息私密性界分的思路 ··················· 40
3.2 个人信息私密性调研 ····························· 41
- 3.2.1 研究方法 ································· 41
- 3.2.2 调研结果 ································· 43
- 3.2.3 个人私密信息列举式规范 ····················· 45
3.3 个人私密信息的特征 ····························· 47
- 3.3.1 识别性 ··································· 47
- 3.3.2 秘密性 ··································· 54
- 3.3.3 私人性 ··································· 59
3.4 个人信息的私密性检验模型 ······················· 62
- 3.4.1 隐私保护的"场景理论" ····················· 62
- 3.4.2 影响个人信息性质的场景因素 ················· 65
- 3.4.3 个人信息私密性检验模型 ····················· 66
3.5 本章小结 ······································· 70

第 4 章 个人私密信息与个人信息 ·························· 72
4.1 个人信息类型化概述 ····························· 72
- 4.1.1 类型化思维概述 ····························· 72
- 4.1.2 数字时代个人信息的特征与分类保护 ··········· 73
- 4.1.3 私密信息与隐私利益 ························· 76
4.2 隐私与个人信息区分的既有理论 ··················· 79
- 4.2.1 消极防御与积极利用 ························· 80
- 4.2.2 人格尊严与信息资源 ························· 80
- 4.2.3 内在人格与外在行动 ························· 81
- 4.2.4 不为他人所知与为他人正确认知 ··············· 82
- 4.2.5 限制权力与疏导权力 ························· 83
- 4.2.6 一般与特别 ································· 84
- 4.2.7 简析 ····································· 85
4.3 隐私与个人信息界分——本书的观点 ··············· 86

  4.3.1 规范对象 …………………………………………… 86
  4.3.2 规范目的 …………………………………………… 87
  4.3.3 规范逻辑 …………………………………………… 88
  4.3.4 规范手段 …………………………………………… 89
 4.4 本章小结 ………………………………………………… 92

第5章 个人私密信息与隐私 ………………………………… 93
 5.1 德国模式：一般人格权下的隐私权和信息自决权 ………… 93
  5.1.1 德国法上的人格尊严 ……………………………… 94
  5.1.2 一般人格权与隐私权保护 ………………………… 96
  5.1.3 一般人格权与信息自决权 ………………………… 98
  5.1.4 评析 ………………………………………………… 100
 5.2 美国模式："大隐私"下的"信息隐私"保护 ……………… 102
  5.2.1 美国法上隐私权的发展 …………………………… 102
  5.2.2 数字技术与信息隐私 ……………………………… 106
  5.2.3 信息隐私的定义与分类 …………………………… 109
  5.2.4 评析 ………………………………………………… 110
 5.3 欧盟模式："个人数据保护权"下的独立综合立法 ………… 111
  5.3.1 欧洲的隐私文化 …………………………………… 111
  5.3.2 欧洲个人数据保护的发展历程 …………………… 114
  5.3.3 隐私权与个人数据保护权 ………………………… 117
  5.3.4 欧盟新近案例简析 ………………………………… 119
  5.3.5 评析 ………………………………………………… 121
 5.4 英国模式：违反保密信息制度与隐私权 …………………… 123
  5.4.1 英国法上违反保密信息制度的历史 ……………… 123
  5.4.2 英国违反保密信息制度与隐私权保护 …………… 126
  5.4.3 违反保密信息制度的发展 ………………………… 128
  5.4.4 评析 ………………………………………………… 132
 5.5 中国路径：私密信息在隐私中的识别 ……………………… 133
  5.5.1 隐私权保护范围界定的主要学说 ………………… 133
  5.5.2 私密信息与私密空间、私密活动的关系 ………… 135
  5.5.3 私密信息与私人生活安宁的关系 ………………… 137
 5.6 本章小结 ………………………………………………… 140

第6章 个人私密信息与个人敏感信息 …………………………… 141
6.1 个人敏感信息的概念及界分 ……………………………… 141
6.1.1 个人敏感信息概述 ……………………………… 141
6.1.2 个人敏感信息的界分 …………………………… 144
6.1.3 我国个人敏感信息界分标准 …………………… 148
6.2 个人敏感信息处理的特殊规则 …………………………… 150
6.2.1 禁止处理原则 …………………………………… 150
6.2.2 严格限定的例外情形 …………………………… 150
6.2.3 加重敏感信息处理者的责任 …………………… 152
6.3 个人私密信息与个人敏感信息关系的既有理论 ………… 153
6.4 "敏感信息覆盖说"下两者关系的三重视角 ……………… 156
6.4.1 保护法益 ………………………………………… 156
6.4.2 保护对象 ………………………………………… 157
6.4.3 保护规则 ………………………………………… 160
6.5 本章小结 …………………………………………………… 164

第7章 权利客体：隐私权和个人信息权益及其构造 ……………… 165
7.1 个人私密信息之上权利客体的双重结构 ………………… 165
7.1.1 个人私密信息之上的隐私权和个人信息权益 … 165
7.1.2 隐私权：一种具体人格权 ……………………… 166
7.1.3 个人信息权益：一种受法律保护的人格利益 … 167
7.2 《民法典》第一千零三十四条的法律适用 ……………… 170
7.2.1 隐私权规则优先的理论依据 …………………… 170
7.2.2 "没有规定"的法律适用 ………………………… 173
7.2.3 隐私权与个人信息保护规则适用的四种情形 … 175
7.2.4 小结：隐私权和个人信息权益保护的请求权竞合 … 181
7.3 《民法典》与《个人信息保护法》的关系 ……………… 181
7.3.1 两者关系的既有学说 …………………………… 182
7.3.2 对既有理论的评析 ……………………………… 184
7.3.3 《个人信息保护法》：特定领域的综合法律 …… 188
7.4 本章小结 …………………………………………………… 189

第8章 权利保护：个人私密信息的特殊保护规则 …… 190
8.1 个人私密信息双重保护之权利行使 …… 190
8.1.1 个人私密信息处理的合法性基础 …… 191
8.1.2 个人信息的权能体系 …… 200
8.2 个人私密信息双重保护之权利救济 …… 202
8.2.1 人格权请求权与侵权责任请求权的关系 …… 203
8.2.2 人格权请求权 …… 205
8.2.3 侵权责任请求权 …… 208
8.3 侵害个人私密信息造成"损害"的认定 …… 210
8.3.1 个人信息权益纠纷中的"损害" …… 211
8.3.2 "风险即损害"理论 …… 212
8.3.3 个人私密信息与损害的特殊认定 …… 214
8.4 本章小结 …… 217

第9章 结论 …… 218

参考文献 …… 225

致谢 …… 244

第1章 绪 论

1.1 研究背景与价值

近年来,大数据、人工智能、云计算等信息科学技术的创新性发展深刻改变了人类的生产和生活方式,在给人类社会发展带来前所未有的历史性机遇及增进社会福祉的同时,也催生了人们对个人信息保护的关切,推动着以调整社会关系为对象的法律制度的变革。制度上对个人信息保护问题的回应,主要源于二十世纪六七十年代计算机的普及。半个世纪以来,全球展开了持续的个人数据保护立法,据统计,通过立法保护个人信息和隐私的国家已有137个。① 个人信息中蕴含多元利益,安全危机引发包括隐私权在内的多元风险。如果不加区分地把所有的个人信息都当作隐私或实施同等保护力度,将阻碍信息的正常流动和利用,容易忽视人们生活中人际交往的需求、互联网的商业实践以及信息分享所带来的价值。因而,对个人信息的立法重点在于既要保护个人信息权益,又要促进个人信息合理利用,防止因信息孤岛和信息闭塞导致的社会交往成本增加和社会经济发展效率降低,这也成为各国法规制定的主旋律。对不同类型的个人信息予以不同力度和强度的保护,同时强调小部分特别个人信息的突出保护,成为各国个人信息保护立法中规范个人信息处理行为和数字经济发展的重要手段。个人信息的分类方法和区分保护是一个复杂的问题,考虑到个人信息长期以来都被置于隐私权的保护框架内,一方面,对隐私权的保障被认为是对个人信息保护的主要目的和逻辑前提;② 另一方面,个人信息权益具有独立于隐私权的特质,因而审视隐私权与个人信息保护的关系可以为研究个人信息类型化

---

① United Nations Conference on Trade and Development (UNCTAD), Data Protection and Privacy Legislation Worldwide, available at: https://unctad.org/page/data-protection-and-privacy-legislation-worldwide(last visited: Dec 28, 2022).

② 周汉华:《中华人民共和国个人信息保护法(专家建议稿)及立法研究报告》,北京:法律出版社,2006年,第48页。

保护提供一个重要的切入点。为此,欧美①和我国②的学者纷纷对该问题进行研究并产出了不少具有启发性的成果。然而值得注意的是,法学界尤其是民法学界到底应如何从私法角度规范个人信息保护层级体系,尤其是特殊个人信息类型的私法保护问题,仍然充满了争议且尚无定论。

我国确立了隐私权与个人信息权益的区分保护模式,私密信息的提出成为两者关系的重要制度桥梁,对个人私密信息的研究是数字时代解决中国问题的重要注脚。2020 年通过的《中华人民共和国民法典》(以下简称《民法典》)将人格权独立成编并在第六章专章规定"隐私权和个人信息保

---

① 例如,欧洲学者:Raphaël Gellert and Serge Gutwirth,"The Legal Construction of Privacy and Data Protection", *Computer Law & Security Review*, vol. 29, 2013; Juliane Kokott and Christoph Sobotta, "The Distinction between Privacy and Data Protection in the Jurisprudence of the CJEU and the ECtHR", *International Data Privacy Law*, vol. 3, 2013; Gerrit Hornung and Christoph Schnabel, "Data Protection in Germany I: The Population Census Decision and the Right to Informational Self-determination", *Computer Law & Security Review*, vol. 25, 2009; Tamar Gidron, "Publication of Private Information: An Examination of the Right to Privacy from a Comparative Perspective (Part 1)", *Journal of South African Law*, Vol. 37, 2010; Maria Tzanou, "Data Protection as a Fundamental Right next to Privacy? Reconstructing a Not So New Right", *International Data Privacy Law*, vol. 3, 2013; Tanya Aplin, "The Future of Breach of Confidence and the Protection of Privacy", *Oxford University Commonwealth Law Journal*, winter, 2007; Orla Lynskey, *The Fundations of EU Data Protection Law*. Oxford: Oxford University Press, 2016; Gloria González Fuster, *The Emergence of Personal Data Protection as a Fundamental Right of the EU*. Springer, 2014. 美国学者:Alan Westin, *Privacy and Freedom*. Athenaeum, 1967; Daniel Solove, *Understanding Privacy*. Cambridge: Harvard University Press, 2009; David H. Flaherty, "On the Utility of Constitutional Rights to Privacy and Data Protection", *Case Western Reserve Law Review*, vol. 41, 1990-1991; Daniel J. Solove and Neil M. Richards, "Privacy's Other Path: Recovering the Law of Confidentiality", *Georgetown Law Journal*, vol. 96, 2007; Ari Ezra Waldman, *Privacy as Trust——Information Privacy for An Information Age*, Cambridge: Cambridge University Press, 2018; 等等。

② 代表性学者包括邱文聪:《从资讯自决与资讯隐私的概念区分——评"电脑处理个人资料保护法修正草案"的结构性问题》,载于《月旦法学杂志》2009 年第 5 期;王利明:《论个人信息权的法律保护——以个人信息权与隐私权的界分为中心》,载于《现代法学》2013 年第 4 期;张新宝:《从隐私到个人信息:利益再衡量的理论与制度安排》,载于《中国法学》2015 年第 3 期;冉克平,丁超俊:《隐私权与个人信息权的界分——以司法判决为中心的分析》,载于《天津法学》2016 年第 3 期;李永军:《论〈民法总则〉中个人隐私与信息的"二元制"保护及请求权基础》,载于《浙江工商大学学报》2017 年第 3 期;房绍坤,曹相见:《论个人信息人格利益的隐私本质》,载于《法制与社会发展》2019 年第 4 期;王利明:《和而不同:隐私权与个人信息的规则界分和适用》,载于《法学评论》2021 年第 2 期;周汉华:《平行还是交叉——个人信息保护与隐私权的关系》,载于《中外法学》2021 年第 5 期;申卫星:《数字权利体系再造:迈向隐私、信息与数据的差序格局》,载于《政法论坛》2022 年第 3 期;程啸:《论个人信息权益与隐私权的关系》,载于《当代法学》2022 年第 4 期;等等。

护",回顾《民法典》的编纂过程可以看到,隐私权和个人信息的关系是一个被反复讨论的问题。讨论中形成了两种具有代表性的观点:一种观点是"个人信息保护说",即认为隐私权与个人信息是两个不同的概念,应该清晰区分,不能将个人信息附属于隐私权,即不能通过扩张隐私权的内容来涵盖对个人信息的保护,而要通过单独规定个人信息权使得个人信息获得全面充分的保护。① 另一种观点是"隐私权保护说",即认为为应对大数据时代的新挑战,最佳的选择不是另起炉灶构筑新型权利——个人信息权,而是通过完善隐私权的侵权规则,扩大隐私权侵权救济的可能性,明确以隐私权保护而非以个人信息保护为基点。② 最终2017年《中华人民共和国民法总则》(以下简称《民法总则》)在第一百一十条和第一百一十一条分别规定"自然人享有隐私权"和"自然人的个人信息受法律保护",位于"民事权利"章节的不同条款,开启了我国区分隐私权和个人信息保护的"二元制"模式。③ 《民法典》延续《民法总则》的思路,再次明确区分隐私权和个人信息保护的"二元路径",并通过关键条文第一千零三十四条第三款"个人信息中的私密信息,适用有关隐私权的规定;没有规定的,适用有关个人信息保护的规定",宣告两者在权利对象上出现重叠,构建了私密信息之上隐私权和个人信息权益双重权利客体的特殊保护结构。

《民法典》的"二元路径"选择与纯粹的"隐私权保护说"和"个人信息保护说"都不同,实质上是对这两种学说的折中,"二元路径"博采众长的同时,也面临着无法避免的挑战。其一,《民法典》下"个人私密信息"是隐私权和个人信息权益保护对象的重叠部分,判断何为个人私密信息成为理论研究和司法实践的前置性问题。对于权利对象的个人私密信息,其识别需要从隐私权和个人信息的"双向辨析"视角,在隐私中识别个人私密信息,需要研究私密信息与其他类型的隐私之间的关系;在个人信息中识别私密信息,需要对个人信息作出私密性判断。其二,个人私密信息之上的权利客体为隐私权和个人信息权益,对个人私密信息的保护遵循"隐私权优先"的二阶递进模式,应对"隐私权与个人信息权益"下私密信息权利的"双重保护"进行具体研究,呈现消极防御性的隐私权之下权利救济和积极利用性的个人

---

① 王利明:《论个人信息权的法律保护——以个人信息权与隐私权的界分为中心》,载于《现代法学》2013年第4期,第68-69页。
② 徐明:《大数据时代的隐私危机及其侵权法应对》,载于《中国法学》2017年第1期,第138页。
③ 李永军:《论〈民法总则〉中个人隐私与信息的"二元制"保护及请求权基础》,载于《浙江工商大学学报》2017年第3期,第14页。

信息权益之下权益行使的"双重性"。双重保护结构既是界分个人私密信息的意义所在,也是厘清个人私密信息法律基准的重要注脚。

"后民法典时代"隐私权与个人信息实现区分保护的双轨制,已有学者对私密信息的界分和保护作出研究,关注私密信息的概念及体系定位等。① 既有的研究主要集中于以下三点,并达成基本的共识。第一,我国法律已明确将隐私权与个人信息权益相区分,个人私密信息既属于隐私也属于个人信息的范畴,是两者的制度桥梁。第二,研究《民法典》施行前后个人信息保护的相关案例可知,由于原告难以分辨隐私权和个人信息权益间的关系,他们往往同时提起隐私权和个人信息权益的诉讼,判断涉案个人信息是否属于私密信息是法院审理中的前置性问题。但是由于缺乏明晰的个人私密信息判断标准,引发了司法实践中的很多问题。第三,基于《民法典》第一千零三十四条第三款的规定,个人私密信息享有隐私权和个人信息的二阶特殊保护规则,但是对两者的适用关系、规范冲突等问题争议很大,仍需系统的展开和深入的分析。总体而言,既有的研究仍停留在法律已有规定的表面,缺乏对个人私密信息系统深入的梳理,在个人私密信息的概念、特征、构成要件和法律效果等方面存在很大研究空间。由于私密信息是随着《民法典》颁布才出现的"新生事物",被大家讨论的时间不长,且随着《中华人民共和国个人信息保护法》(以下简称《个人信息保护法》)的颁布,我国个人信息保护制度又进入了新阶段且仍处于发展过程中,故既有的研究观点和思路差异很大,以至于私密信息的问题既引人注目又充满争议。

本书遵循权利对象、权利客体、权利保护的主线,研究个人私密信息的"双向辨析"和"双重保护",主要突破口和创新点体现为以下四点。第一,纵向上对个人私密信息的立法沿革作系统梳理,包括对我国历史上具有隐私属性的个人信息保护的发展历程的梳理、《民法典》编纂过程中个人私密信息的立法过程的详细考究等,可以推动我国学界对私密信息认识的深化,以

---

① 代表性学者包括程啸:《个人信息保护中的敏感信息与私密信息》,载于《人民法院报》2020年11月19日第5版;王洪亮:《〈民法典〉与信息社会》,载于《政法论丛》2020年第4期;许可、孙溪铭:《个人私密信息的再厘清——从隐私和个人信息的关系切入》,载于《中国应用法学》2021年第1期;张建文:《在尊严性和资源性之间:〈民法典〉时代个人信息私密性检验难题》,载于《苏州大学学报(哲学社会科学版)》2021年第1期;石佳友:《隐私权与个人信息关系的再思考——兼论私密信息的法律适用》,载于《上海政法学院学报(法治论丛)》2021年第4期;朱晶晶:《论〈民法典〉中私密信息保护的双重结构》,载于《科技与法律》(中英文)2022年第1期;王利明:《敏感个人信息保护的基本问题——以〈民法典〉和〈个人信息保护法〉的解释为背景》,载于《当代法学》2022年第1期;程啸:《论个人信息权益与隐私权的关系》,载于《当代法学》2022年第4期等。

期为后来者对这一类特殊个人信息的研究提供翔实的研究素材。第二,横向上比较分析个人私密信息与域外类似的特别个人信息类型,在全球视角下为我国个人私密信息找到合适的体系定位,也在世界个人信息保护立法浪潮中贡献中国智慧。第三,界定个人私密信息的概念特征和构成要件,明确个人私密信息的判断标准,为今后个人私密信息领域的规则细化和司法实践提供建议。《民法典》和《个人信息保护法》等法律法规都没有定义个人私密信息,既有研究也没有对个人私密信息的定义达成统一的意见,对于个人私密信息与敏感信息等特殊个人信息的比较争议较多,目前对个人私密信息的判断在理论和实践中更是分歧重重、标准不一,这些都是本书研究的重点。第四,研究个人私密信息保护的法律效果,尤其是具体解读"隐私权规则优先"的法律适用,以期从可适用性角度切实明确对个人私密信息特殊保护的法律效果。既有研究多认可对个人私密信息的保护采用"隐私权与个人信息二阶递进适用"模式,但是对于隐私权规则是否优先、如何优先没有展开详细的讨论,尤其是《个人信息保护法》通过后,个人信息保护制度不断完善,隐私权和个人信息保护规则的对比研究不足,这些都是影响个人私密信息法律适用的具体问题,本书将尝试对此问题进行研究并得出初步结论。

数字经济时代,伴随着《民法典》和《个人信息保护法》的生效,对我国个人私密信息的法律界分研究至少具有以下三方面价值。一是理论价值,作为"新生儿"和法律规定的重合领域,个人私密信息的定义和界分存在空白,需要进行解释论的研究和拓展,以回应个人信息的类型化保护,推动我国学界对个人私密信息认识的深化,构建具有中国特色的数字经济法治保障体系。同时,研究个人私密信息的体系位置和理论框架,是厘清隐私权与个人信息保护关系的关键,有利于实现民法理论对隐私权、个人信息等既有和新兴理论的协调,促进民法理论在数字经济时代的更迭和发展。二是实践价值,实践中已出现对私密信息构成要件和适用规则裁判的案件,但是由于相关研究欠缺而导致裁判说理捉襟见肘。对个人私密信息的研究,可以为个人信息权益纠纷提供裁判规范和理论储备,实现司法实践中合理界分隐私与个人信息的内涵、范围并施以相适应的保护方式,帮助司法机关在处理个人信息权益纠纷中妥善定纷止争、创造秩序,积极回应产业发展、社会交往和公共利益等多种诉求。三是规范价值,2021年生效的《民法典》在人格权编第六章中规定隐私包括不愿为他人知晓的私密信息(第一千零三十二条),且"个人信息中的私密信息适用隐私权规则"(第一千零三十四条),这一规范具有典型的裁判规范,意味着《民法典》通过后,个人信息保护问题需要从概念入手,前提即对个人信息的"私密性"进行检验,以此决定适用隐私权还是个人信息规范。但是不论是在隐私的定义、私密信息的适用条款中,还是在《个人信息保护法》等相关制度中,都没有对个人私密信息作出更多的规定,在法无细文的当下,需要对其深入探讨。

1.2 研究对象和方法

1.2.1 研究对象

首先需要明晰本书"个人信息"法律术语的选择。立足我国既有的法律规定,本书认为数据与信息应当从两个不同的层面予以明确区分,但是在个人层面,我国所说的"个人信息"与欧盟法上规定的"个人数据"具有相同的内涵,本书统一使用"个人信息"一词。第一,数据与信息应当从两个不同的层面予以明确区分。信息具有内容,从古老的大自然物体(树皮、石头等)到纸张、硬盘等都可以成为承载信息的载体。当前,因数字技术的高度发展和深入渗透,数据成为信息传播的主要方式和载体。[①] 大数据时代,数据是可以被计算机理解和处理的形式,数据的范围非常广,所有记录信息的文本、图像等都可以被转化为数据。[②] 数据与信息是载体和内容的关系,即数据是信息的一种形式化的表现方式。信息指的是具有内容含义的知识,而数据则是信息的载体,体现为数字化的代码,并需要特定设备承载和记录。[③]

第二,我国法律的既有规定虽未明确信息与数据的区别,但是为两者的区分指明了方向。我国法律仅规定"个人信息""数据",并未明确"个人数据"的定义。"个人信息"的定义出现在《民法典》第一千零三十四条、《个人信息保护法》第四条,而"数据"的定义则出现在《中华人民共和国数据安全法》(以下简称《数据安全法》)第三条——"本法所称数据,是指任何以电子或者其他方式对信息的记录",以及《中华人民共和国网络安全法》(以下简称《网络安全法》)第七十六条——"(四)网络数据,是指通过网络收集、存储、传输、处理和产生的各种电子数据"。同时,《民法典》将个人信息和数据

[①] 梅夏英:《信息和数据概念区分的法律意义》,载于《比较法研究》2020年第6期,第2页。
[②] [英]维克托·迈尔-舍恩博格,肯尼思·库克耶:《大数据时代:生活、工作与思维的大变革》,盛杨燕,周涛,译.杭州:浙江人民出版社,2013年,第110页。
[③] 纪海龙:《数据的私法定位与保护》,载于《法学研究》2018年第6期,第73页。

分别规定为人格权益和财产权益,总则编"民事权利"章中,第一百一十一条规定"个人信息受法律保护",第一百二十七条规定"法律对数据、网络虚拟财产的保护有规定的,依照其规定"。从第五章的结构来看,第一百零九条至第一百一十二条是关于人格权的规定,包括抽象的人身自由、人格尊严,也包括具体的生命权、身体权、健康权等。第一百一十三条至第一百二十五条规定了广义财产权的内容,包括物权、债权、知识产权、股权等。第一百二十六条是一个兜底条款,"民事主体享有法律规定的其他民事权利和利益"。从体系位置来看,第一百二十七条对数据的规定紧跟在第一百二十六条之后,立法者对数据性质的态度虽然并不清晰,但是从整体而言,《民法典》对数据的规范距离财产权条款更近,且将数据与虚拟财产并列在第一百二十七条。这清楚地表明了立法者对信息和数据从人格权和财产权进行分置的格局。① 根据体系解释,应倾向于认为数据的法律属性是财产利益,数据的自由转让和合理利用是数字化秩序建立和维护的关键所在。正如有学者提出,明确数据的财产权益属性是界分数据和信息的意义所在,即个人信息属于人身权的保护客体,而数据则是无形财产权的保护客体。②

第三,在个人层面,本书认为没有区分"个人信息"和"个人数据"的必要,全书统一使用"个人信息"这一术语。个人信息是人格权保护的客体,是一种人格利益的体现,而(个人)数据是财产权的保护客体,承载于数字化设备之上。③ 个人信息属于人格权的保护客体,数据则属于无形财产的保护客体,当我们在法律上讨论数据时,只涉及表现形式而不涉及内容。欧盟《一般数据保护条例》(General Data Protection Regulation,GDPR)虽然采用 personal data 这一术语,直接翻译成中文是"个人数据",但是欧盟 GDPR 中的"个人数据"与我国法中的"个人信息"是相互证成的同一概念,二者不作区分。这与美国法中所使用的"信息隐私"(privacy information)指向相类似的内容。④ 事实上,已有域外学者注意到了个人数据(personal data)与个人信息(personal information)在概念上的混用,并认为这影响了

---

① 申卫星:《数字权利体系再造:迈向隐私、信息与数据的差序格局》,载于《政法论坛》2022年第3期,第97页。

② 吕炳斌:《个人信息权作为民事权利之证成:以知识产权为参照》,载于《中国法学》2019年第4期,第48页。

③ 申卫星:《论数据用益权》,载于《中国社会科学》2020年第11期,第112页。

④ Lee A Bygrave, "Privacy and Data Protection in an International Perspective", *Scandinavian Studies in Law*, vol. 56, 2010, pp. 165-200.

数字经济的制度建构。① 面对信息与数据的混用乱序,本书经研究认为,在个人层面,没有区分个人信息和个人数据的必要。当数据不再与具体个体相关联,仅从财产属性进行讨论时,本书将使用"数据"的概念,即将个体层面上的"个人信息"和财产意义上的载体"数据"加以区别。因而"数据"一词的使用更多体现于数据控制者、数据处理活动、数据生产要素、数字经济、数字时代等场合。数据的价值体现为对数据的挖掘、分析和利用的深化,数据产品的复制具有完全无差别性,因此对数据占有的主体具有非唯一性。② 虽然有些数据承载了个人信息,数据和信息分属于财产权益和人格权益,但是对于匿名化或去标识化后,不能识别信息主体的,应属于法律上所指的数据,适用有关数据保护的规则。

1.2.2 研究思路

在具体研究对象上,本书将围绕个人私密信息的规范构造展开,遵循权利对象、权利客体和权利保护的线索,以个人私密信息的法律界分为重点,围绕"双向辨析"和"双重保护",主要回答"个人私密信息是什么"和"如何保护个人私密信息"的问题。具体而言,个人私密信息是隐私权和个人信息权益的保护对象,本书从"双向辨析"视角出发判断个人信息的私密性,梳理研究私密信息的规范历史和体系定位,针对实践中个人信息私密性检验的现状,提出个人私密信息的检验模型,并进一步比较个人私密信息与相似概念(个人信息、隐私、个人敏感信息)的不同,以期从"证成"和"证伪"两个角度对个人私密信息这一权利对象展开翔实论证。同时分析个人私密信息的权利客体:隐私权和个人信息权益,从权利保护角度区分"隐私权与个人信息"的"双重保护"规则,细化"隐私权优先"二阶递进模式的法律适用。

本书将按照以下结构展开论证:第2章至第6章从权利对象角度研究个人私密信息的界分,第7章分析个人私密信息之上的双重权利客体,第8章从权利保护视角分析个人私密信息保护的法律适用。具体而言,第2章研究我国个人私密信息的体系定位,包括梳理隐私权和个人信息保护发展的历史,明确私密信息是具有隐私利益的一类特殊个人信息,是隐私权和个人信息权益保护对象上的重叠部分。第3章通过问卷调查等研究方法对常

---

① Václav Janeek, "Ownership of Personal Data in the Internet of Things", *Computer Law & Security Review*, vol. 34, 2018, pp. 1039-1052.

② 张敏:《大数据交易的双重监管》,载于《法学杂志》2019年第2期,第36-37页。

见的个人私密信息予以列举和分析,提出个人私密信息的三个重要特征,从主观和客观两方面构建个人信息私密性检验模型,提出今后关于个人私密信息立法和司法解释中"法律列举辅之综合考量"的定义方式。第4章分析个人私密信息与个人信息的关系。由于个人私密信息是隐私,该章的研究重点即在于对隐私与个人信息区分的既有理论进行探讨,并提出两者区别和联系的妥当视角。第5章研究个人私密信息与隐私的关系,比较世界上已有的四种对具有隐私性质的个人信息的保护模式,分析我国《民法典》对两者区分的路径选择,同时剖析个人私密信息与其他类型的隐私(私密空间、私密活动、私人生活安宁)之间的关系。第6章从个人敏感信息入手,辨析其与个人私密信息的区别,并从个人敏感信息的特殊保护规则中为个人私密信息的保护提供借鉴。第7章分析个人私密信息之上的权利客体是兼具隐私权和个人信息权益的构造,分析《民法典》第一千零三十四条第三款"隐私权优先"法律适用的四种情形。第8章从权利行使和权利救济两方面出发,结合隐私权和个人信息保护制度,探析私密信息所受双重保护的具体内涵和法律适用。第9章为结论。在此需要指出,个人私密信息在公法领域的问题和保护(比如行政法、刑法上的规范等)不在本书的研究对象之列。

1.2.3 研究方法

针对上文提到的研究内容,本书将主要采取以下几种研究方法。第一,文献分析法。本研究的基础是直接或间接与个人私密信息有关的现有理论研究成果和规范性文件,通过对已有理论研究和法律制度的搜集整理、解读剖析,明晰现有研究经验和适用境况,为后续研究结论的提出奠定扎实的基础。第二,比较研究法。域外在个人信息保护领域已经具有比较长时间的探索经验,尤其是欧洲和美国在个人信息保护和特殊类型个人信息的保护方面都取得了一定成果,也有各自的经验教训,我国个人信息保护立法的历程较短,分析和比较这些国家和地区的理论制度和法治经验、探讨如何"为我所用"是值得重视的研究思路。第三,案例分析法。梳理和分析与个人信息、隐私权相关纠纷的案件事实、争议焦点、裁判规则、司法立场等,是思考个人信息保护的重要素材,对于研究个人私密信息保护问题实属必要。另外,除了民法上传统的研究方法外,本书还将重点应用计算法学的新方法,利用计算工具探索私密信息问题的实证调研分析,借助计算分析工具对数据进行采集与分析、交互与整合、结构化与类型化等处理。同时还将借鉴社会学、心理学、经济学、计算机科学等多重学科背景和研究方法探讨个人私密信息的界分和保护。

1.3 国内外研究现状简评

1.3.1 国内研究现状简评

1.3.1.1 近五年成果数量大增且研究视角日益聚焦

随着信息技术的不断发展,学术研究中关于"个人信息"的各种讨论如雨后春笋般不断涌现。以"个人信息"为关键词在"中国知网"数据库搜索,共得到5486条中文结果(截至2022年12月31日),其中学术期刊3339篇,学位论文1558篇。本书总结关于"个人信息"保护的相关研究,认为个人信息保护的学术讨论经历了一个从粗到细的过程,研究视角可划分为三个明显的阶段:第一阶段,2013年以前,对个人信息保护的研究主要与隐私权保护相嵌套,立足社会信息化发展等背景,且多为宏观视角的研究,强调信息技术带来文明的同时也更易造成隐私侵犯。[①] 第二阶段,2013—2018年,在侵犯公民信息罪的刑法领域和公法上对个人信息的研究较多。以2017年为例,"北大法宝"数据库中可以搜索到的标题中带有"个人信息"的核心期刊论文共有38篇,其中关于侵犯公民个人信息罪、刑法保护的论文共20篇,占了超过一半的比例。第三阶段,2019年至今,私法上对个人信息保护的研究日益攀升,随着《民法典》编纂和解释论工作的开展,关于个人信息保护基础问题的探讨越发密集,研究呈现不断深入的趋势。由于在个人信息保护的必要性问题上已经达成共识,很多学者转入对个人信息保护基本问题和特殊类型的研究,聚焦于个人信息保护具体操作细化规则的讨论。尤其是《民法典》和《个人信息保护法》先后颁布后,包括个人私密信息、敏感信息、人脸识别信息等特殊信息类型和行业领域细分的研究日益丰富。值得注意的是,综观个人信息方面的国内研究,大体包括两个方面,既关注个人信息的人格权益保护,也侧重数据财产利益的实现,但是本书的研究主要聚焦于"隐私保障"和"人格利益"的"人格保护"方面。

---

① 比如1995年《法学家》发表王娟的论文《隐私权基本问题初探》,是以"个人信息"为关键词搜索到的最早的一篇法学论文。此外还有曹亦萍:《社会信息化与隐私权保护》,载于《政法论坛》1998年第1期;赵伯祥:《隐私权概念探讨》,载于《江淮论坛》1999年第4期等。

1.3.1.2　隐私权与个人信息保护的关系研究经历了"由合到分"的历程

个人信息"隐私化"是我国早期个人信息研究的特点。立足于社会信息化发展背景下的民法研究，主要将问题聚焦于信息技术带来的隐私权侵犯，但是我国个人信息保护的规范并未随着20世纪80年代世界个人信息保护运动的发展高潮的到来而启动。长期以来，我国理论研究和司法实践都普遍没有将隐私与个人信息严格区分，个人信息保护采取隐私权保护模式。随着我国《民法典》编纂工作的启动，尤其是《民法总则》立法前后，对隐私权与个人信息关系的讨论热烈，学者们认识到隐私和个人信息在性质、客体等方面存在的明显界分，并在隐私权的消极防御性和个人信息的积极利用性上达成共识，这也体现在《民法总则》第一百一十条和第一百一十一条明确对两者区分保护的规定中。当前，《民法典》和《个人信息保护法》相继颁布，由两部法律适用关系的讨论再一次引发了对个人信息保护与隐私权保护逻辑的热议。隐私权与个人信息保护的关系被重新定义，存在普通法与特别法、私法与公法、交叉重叠但区分适用等多种观点。有学者甚至指出，"隐私权与个人信息保护的关系问题看起来是一个立法技术与法律操作的问题，背后折射的是我国法治现代化面临的种种深层次挑战"[①]。

1.3.1.3　对个人私密信息界分与保护的讨论分歧较多

个人私密信息的讨论多与隐私权和个人信息保护关系的研究捆绑，鉴于其界分定位和法律适用的现实困境，既有研究存在很多分歧。私密信息是随着《民法典》的颁布才日益走进大众视野的，此前对特殊信息类型的关注集中于敏感信息，敏感信息的界定、分领域和行业的法律保护等问题已有不少成果。学者们从解释论的视角对私密信息的概念提出和体系位置进行研究，强调私密信息是隐私权和个人信息保护的制度桥梁，并提出私密信息的判断依据包括主观"不愿为他人知晓"和客观"信息的私密性"两个方面。司法实践中，法院多采取区分私密信息和一般个人信息保护的裁判思路，对《民法典》第一千零三十四条第三款关于私密信息的法条竞合模式下的体系构建、司法适用等存在不同态度。

---

① 周汉华：《平行还是交叉——个人信息保护与隐私权的关系》，载于《中外法学》2021年第5期，第1187页。

1.3.1.4 现阶段的共识与不足

现阶段对于个人私密信息的研究在以下方面有形成共识的倾向：个人私密信息是隐私权与个人信息保护的制度桥梁，个人私密信息是一种具有隐私属性的个人信息类型，个人信息私密性检验受到主客观两方面的影响，私密信息受到隐私权和个人信息保护规则的双重保护，等等。

除了上述共识性的倾向外，现阶段的研究在以下几个方面存在不足：

第一，从个人信息规范性质角度解读私密信息的研究被忽略。因私密信息具有隐私属性，当前较多的研究都是从隐私权角度分析私密信息，而往往忽略了个人信息立场上对私密信息多元法益的解构。需要从宏观上加强对私密信息的全面考察，梳理个人信息保护的基本制度目的和规范思路，否则很容易顾此失彼，一叶障目。

第二，欠缺对私密信息提出的特定环境和立法背景的考究。一般情况下，隐私权都是先于个人信息保护制度而发展起来的，在隐私权发展成熟或健全后，衍生出个人信息保护的独立体系。但是我国正式确立隐私权为一项具体人格权的法律是2009年的《中华人民共和国侵权责任法》（以下简称《侵权责任法》），隐私权发展的历史较短且不完善。个人信息保护制度的起点是2012年《全国人民代表大会常务委员会关于加强网络信息保护的决定》。有关个人信息保护的制度一直以来都是散落在各个法律中，直到《个人信息保护法》通过，才算补齐了数字社会的这一重要法律板块。特殊的法律发展历史使得我国隐私权与个人信息保护的关系呈现了明显的阶段性，这种阶段性存在着固有的特点，对于私密信息的分析和研究离不开对立法背景的分析。

第三，对《个人信息保护法》下"隐私权与个人信息保护规则适用"的实然层面考察缺乏深入思考。尽管《民法典》规定了私密信息优先适用隐私权规则，但是以《个人信息保护法》的正式颁布为标志，我国个人信息保护制度建设逐步迈向成熟，反观我国隐私权制度却显得略为单薄。在此背景下，究竟如何适用"隐私权没有规定"，给理论界和实务界都带来了困扰。

第四，对域外尤其是欧盟与美国的特殊信息类型的研究关注不足。个人信息保护绝不是一个完全本土化的议题，而是一个世界性的难题。我国隐私权与个人信息保护的制度设计和法律传统与欧盟、美国等存在很大不同，尤其是在隐私与不同关系背景下的个人信息保护的定位与体系问题上，我国在是否与国际制度演变历史趋势和普遍认知相统一的问题上存在分歧。要想全面参与数字时代的全球竞争,为全球个人信息保护贡献中国智慧,离不开对域外声音的考究和反思。

第五,对司法裁判规则提炼不足。我国《民法总则》《民法典》《个人信息保护法》近年来先后颁布,司法裁判深受这些制定法的影响,尤其是在审理思路和裁判立场上,随着法律的不断细化和体系构建,研究裁判规则的变化具有重要价值。当下对个人信息尤其是私密信息保护现状的梳理和裁判规则的提炼,对于日后构建我国数字时代的个人信息权益规则颇有意义。

第六,对于私密信息的界分亟须可适用性的研究结论为司法实践提供支撑。司法实践中有大量关于隐私权侵权的案件,由于在是否属于隐私、如何理解"不愿为他人知晓"、如何判断是否构成隐私权侵权等重要问题上缺乏明晰的法律文件指导,各级法院在对隐私权侵权的审理中标准不一,甚至存在同案不同判的现象。隐私、私密信息、个人信息的概念界分需要厘清逻辑关系,以便在实践过程中准确适用。

1.3.1.5 下一阶段的方向与重点

既有的研究成果为个人私密信息的研究提供了丰富且有益的素材,也为下一阶段的研究奠定了扎实的基础。鉴于已有研究中的共识、争议和不足,本书对个人私密信息的研究将围绕以下四个重点展开。第一,私密信息是个人信息的一种特殊类型,对私密信息的研究离不开对个人信息保护基础理念的研究,只有探求出在更符合新兴信息技术主导的数字经济发展特征下的个人信息保护规则和行为规范,才能构建个人私密信息全面的规则体系和制度逻辑。第二,个人信息保护与隐私权是两个深入嵌套又各自分离的范畴,相互关系一直以来都很复杂,我国《民法典》将隐私权和个人信息保护并列在一起,引入交叉适用的模式,《个人信息保护法》和《民法典》的规定不完全一致,如何认识两者的关系,目前仍无定论,是实践中无法回避的疑难问题。第三,特殊处理规则的适用前提是完成个人私密信息的法律基准与范畴界定,需要对"私密"一词实现法律语境切换,即"私密"的法律化问题;确定个人信息满足何种特性时才符合法律规定的私密性基准,有必要对具体判定标准予以阐明。第四,以私密信息在实践中的准确适用为切入点,《个人信息保护法》与《民法典》的逻辑关系还需厘清,有必要从理论和实践结合的视角进行梳理,使得不同机制分别发挥各自作用,为法律实践提供指引。

1.3.2 国外研究现状简评

1.3.2.1 存在多种不同的隐私权与个人信息保护关系的理论和实践

从全球范围来看,由于计算机技术的普及和发展,各国都持续关注和回应个人信息保护问题。个人信息保护制度发源于隐私权,一直以来,两者的关系研究也是国外司法实践和理论研究的热点问题。为弥补传统私法领域隐私权制度防御性和事后性的弱点,逐渐发展出兼具公私法属性的个人信息保护制度。个人信息保护立法在全球依次展开,由于法律传统和文化背景不同,处理其与隐私权的关系也呈现了明显不同的特点。概括而言,隐私权与个人信息保护的关系可以归纳为三种理论观点:两者是独立且互补的两种权利、个人信息保护是隐私权的一个子集以及独立的个人信息保护权。德国、美国、欧盟成为这三种模式的典型实践代表。尽管存在巨大差异,但是各国关于隐私权和个人信息保护基本达成共识,即尽管个人信息保护制度日益独立,成为一种超越隐私利益的权利,但是仍不能认为个人信息保护权与隐私权完全脱节,两者间形成了有条件但是不稳定的联系。当前,不同理论和法律实践的对比和分析引发持续讨论和争议,并不存在成熟统一的规范可以直接适用于我国。我国需要立足于自身法律体系、法治传统和社会现状,尤其是数字时代的特点和方向,探索适合国情的个人信息保护制度。

1.3.2.2 国外对特殊信息类型的研究主要集中于个人敏感信息

国外在个人信息保护领域已经进行了比较长时间的探索,积累了丰富的经验,因而相关理论和制度对我国具有较大的借鉴意义。但是私密信息是具有我国特色的提法,国外与之类似的是个人敏感信息。个人敏感信息是以信息处理的权益侵害风险为法律基准,敏感性的界定分为法律列举模式和综合考量模式。学者们通过问卷调查和分析统计,结合经验阐明普通人所感知和理解的敏感性特征,并就敏感性的判断建立相应的模型,包括受伤害概率、保密关系程度、一般多数人合理期待、敏感距离等因素。隐私权与个人信息保护的两种现有典型模式中(欧盟模式和美国模式),专门针对两者交叉重叠信息类型的研究较少。在对敏感信息的保护上,多数研究旨在从动态和静态两个方面寻求保护人格尊严与促进技术创新之间的最大公约数,这些国外敏感信息研究的已有成果可以为我国关于私密信息的研究提供借鉴。

1.3.2.3 欧美与中国的比较

隐私权与个人信息保护关系的理论和实践各具特色，这是与该国特定的法律文化和社会历史紧密联系的产物。德国没有隐私权制度，但是通过判例学说发展而来的一般人格权具有强大的生命力。个人数据保护体系的基础是信息自决权，这种权利和隐私权一样，都是一般人格权具体化的体现。但是在这种理论下，个人信息是直接与人格尊严相关的利益，在强调个人信息保护重要地位的同时，也可能加剧对个人信息使用的"寒蝉效应"，因为使用个人信息带来的直接和间接伤害都将对人格尊严造成影响。这种理论扩大了对个人信息权益的负面影响，将不利于个体的自我发展和数字经济发展的良性循环。相反，美国法上隐私权发展充分，一百多年来隐私的内涵不断调整和扩大，使得个人信息保护被囊括在隐私之下，信息隐私成为重要的隐私分支，这种理论下隐私权具有很大的发展空间，能够涵盖个人信息保护的各个方面。但是"大隐私"理论并不适合所有国家的法律体系，且不加区分地将所有个人信息都看作隐私，需要更加精细化的配套立法和实践成本。反观欧盟，关于个人数据保护的历史经历了前后两个阶段，其发源于隐私权制度但是又超越隐私权。个人数据保护权与隐私权相互交织又彼此独立，日益发展为独立且更现代的法律制度。这种理论下，隐私与个人信息是分开的，但又是高度重叠的，且从欧洲人权法院的判例法来看，这两项权利的重叠区域正在增加。对于个人信息使用的合法克减性被限制在隐私权的适用下，比如仅在"基于法律"和"民主社会所必需"的情况下对隐私权的干预才可能是合理的。当出于其他社会目的使用个人信息，则将重新平衡个案中的权利和减损规则。如此看来，没有哪一种模式对个人信息保护与隐私如何相关作用提供明确的解释并堪称模范，但是每种理论和路径都提供了未来解决相关问题时可资借鉴的元素。我国在个人信息保护法律制度，尤其是以私密信息为切入点的领域已朝着第三条道路出发，国外学者同样重视和关注我国的制度创新，已有不少中国学者在外文期刊上发表论文介绍中国经验和中国路径，引发了持续的关注。① 这些都表明我国在世界个人信息保护制度中贡献中国智慧和中国力量的潜力无限，值得期待。

---

① 比如 Shujie Cui and Peng Qi, "The Legal Construction of Personal Information Protection and Privacy under Civil Code", *Computer Law & Security Review*, vol. 41, 2021; Lu Zhang, "Personal Information of Privacy Nature under China Civil Code", *Computer Law & Security Review*, vol. 43, 2021; 等等。

第 2 章 权利对象：个人私密信息的体系定位与检验实践

法律关系的客体是指法律关系中权利和义务所指向的对象，但是否区分权利对象和权利客体，我国民法上一直存在争议。具体到人格权领域，两种关于人格权客体的观点冲突最为突出。一种观点认为人格要素是人格权的客体。权利客体都是具体的，而不是抽象的利益，类比物权的客体是物，债权的客体是给付，人格权之客体是独立、具体的外部事物，人格要素包括生命、健康、名誉等伦理价值（人格要素）。① 因而在讨论诸如具体人格权时，他们认为客体就是"人格要素"，比如姓名、隐私、肖像等。② 另一种观点则认为，要区分人格权的权利客体和权利对象。因为权利具有规范和事实的二元属性，应区分其客体与对象，使前者表征权利的规范性，后者表征权利的事实性。③ 权利客体相对抽象，是权利对象之上的财产或人格利益；权利对象则相对具体，它是某种权利所指向的具体外在或实在的对象，包括物、行为、信息等承载各种财产利益或人格利益的载体。④

本书在研究中区分权利对象和权利客体，坚持权利对象的工具性作用，认为法律实际上保护的是权利对象背后所承载的利益关系（权利客体）。比如在隐私权的保护中，隐私权保护的客体是抽象的隐私利益，隐私是承载隐私权这一权利客体的权利对象，《民法典》第一千零三十二条将私人生活安宁、私密空间、私密活动、私密信息列为隐私保护对象的具体范畴，私密信息因而成为隐私权的保护对象之一。类似地，个人私密信息同时也是个人信息权益的保护对象，但由于其私密的属性而成为一类特殊个人信息的保护对

---

① 马俊驹：《从人格利益到人格要素——人格权法律关系客体之界定》，载于《河北法学》2006年第10期，第48页。
② 王利明：《人格权法研究》，北京：中国人民大学出版社，2005年，第407、453、489、570页。
③ 曹相见：《权利客体的概念构造与理论统一》，载于《法学论坛》2017年第5期。
④ 刘德良：《民法学上权利客体与权利对象的区分》，载于《暨南学报（哲学社会科学版）》2014年第9期，第8页。

象。本章及随后几章主要从权利对象角度对个人私密信息进行分析,比较私密信息与类似信息的不同,从权利对象角度分析私密信息的这一具体范畴。

2.1 我国隐私权与个人信息保护关系的发展历程

个人私密信息是《民法典》提出的具有中国特色的一类特殊个人信息。私密信息和非私密信息的分类旨在从民事权益保护的角度正确区分隐私权与个人信息权益。[①] 作为两者的制度桥梁,个人私密信息的提出与两者的历史沿革紧密相连。聚焦我国已有的个人信息纠纷案件,可以从同时涉及隐私权和个人信息权益的一般案例和典型案例中,探析客观的个人信息私密性检验的现实。

考察个人信息保护的历史可以发现,一般情况下,隐私权都先于个人信息保护制度而发展起来,在隐私权已经很成熟或健全的情况下,才衍生出个人信息保护的独立体系。但是我国直到 2009 年的《侵权责任法》才正式确立隐私权为一项具体人格权,隐私权发展的历史较短且不完善。个人信息保护制度的起点通常认为是 2012 年《全国人民代表大会常务委员会关于加强网络信息保护的决定》,个人信息保护一直以来都散落在各个法律中,直到《个人信息保护法》通过,才算补齐了数字社会的重要法律板块。特殊的法律发展历史使得我国隐私权与个人信息保护的关系呈现出明显的中国特色。

2.1.1 我国隐私权的发展

在我国,隐私权的发展经历了几个明显的阶段。1986 年的《中华人民共和国民法通则》最初并没有将隐私权纳入其中,仅规定了生命健康权、姓名权、名称权、肖像权、名誉权、荣誉权等人身权。但 1988 年最高人民法院印发《关于贯彻执行〈中华人民共和国民法通则〉若干问题的意见(试行)》,提出侵害他人隐私的,认定为侵害他人名誉权的行为。[②] 2001 年,最高人民法院在《关于确定民事侵权精神损害赔偿责任若干问题的解释》中将隐私认定为一种"其他人格利益",规定侵害隐私权的,受害人可以名誉权侵权为由

[①] 程啸:《论我国个人信息保护法中的个人信息处理规则》,载于《清华法学》2021 年第 3 期,第 70 页。

[②] 1988 年最高人民法院《关于贯彻执行〈中华人民共和国民法通则〉若干问题的意见(试行)》第 140 条第 1 款规定:"以书面、口头等形式宣扬他人的隐私,或者捏造事实公然丑化他人人格,以及用侮辱、诽谤等方式损害他人名誉,造成一定影响的,应当认定为侵害公民名誉权的行为。"

提起诉讼。① 直到2009年，随着《侵权责任法》的颁布，隐私权第一次明确作为一种独立的人格权，和生命权、健康权、姓名权、名誉权等并列在民事基本法中。② 2017年《民法总则》在第五章"民事权利"中再次明确"自然人享有隐私权"，《民法典》更进一步，在人格权编的第六章"隐私权与个人信息保护"中专门对隐私权的具体内容作出规范。

《民法典》第一千零三十二条规定，自然人享有隐私权，并在第二款第一次对隐私的内涵作出界定："隐私是自然人的私人生活安宁和不愿为他人知晓的私密空间、私密活动、私密信息。"私人生活安宁加上私密空间、私密活动、私密信息的"1＋3"模式，构成了我国民法上隐私的具体范畴。从隐私权的演变发展，并结合《民法典》对隐私的定义，可以看出隐私保护的是一种安定宁静、不受干扰、自我决定的生活状态，强调精神性的安宁利益，体现了人格独立、人格自由、人格尊严的全部内容，也体现了民法对人的终极关怀。有学者认为，隐私权的确立在纷繁复杂的社会生活中合理划定了私生活与社会外界之间的必要界限，表达了对人们内心追求独立安宁愿望的尊重。③ 享受隐私的能力是一种非常重要的能力，是让个人拥有一种富有尊严、满足感、安全感和自治生活的核心，是我们能以独立身份享受自由的基础。④ 本书认为，隐私利益是一种具体的人格利益，集中体现了人格尊严和人身自由，是民法价值的重要体现。从三个"具体"的"私密"到一个"抽象"的"生活安宁"，是循着人性的需求而设立的，将对我国司法实践具有重要的指导意义，也为我国隐私权与个人信息保护的布局埋下伏笔。

2.1.2 通过隐私权保护个人信息阶段：2017年《民法总则》之前

我国有关个人信息保护的立法整体起步较晚，近十年来个人信息保护立法加快，但分散在各个法律法规中，并未全面建立起个人信息保护的法律体系，司法实践中一般通过隐私权制度来保护个人信息权益。一般认为，2012年《全国人民代表大会常务委员会关于加强网络信息保护的决定》是

---

① 2001年最高人民法院《关于确定民事侵权精神损害赔偿责任若干问题的解释》第一条规定："违反社会公共利益、社会公德侵害他人隐私或者其他人格利益，受害人以名誉权侵权为由向人民法院起诉请求赔偿精神损害的，人民法院应当依法予以受理。"

② 《侵权责任法》第二条规定："本法所称民事权益，包括生命权、健康权、姓名权、名誉权、荣誉权、肖像权、隐私权、婚姻自主权、监护权、所有权、用益物权、担保物权、著作权、专利权、商标专用权、发现权、股权、继承权等人身、财产权益。"

③ 马俊驹：《人格和人格权理论讲稿》，北京：法律出版社，2009年，第260页。

④ Jon L Mills, *Privacy: The Lost Right*. Oxford: Oxford University Press, 2008, p.13.

我国个人信息保护立法的起点,该决定规定了个人信息保护的原则性条款。此后,专门的网络法陆续出台,比如《中华人民共和国网络安全法》(2016)、《中华人民共和国电子商务法》(2017)等。传统法律的制定、修订工作也给予网络空间前所未有的关注:《中华人民共和国消费者权益保护法(修订)》(2013)、《中华人民共和国刑法修正案(九)》(2015)、《民法总则》(2017)都补充了个人信息保护的相关条款。但是这些散落在各个法律中的条款并没有构建起全面的个人信息保护法律体系。2014年《最高人民法院关于审理利用信息网络侵害人身权益民事纠纷案件适用法律若干问题的规定》(法释〔2014〕11号)第一条规定,行为人利用信息网络侵害他人的个人信息,只有在侵害他人姓名权、名誉权、荣誉权、肖像权、隐私权等人身权益并造成损害时,才需要承担民事责任。这条表明我国个人信息采用间接保护模式,不存在特定的具体权利依托,个人信息保护的权利基础既可能是姓名权、名誉权,也可能是肖像权、荣誉权或隐私权。① 一方面,我国隐私权制度发展并不完善,直到在2009年的《侵权责任法》中才第一次被明确规定为一项具体人格权,且没有更多具体的法律法规对隐私权作出规范。另一方面,因为隐私与个人信息之间存在很多联系,后者因可识别至特定自然人而常具有侵害隐私权的风险,所以我国司法实践往往采取隐私权保护的途径为遭受侵害的信息主体提供救济,案由的选择上一般体现为"隐私权侵权纠纷"。②

早期对个人信息保护的研究多从隐私权与个人信息保护的关系角度切入,两者的区别和联系问题曾一度成为学术研究的焦点。③ 随着互联网的发展和普及,个人信息采集引发的问题日益引起社会的关注,但是我国新闻媒体和社会舆论的报道常常混淆隐私与个人信息,各大网络平台以"隐私政策协议"对大量个人信息的收集和处理行为作出规范,加强了"个人信息=隐私"的思维惯性,认为只要平台在提供产品和服务时涉及或处理了个人信息,就存在侵犯隐私的风险,有"动辄得咎"之嫌,造成两者关系的进一步模

---

① 王成:《个人信息民法保护的模式选择》,载于《中国社会科学》2019年第6期,第137页。
② 比如南京市中级人民法院(2014)宁民终字第5028号判决书(朱烨诉百度公司隐私权侵权纠纷)、江苏省南通市中级人民法院(2011)通中民终字第0952号判决书(冒凤军诉中国电信集团黄页信息有限公司南通分公司等侵权纠纷)、上海市浦东新区人民法院(2009)浦民一(民)初字第9737号判决书(孙某某诉中国联合网络通信有限公司上海市分公司侵权纠纷)、北京市第一中级人民法院(2017)京01民终509号民事判决书(庞理鹏诉东方航空公司、北京趣拿信息技术有限公司隐私权纠纷案)等。
③ 比如王利明:《论个人信息权的法律保护——以个人信息权与隐私权的界分为中心》,载于《现代法学》2013年第4期;张新宝:《从隐私到个人信息:利益再衡量的理论与制度安排》,载于《中国法学》2015年第3期;等等。

糊。加之此前我国法律没有对个人信息保护的系统、全面的规定,学者们对个人信息问题的讨论往往从其与隐私权的界分入手,且在隐私权的消极性、防御性和个人信息的积极性、主动性的区别上达成共识。① 关于个人信息保护的规范路径,在《民法总则》的立法过程中,存在两种不同的观点:一种观点认为,应对大数据时代的新挑战,最佳的选择不是另起炉灶构筑新型权利——个人信息权,而是通过完善隐私权的侵权规则,扩大隐私权侵权救济的可能性,明确以隐私权保护而非个人信息保护为基点。② 另一种观点则认为,隐私与个人信息是两个不同的概念,应该明确区分,不能将个人信息附属于隐私权,不能通过扩张隐私权的内容来涵盖对个人信息的保护,而要通过单独规定个人信息权使得个人信息获得全面充分的保护。③ 最终,2017年《民法总则》第一百一十条明确"自然人的个人信息受法律保护",与隐私权规定在"民事权利"章节的不同条款中,成为我国明确区分隐私权和个人信息保护"二元制"模式的开端。④

2.1.3 《民法典》回应隐私权与个人信息保护的关系

2020年通过的《民法典》延续了《民法总则》对隐私权和个人信息权益相区别的思路,人格权编"隐私权与个人信息保护"一章分别对两者作出规定,并通过"私密信息"的提出试图明晰两者的关系。《民法典》作为处理民事法律关系领域的基础性法律,考虑到长期稳定的适用性,不能作出太多细致具体的规定,对于隐私权和个人信息保护的规定延续了基础性、原则性的特点。《民法典》第一千零三十二条对隐私的定义——"隐私包括不愿为他人知晓的私密信息",以及第一千零三十四条第三款"私密信息,适用有关隐私权的规定;没有规定的,适用有关个人信息保护的规定",被认为是关于我国隐私权与个人信息保护关系的重要条文。私密信息和非私密信息被认

---

① 比如王利明:《论个人信息权的法律保护——以个人信息权与隐私权的界分为中心》,载于《现代法学》2013年第4期;张新宝:《从隐私到个人信息:利益再衡量的理论与制度安排》,载于《中国法学》2015年第3期;周汉华:《探索激励相容的个人数据治理之道——中国个人信息保护法的立法方向》,载于《法学研究》2018年第2期;等等。
② 徐明:《大数据时代的隐私危机及其侵权法应对》,载于《中国法学》2017年第1期,第138页。
③ 王利明:《论个人信息权的法律保护——以个人信息权与隐私权的界分为中心》,载于《现代法学》2013年第4期,第68-69页。
④ 李永军:《论〈民法总则〉中个人隐私与信息的"二元制"保护及请求权基础》,载于《浙江工商大学学报》2017年第3期,第14页。

为是从民事权益保护的角度正确区分隐私权与个人信息权益的分类方法。① 作为对隐私权和个人信息保护关系的回应,《民法典》强调私密信息既是隐私的重要组成部分,也是个人信息的重要组成部分,私密信息是个人信息保护与隐私权保护范围的重合之处。个人信息受保护的权利并非要替代隐私权对私密信息的保护,而是对其保护的补充。② 由此,从《民法典》的规则来看,我国的隐私和个人信息存在重合,且《民法典》适用的一项重要任务,就是在准确厘定隐私和个人信息关系的基础上,对它们加以准确而全面的保护。③

当前,个人信息保护制度"后来居上",以《个人信息保护法》的正式颁布为标志,我国个人信息保护制度逐步迈向成熟,呈现出独立性和体系性。我国对于《个人信息保护法》的关注起始于2003年,当时的国务院信息化办公室正式部署了立法研究工作,2005年相关学者完成了《个人信息保护法(专家建议稿)》。④ 2018年《个人信息保护法》被正式列入全国人大立法规划,历时三年终于于2021年8月正式出台,该法与《网络安全法》《数据安全法》等,共同构建了我国个人信息保护制度的基础法律体系。同时,关于个人信息保护的司法解释、行政法规、部门规章、行业标准等近年来层出不穷,综合性的立法模式下对个人信息处理的基本原则、处理合法性基础、个人信息的分类、信息处理者的义务、信息跨境流动等都作出了系统且全面的规范,我国个人信息保护体系日趋成熟。根据最高人民法院印发的《关于修改〈民事案件案由规定〉的决定》的通知(法〔2020〕346号),在新变更的第三级案由"8. 隐私权、个人信息保护纠纷"项下,增加"(1)隐私权纠纷""(2)个人信息保护纠纷"。"个人信息保护纠纷"的独立诉由地位及与隐私权相分离的趋势再次被强调。《儿童个人信息网络保护规定》《关于审理使用人脸识别技术处理个人信息相关民事案件适用法律若干问题的规定》《互联网信息服务算法推荐管理规定》《数据出境安全评估办法》《互联网用户账号信息管理规定》《征信业务管理办法》《互联网信息服务深度合成管理规定》《未成年人网络保护条例》等针对特定行业领域的司法解释、部门规章、规范性文件的出台,不断为个人信息保护体系建构"添砖加瓦"。

---

① 程啸:《个人信息保护中的敏感信息与私密信息》,载于《人民法院报》,2020年11月19日第5版。
② 黄薇:《中华人民共和国民法典人格权编解读》,北京:中国法制出版社,2020年,第212页。
③ 王利明:《和而不同:隐私权与个人信息的规则界分和适用》,载于《法学评论》2021年第2期,第15页。
④ 周汉华:《个人信息保护法(专家建议稿)及立法研究报告》,北京:法律出版社,2006年。

2.2 个人私密信息：隐私权与个人信息权益的保护对象

2.2.1 隐私权及其保护对象

在本书区分权利对象和权利客体的思路之下，隐私是隐私权的权利对象，是隐私权的基础，欲理解隐私权必先界定隐私为何物。《民法典》第一千零三十二条第二款第一次对隐私的内涵作出法律上的界定："隐私是自然人的私人生活安宁和不愿为他人知晓的私密空间、私密活动、私密信息。"私人生活安宁和私密空间、私密活动、私密信息的"1+3"模式构成了我国民法上隐私的具体范畴。从定义出发，隐私界定的逻辑前提是公共领域与私人领域的划分，即"公共领域和私人领域之间的区分是构建隐私权法的核心"①。私密空间也称"私人领域"，是一种静态的隐私，是个人预保留的、与公共空间隔离的封闭、独立的空间。自然人在私密空间里享有对不被偷拍、偷听等自由状态的合理期待，未经权利人同意，不得进入、窥视、拍摄私密空间。私密活动也可以称为"私密事务"，是一种动态的隐私，指不愿为他人所知且与他人利益、社会利益无关的活动，包括个人性取向、家庭生活、社会交往等事务。侵扰、搜集、拍摄、录制、公开、窥视、窃听私人活动的，都构成侵犯隐私权。私密信息是一种无形的隐私，在自动化处理技术的发展下，"隐私信息化"和"信息隐私化"成为两个突出的特点和趋势：一方面，隐私越来越多地以信息的形式出现（即隐私信息化），比如生物识别信息中的虹膜、人脸信息、指纹信息等私密信息的范畴不断丰富；另一方面，信息的组合揭示出越来越多隐私（即信息隐私化），比如人脸识别技术使得原本公开的信息成为隐私信息，使得传统隐私的边界得以扩展。②《民法典》第一千零三十二条第三款规定，除了私密空间、私密活动和私密信息这三种特别列举外，隐私还包括"私人生活安宁"。有学者指出，"私人生活安宁"这一概念较为笼统、高度抽象，是对隐私权提供概括性保护的一项兜底性内容。③ 对于"私人生活安宁"的兜底性存在不同意见，最早在2002年全国人大法工委《中华人民共和国民法（草案）》第四编"人格权法"中，将私人生活安宁与私

---

① Richard C. Turkington & Anital Allen, *Privacy*, 2nd ed. West Group, 2002, p.1.
② 王俊秀：《数字社会中的隐私重塑——以"人脸识别"为例》，载于《探索与争鸣》2020年第2期，第86页。
③ 王利明：《隐私权内容探讨》，载于《浙江社会科学》2007年第3期，第62页。

人信息、私人活动和私人空间分别规定在不同的法条中,在形式上符合一般兜底条款的位置。① 但是《民法典》第一千零三十二条将私人生活安宁排在私密信息等其他隐私类型之前,第一千零三十三条也先规定侵害私人生活的行为样态,有学者认为这否认了私人生活安宁的兜底性,意味着私人生活安宁与其他形式的隐私处于并列状态。② 本书第 5 章将进一步对此争议问题展开论述。但无论怎样,私人生活安宁代表的是一种安定宁静、不受干扰、自我决定的生活状态,任何人不得非法干涉他人的私人生活,侵扰他人私人生活的安宁。抽象的"私人生活安宁"让隐私保有开放性,为未来可能出现的新型侵害个人隐私行为的规制预留了制度空间。私人生活安宁的侵害主要体现在安宁利益被破坏,安定稳定的生活秩序被打乱,侵扰方式包括骚扰、欺诈性或错误性告知、不可量物侵入等③,可以借助一些技术手段(包括短信、电话、即时通信工具、电子邮件、传单等),并不要求以"公开"为必要。

2.2.2 个人信息权益的性质及其保护对象

我国学者对个人信息的性质是个人信息权还是个人信息权益的认定一直存在争议。我国民法区分民事权利和民事利益,并借鉴德国民法学从归属效能、排除效能和社会典型公开性三个教义学标准进行区分。④ 在权利规制模式与行为规制模式的区别之下,前者被给予全面的、更高强度的保护,后者保护力度相对较弱。⑤ 在《民法典》的编撰过程中,曾使用"个人信息权"术语,但是最终《民法典》并未明确使用"个人信息权"的表述。尽管如此,关于个人信息性质的争议仍没有停止,一种观点认为个人信息本质上与人格紧密相连,依附于人格主体,体现了人格利益的人格要素和人格特征,应属于一种人格权,将个人信息权利化能使其具备确定的权利内容,确定性能为

---

① 2002 年全国人大法工委《中华人民共和国民法(草案)》第四编"人格权法"第二十五条第二款规定"隐私权的范围包括私人信息、私人活动和私人空间",第二十七条规定"自然人的住宅不受侵扰。自然人的生活安宁受法律保护"。
② 朱晶晶:《论〈民法典〉中私密信息保护的双重结构》,载于《科技与法律》(中英文)2022 年第 1 期,第 48 页。
③ 刘保玉,周玉辉:《论生活安宁权》,载于《当代法学》2013 年第 2 期,第 51-52 页。
④ 于飞:《侵权法中权利与利益的区分方法》,载于《法学研究》2011 年第 4 期,第 104-119 页。
⑤ 叶金强:《〈民法总则〉"民事权利章"的得与失》,载于《中外法学》2017 年第 3 期,第 650 页。

信息主体提供更大的保护力度,将有利于加强个人信息保护目的的实现。①另一种观点则强调,总则并没有设定"个人信息权",而是以行为规制的方式为个人信息提供一定程度的保护。② 个人信息在性质上仅为一种综合性的人格权益,同时包含精神利益和财产利益,对其利用和保护应当并重。③ 反对赋权的主要理由是认为个人信息赋权会阻碍信息共享的本质,使获取信息的成本变高,阻碍数字经济的发展。

在个人信息性质问题上,本书认为应遵循已有的《民法典》和《个人信息保护法》的规定,将个人信息认定为一种民事权益更符合既有法律规定。《民法典》没有明确"个人信息权",第九百九十条具体列举的人格权包括生命权、身体权、健康权、姓名权、名称权、肖像权、名誉权、荣誉权、隐私权,个人信息权益不属于明确列举的人格权类型,这或许是立法者有意为之,从文义解释的角度很难将其直接定位为一种具体人格权,其只能是属于第九百九十条第二款规定的自然人享有基于人身自由、人格尊严产生的其他人格权益。《个人信息保护法》第一条也再次强调"保护个人信息权益",因此,将个人信息定位为一种民事权益更为符合文义解释。当前,我国个人信息保护进入"后《个人信息保护法》"阶段,从解释论角度出发的研究和结论将更有利于维护法律的稳定性。此外,在数字经济发展的未来,与个人信息有关的权益会发展出新的内涵,个人信息权益的表述更为灵活,能为今后不断出现的新的权益留下发展和适用空间。

个人信息是个人信息权益保护的对象。《民法典》第一千零三十四条规定,个人信息是以电子或其他方式记录的、能够单独或者与其他信息结合识别特定自然人的各种信息,包括自然人的姓名、出生日期、身份证件号码、生物识别信息、住址、电话号码、电子邮箱、健康信息、行踪信息等。《民法典》这种对个人信息定义的方式为"概括定义+不完全列举"相结合,对个人信息的判断采用"从信息到个人"的"识别型"模式。《民法典》中个人信息的核心特点是"识别性",这种识别性既包括直接识别(单独识别),也包括间接识别(与其他信息结合识别),即强调通过"已识别"或"可识别"可以识别特定

---

① 比如吕炳斌:《个人信息权作为民事权利之证成:以知识产权为参照》,载于《中国法学》2019年第4期;张里安,韩旭至:《大数据时代下个人信息权的私法属性》,载于《法学论坛》2016年第3期;申卫星:《数字权利体系再造:迈向隐私、信息与数据的差序格局》,载于《政法论坛》2022年第3期;等等。

② 叶金强:《〈民法总则〉"民事权利章"的得与失》,载于《中外法学》2017年第3期,第650页。

③ 王利明:《和而不同:隐私权与个人信息的规则界分和适用》,载于《法学评论》2021年第2期,第17页。

自然人的信息都是法律意义上的个人信息。而《个人信息保护法》第四条对个人信息的定义与《民法典》存在不同,其采用"关联型"定义方式,规定"以电子或者其他方式记录的与已识别或者可识别的自然人有关的各种信息"。这是"从个人到信息"的定义方式,扩大了个人信息的范围,即与特定自然人有关的、由其产生的信息都是个人信息。比如自然人在微信等社交平台中的好友列表信息,体现了个人在社交活动中的联系人信息,属于《个人信息保护法》中规定的个人信息的范畴。这种"关联型"个人信息定义的方式曾在2017年《最高人民法院 最高人民检察院关于办理侵犯公民个人信息刑事案件适用法律若干问题的解释》中采用过。当前,以数据为新生产要素的数字经济蓬勃发展,个人信息是大数据的核心和基础,且随着信息技术和大数据的发展,应用信息的水平和能力越来越强,《个人信息保护法》扩大个人信息外延的思路符合大数据时代的特征和趋势,是值得肯定的。

2.2.3 "二元路径"简析

隐私权与个人信息权益在我国法律上的规定虽有不同,但是两者存在关联,私密信息是隐私权与个人信息保护的制度桥梁,私密信息既属于隐私权的保护对象,也属于个人信息权益的保护对象。《民法典》第一千零三十四条第三款规定,个人信息中的私密信息适用有关隐私权保护,没有规定的,适用个人信息的保护。非私密的个人信息,比如个人的姓名、面部信息等,主要是用于社会交往的需要;而个人私密信息,兼具隐私与个人信息的双重属性,是两种制度之间的桥梁,需要在判断上进行"双向辨析"。私密信息是隐私权和个人信息权益在保护对象上的重叠部分,但是由于隐私权与个人信息权益是位于权利和权益两个不同位阶的人格利益,因而个人私密信息也可以视为隐私权投射到个人信息的部分。① 私密信息比一般个人信息享有更高的位阶,保护的客体同时包括了隐私利益和个人信息权益(防范信息不合理使用可能带来的危险利益等)。

我国《民法典》设计出两套不同的规则分别适用于隐私权和个人信息的保护,从功能上强化隐私权和个人信息保护的不同,有利于正确处理有关隐私和个人信息的纠纷,对平衡个人信息的保护和利用、促进数字经济发展具有重要意义。其一,中国社会一直以来对隐私和个人信息的区分不清晰,司法实践也一直通过隐私权来为个人信息权益侵害提供保护。隐私权是保护

---

① 申卫星:《数字权利体系再造:迈向隐私、信息与数据的差序格局》,载于《政法论坛》2022年第3期,第95-96页。

私人生活安宁的消极性权利,与人格尊严紧密联系,原则上隐私权不能被利用,隐私权受法律保护的程度更强。信息时代,个人信息蕴含着多种利益,远远超出了隐私利益的范围,不加区分地把所有的个人信息都看作隐私,可能会忽视人们生活中的人际交往的需求、互联网现有的商业实践以及信息分享所带来的价值。其二,通过区分隐私权和个人信息的概念和不同的保护规则,突出个人信息保护和利用并重的立法逻辑,通过积极行使个人信息的各项权能,赋予个人对其信息的支配和自主决定权,更好地发挥促进信息流通、规范信息处理规则的功能,防止信息孤岛和信息闭塞导致的社会交往成本增加和社会经济发展效率降低。这也与其他国家和地区的规定相一致,比如《欧盟权利宪章》第 7 条和第 8 条分别规定了隐私权和个人数据受保护权。

尽管这种区分具有重要的意义,但是这种区分规范的路径也存在潜在的问题。第一,隐私与个人信息本来就处于难以彻底分开的状态,企图通过私密信息界分两者关系的努力并不彻底。我国法律目前对两者关系的规范仅通过《民法典》第一千零三十四条第三款来体现,并没有更多其他法律予以确认和明晰,《个人信息保护法》甚至根本没有规定"私密信息",两者之间的关系问题再次被搁置,该条也仅被视为一种宣示性的条款。第二,在个人信息保护制度日趋完善和系统全面的当下,"私密信息优先适用隐私权"的现实意义受到质疑。从《民法典》《个人信息保护法》及其相关法律法规的既有规定来看,当隐私权与个人信息制度都有规定时,个人信息保护的规定更为系统和细致,在适用上可以直接架空隐私权的适用,因此《民法典》第一千零三十四条第三款规定"私密信息优先适用隐私权"似乎没有适用的空间。第三,由于没有更多法律法规对私密信息作出其他规定,个人信息的私密性判断一直是实践中的难点,试图通过将涉案信息确立为私密信息从而获得隐私权保护的路径,在实践中并不成功,这也进一步削弱了原告选择隐私权作为诉由的动力。

2.3 个人信息私密性检验实践

2.3.1 隐私权与个人信息关系的民事纠纷

虽然《民法典》2021 年 1 月才生效,但是在《民法典》颁布(2020 年 5 月 28 日)之后,不少法院在审判中就已经将"私密信息"的判断作为是否支持原告隐私权诉讼请求的关键,丰富了个人信息私密性检验的司法实践。[①]

[①] 比如北京互联网法院(2019)京 0491 民初 16142 号民事判决书、北京互联网法院(2019)京 0491 民初 6694 号民事判决书、北京市第四中级人民法院(2021)京 04 民终 71 号民事判决书等。

根据《民法典》的规定，我国法律上的"隐私"包括私密空间、私密活动、私密信息和私人生活安宁四个方面。但是数字社会中"隐私信息化"的特征日益凸显，隐私侵权纠纷往往和个人信息相联系，私密信息成为隐私最为重要的组成部分，也是实践中争议最为集中的部分。本研究以"个人信息"为关键词，在"北大法宝"数据库中检索到 2020 年 5 月 28 日至 2021 年 5 月 27 日的民事判决书共 117 件，案由涉及隐私权、一般人格权、网络侵权责任纠纷等。由于私密信息是隐私和个人信息的交叉部分，研究中排除名誉权纠纷、非个人信息类隐私侵权等与主题无关的案例，共找到 38 件直接涉及隐私权与个人信息关系的民事判决书。分析这些案例发现了三个突出特点：

第一，在案由的选择上，由于原告无法区分涉案信息是私密信息还是非私密信息，通常同时以隐私权纠纷和一般人格权纠纷作为案由提起诉讼请求。当时我国民事诉讼中还没将"个人信息权益纠纷"列为明确的案由，原告选择以"一般人格权"纠纷作为替代案由。虽然存在原告仅选择"隐私权纠纷"作为案由的情况（19 件），但是原告仅以"一般人格权"下"个人信息权益"作为案由的非常少（2 件）。① 根据《民法典》第一千零三十四条的规定，私密信息受到隐私权和个人信息制度的双重保护，原告提起隐私权并一般人格权的诉讼有利于其维权。因为对于原告而言，往往不容易判断隐私权和个人信息权益的关系，合理的诉讼测试便是同时提起两个诉讼请求，由法院进行判断。② 因此，不论原告以"网络侵权责任纠纷"（13 件）还是"一般人格权纠纷"（4 件）作为案由提起诉讼时，诉讼请求都同时包括隐私权和个人信息权益（案由统计详见表 2-1）。

表 2-1　隐私权与个人信息关系的民事判决书案由统计情况

案　由	案由释义	数　量	备　注
隐私权纠纷	隐私权	19	
网络侵权责任纠纷	隐私权、个人信息权益	13	与"个人信息"有关的隐私权纠纷 36 件
一般人格权纠纷	隐私权、个人信息权益	4	
	个人信息权益	2	

---

① 四川省自贡市中级人民法院，(2020)川 03 民初 16 号(公益诉讼起诉人四川省自贡市人民检察院与被告周光前人格权纠纷民事公益诉讼一审民事判决书)；重庆市江津区(县)人民法院，(2020)渝 0116 民初 9138 号(韩俊与重庆皇昊钢管有限公司一般人格权纠纷一审民事判决书)。

② 周汉华：《平行还是交叉——个人信息保护与隐私权的关系》，载于《中外法学》2021 年第 5 期，第 1171 页。

第二，从裁判结果上看，法院否定隐私权侵权的最主要理由为否定信息的私密性。除去2件仅提起个人信息权益的纠纷，在与"个人信息"有关的34件隐私权判决结果中，20件判决肯定了隐私权侵权，占比59%。判决侵害隐私权侵权的案件中，同时判决侵害个人信息权益的有2件。实践中，判决隐私权侵权在结构上通常采取两段论，先判断涉案信息是否属于个人信息或者隐私，再判断被告利用该信息是否构成侵权。然而实践中第二段的推理往往比较贫瘠，法院在讨论是否侵犯隐私权的问题时着重探讨信息的私密程度。否定隐私权侵权的14件案件中，因涉案信息不属于私密信息而否定的有12件，占比86%。可见信息的私密性检验已成为信息隐私权纠纷中摆在法官面前的最重要命题，涉及最终权利保护的法律适用问题。其他否定隐私权侵权的理由包括信息的公开具有合法性事由①、原告自愿公开等②。

第三，分析裁判文书的说理部分，各级法院对于私密信息的判断标准不一，实践中存在同案不同判现象。一方面，法院支持隐私权侵权的20件案件中，存在直接认定涉案信息是隐私（私密信息），进而认定侵权行为成立的判决（6件）。但是细读这些被直接认定为私密信息的类型，是否具有私密性不无疑问。比如真实姓名、手机号码，有的法院直接认定为私密信息而判定隐私权侵权成立。③ 但是此前我国有的法院在判决书中指出，单纯的姓名和手机号不构成隐私信息。④ 也有的法院认为姓名、电话、微信等公共性较强的个人信息泄露不能认定隐私权侵权。⑤ 另一方面，法院否定个人信息私密性的理由多样：有的法院认为，基于信息的身份识别和社会交往功能，不能在一定范围内为社会特定人或者不特定人所周知的，难以归入私密

---

① 为了保护他人合法权益、维护社会公共秩序需要，人民法院根据案情责令网络服务提供者披露用户信息的，不属于侵犯用户隐私。参见北京市第四中级人民法院（2020）京04民终318号（北京淘友天下科技发展有限公司与北京华品博睿网络技术有限公司网络侵权责任纠纷）。

② 参见广东省深圳市罗湖区人民法院（2020）粤0303民初12725号（许某与聂某网络侵权责任纠纷一审民事判决书）。

③ 北京互联网法院（2020）京0491民初24947号（彭某与谢某网络侵权责任纠纷一审民事判决书中当然认定为隐私信息而判定隐私权侵权纠纷）。

④ 北京市第一中级人民法院（2017）京01民终509号（庞理鹏与北京趣拿信息技术有限公司等隐私权纠纷）。

⑤ 北京市第二中级人民法院（2020）京02民终7646号。

信息范畴(公开性);①有的法院认为原告并未证明其对该信息特别加以保密而否定信息的私密性(可获得性);②还有的判决书则指出信息已经在一定范围内为人所知悉、可以在公众平台上查询;③等等。

由此可见,隐私权与个人信息保护是大数据时代的重要议题,《民法典》下个人私密信息的判断(也可称"个人信息的私密性检验"④)是最为突出的问题之一。《民法典》实施后,由于原告不易判断隐私权和个人信息权益的关系,合理的诉讼策略是同时提起隐私权和个人信息权益的诉讼;即使原告不提起两个诉讼请求,在所有因侵害个人信息引起的侵权纠纷中,判断涉案个人信息是否属于私密信息都是前置性问题。⑤

2.3.2 典型案例

在上文案例分析的基础上,本书将聚焦《民法典》颁布前后(2019—2021年),四件社会关注度高且同时涉及隐私权和个人信息权益纠纷的典型案件,进一步梳理和分析当前我国隐私权与个人信息权益保护的司法实践。对个人信息私密性检验问题作进一步细致的分析。

第一,"微信读书案"。黄某诉腾讯科技(深圳)有限公司等隐私权、个人信息权益网络侵权责任纠纷案⑥,涉案应用程序为"微信读书",该案也因此被熟称为"微信读书案"。本案中原告提起诉讼关注三种行为:一是微信将原告的微信好友关系交予"微信读书"应用程序,"微信读书"获取原告的微信好友关系,侵害了原告的个人信息权益和隐私权;二是"微信读书"为原告自动关注微信好友,且这些好友可看到被原告默认公开的读书信息,侵害了原告的个人信息权益和隐私权;三是"微信读书"在原告与其微信好友并无任何"微信读书"关注关系的前提下,原告的微信好友可以在"微信读书"

---

① 比如上海市普陀区人民法院(2020)沪0107民初5934号、北京市第四中级人民法院(2021)京04民终71号、北京互联网法院(2019)京0491民初6694号。
② 北京市海淀区人民法院(2018)京0108民初41946号[刘瑞博与乐元素科技(北京)股份有限公司隐私权纠纷]。
③ 贵州省毕节地区中级人民法院(2020)黔05民终3113号(吴某、北京三快科技有限公司隐私权纠纷)。
④ 张建文:《在尊严性和资源性之间:〈民法典〉时代个人信息私密性检验难题》,载于《苏州大学学报(哲学社会科学版)》2021年第1期。
⑤ 周汉华:《平行还是交叉——个人信息保护与隐私权的关系》,载于《中外法学》2021年第5期,第1171页。
⑥ 北京互联网法院(2019)京0491民初16142号。

应用程序查看原告的读书信息,侵害了原告的个人信息权益和隐私权。相应地,法院审理中认为本案的主要争议焦点包括:(1)微信好友关系、读书信息是否属于个人信息和隐私;(2)原告主张的"微信读书"获取原告微信好友关系、向原告共同使用该应用的微信好友公开原告读书信息、为原告自动关注微信好友并使得关注好友可以查看原告读书信息的行为,是否构成对原告个人信息权益或隐私权的侵害;(3)如构成,腾讯公司应当承担什么法律责任。

法律审理中,将涉案的三种行为均拆分为个人信息权益侵害和隐私权侵害的判断,由于缺乏合理的同意(非自愿选择的同意或未获得原告知情的同意),法院判决认为涉诉行为侵害了个人信息权益。但由于侵害个人信息权益的行为仅造成了较为轻微的精神负担,法院判决停止信息收集和使用行为,并删除好友信息、书面赔礼道歉。对隐私权侵害的审理中,法院认为涉案信息不属于社会一般合理认知下不宜公开的私密信息,从而否定了隐私权侵权行为的成立。法律依据是《民法总则》第一百一十一条,《侵权责任法》第八条、第十五条,《网络安全法》第四十三条,《最高人民法院关于审理利用信息网络侵害人身权益民事纠纷案件适用法律若干问题的规定》。

第二,"抖音案"。凌某某诉北京微播视界科技有限公司隐私权、个人信息权益网络侵权责任纠纷案[1],涉案应用程序为"抖音",因此也被熟称为"抖音案"。该案中被告被控非法获取、处理原告的姓名、手机号码、社交关系、地理位置、手机通信录信息,法院审理中认定该案的争议焦点为:(1)被告的行为是否构成对原告个人信息权益及隐私权的侵害;(2)如构成,被告应如何承担侵权责任。本案中法院分别对姓名和手机号码、社交信息、地理信息作出分析,仍区分个人信息权益和隐私权。法院认为被告对姓名、手机号码和地理位置信息的收集未征得原告的同意,且对这三类信息的收集都没有及时删除,超出了必要限度,法院支持个人信息权益侵害的成立,责任承担为书面赔礼道歉、删除信息和经济赔偿1000元,但是没有支持原告提出的精神损害抚慰金请求。法院审理中否定了隐私权侵权的成立,因为涉案信息不具有私密性,不属于隐私的范畴,没有侵扰生活安宁。法院审判的依据是《民法总则》第一百一十一条,《侵权责任法》第十五条、第二十条,《网络安全法》第四十三条、第六十七条第五项,《最高人民法院关于审理利用信息网络侵害人身权益民事纠纷案件适用法律若干问题的规定》第十六条。

---

[1] 北京互联网法院(2019)京0491民初6694号。

第三,"法律文书信息案"。梁某某与北京汇法正信科技有限公司网络侵权责任纠纷案[①]的涉案信息是涉及原告姓名、性别及相关民事纠纷等信息的法律文书,因此该案被简称为"法律文书信息案"。该案的争议焦点是,被告在搜索结果及网页中呈现涉及原告姓名、性别及相关民事纠纷等信息的法律文书的行为是否侵害原告的个人信息权益或隐私权。在关于涉案信息是否属于个人信息时,法院首先认可了信息的可识别性,进而从合法、正当、必要原则出发,认为被控行为收集手段合法、利用方式正当、符合公共利益和个人信息权益的衡量,因而不构成对个人信息权益的侵害。在对涉案信息是否属于隐私的判断中,认为客观上信息已公开,主观上虽然有隐匿的意愿,但是该信息具有积极利用价值,因而涉案信息不属于隐私,被控行为未侵害隐私权。最终,法院支持原告提出的个人信息权益侵害的诉讼请求,但是涉案信息不属于私密信息,否定了原告提出的隐私权侵权请求。法院审理的法律依据是《民法典》第一百一十一条,《网络安全法》第四十一条,《最高人民法院关于审理利用信息网络侵害人身权益民事纠纷案件适用法律若干问题的规定》第十二条、第十三条。

第四,"二手车信息案"。余某与北京酷车易美网络科技有限公司隐私权纠纷案[②],被告酷车易美公司开发、运营"查博士"应用程序,为不特定公众有偿提供二手车历史车况信息查询、车辆检测、汽车保修、二手车估价等服务。原告在与车辆意向购买人磋商过程中,得知对方用其提供的机动车行驶证上所载的车牌号,在"查博士"应用程序上付费查询了车辆的历史车况信息,并获得了详细记录车辆的行驶数据、维保数据等信息的"历史车况报告"。原告余某认为"历史车况报告"综合反映了其本人驾驶特征、维保行踪、消费能力、消费习惯等,可间接识别自己的身份,属于其个人信息及个人隐私。酷车易美公司未经其同意,擅自有偿向他人提供上述信息,侵犯其个人信息及隐私权。本案的争议焦点为:(1)酷车易美公司提供历史车况信息的行为是否侵犯余某的个人信息权益;(2)酷车易美公司提供历史车况信息的行为是否侵犯余某的隐私权。本案的重点在对个人信息的判断上,法院分别从是否可以单独识别(直接识别)或与其他信息结合识别(间接识别)特定自然人进行判断。在直接识别性的判断上,包括内容上不能直接识别、特征上无法关联车辆所有人、来源上数据已脱敏处理三个方面否定了直

---

① 北京市第四中级人民法院(2021)京04民终71号。
② 广州互联网法院(2021)粤0192民初928号。

接识别性。在结合识别上,法院从结合识别特定自然人的成本较高、商业秘密值得保护、重新识别可能性低等方面否定了间接识别性。进而法院否定了涉案的历史车况信息属于个人信息。对个人信息的判断一定程度上也会影响对是否属于隐私的判断,对隐私权侵权行为的审理中,法院分别从"是否对私生活带来不当干扰"和"信息是否具有私密性"两个方面进行。由于未能识别特定自然人和未证明不当干扰,法院否定了对私生活的不当影响。在私密性判断上,法院认为涉案信息已公开且不可识别至特定人,若将信息归入私密信息将有损公共利益,因而法院否定了隐私权侵权。由此可见,欠缺可识别性成为法院否认个人信息权益侵害和隐私权侵权的共同理由。本案审理依据的是《民法典》第一百一十一条、第九百九十条、第一千零三十二条、第一千零三十四条、第一千一百六十五条第一款。

2.3.3 案例分析总结

通过典型案例分析可知,司法实践在《民法典》的"二元路径"下都承认隐私权与个人信息权益的区别,且理论上对于"个人信息权"和"个人信息权益"的争论并没有给司法实践带来影响。《民法典》第一千零三十四条第三款确立的"私密信息"属于隐私却具有重要价值,因为法院都以私密信息的判断作为涉案信息是否构成隐私权侵权的前提条件。具体分析如下:

第一,立案案由选择隐私权和个人信息权益(网络侵权责任)纠纷。"微信读书案"和"抖音案"都选择网络侵权责任纠纷中的隐私权和个人信息权益为案由,"法律文书信息案"选择"网络侵权责任纠纷"为案由,"二手车信息案"原告仅以隐私权纠纷为案由,但是法院审理认为,最高人民法院印发《关于修改〈民事案件案由规定〉的决定》将原《民事案件案由规定》第二级案由"一、人格权纠纷"项下的"6.隐私权纠纷"变更为"8.隐私权、个人信息保护纠纷"。结合本案实际情况,余某的诉请同时涉及两种不同的请求权,且民事责任聚合,无法分离。如若分开起诉受理,无法有效解决本案争议,因此法院将该案案由变更为隐私权、个人信息保护纠纷。① 可见,在实践中,隐私权和个人信息权益请求权仍难以区分和分离,不论是《民法典》通过前还是通过后,法院都习惯将两者合并审理。在争议焦点部分,法院分别判断涉案行为是否侵害个人信息权益或(和)隐私权。

第二,审理思路遵循隐私权和个人信息权益纠纷"区分路径",且先判断

---

① 广州互联网法院(2021)粤 0192 民初 928 号民事判决书。

个人信息,后判断隐私。四个案件在审理思路上显示了难得的统一性,均将涉案行为拆分为个人信息权益和隐私权侵害分别讨论。个人信息权益部分,首先根据是否具有可识别性而划定个人信息的范畴,"二手车信息案"中根据无法单独识别也无法与其他信息结合识别至特定自然人而否定属于个人信息,进而直接驳回原告的诉讼请求。其他三个案件均认可信息的可识别性,进而展开进一步的论证。个人信息权益侵害的判断有两个方面,一是考量处理行为是否征得原告有效同意,二是从合法、正当、必要原则角度出发,论证个人权益保护与社会公共利益之间的平衡。在《民法典》和《个人信息保护法》并未生效实施之前,法院的审理依据主要是《网络安全法》第四十一条,即"网络运营者收集、使用个人信息,应当遵循合法、正当、必要的原则,公开收集、使用规则,明示收集、使用信息的目的、方式和范围,并经被收集者同意。网络运营者不得收集与其提供的服务无关的个人信息,不得违反法律、行政法规的规定和双方的约定收集、使用个人信息,并应当依照法律、行政法规的规定和与用户的约定,处理其保存的个人信息"。"后《民法典》时代",主要依据为《民法典》第一百一十一条、第九百九十条、第一千零三十二条、第一千零三十四条、第一千一百六十五条第一款的规定等。2021年8月《个人信息保护法》通过后,该法逐渐成为个人信息纠纷中最为重要的审理依据。

　　在隐私权侵权行为的判断上,第一步判断涉案信息是否为私密信息,第二步判断是否侵扰了私人生活安宁。对于私密信息的判断一般从"主观隐匿意愿"和"客观是否公开"两方面展开,有的法院直接根据信息的非私密性而否定隐私权侵权(比如"微信读书案""法律文书信息案")。在判断是否侵扰私人生活安宁的问题上,法院主要根据原告是否能够成功证明私生活受到干扰。事实证明,存在"侵扰私人生活安宁"的证明一般都以失败告终。审理结果上,四个案件均否认了隐私权侵权的成立,可见隐私权侵权行为成立的门槛较高。相比之下,个人信息权益侵害更容易被支持(比如"微信读书案""抖音案")。

　　第三,在责任承担上,法院一般不支持精神损害抚慰金,判决责任承担多为书面赔礼道歉。法院即使承认个人信息权益侵害的发生,但是考虑到个人信息权益侵害受到的精神负担较轻微,也不支持精神损害赔偿。侵害个人信息权益常见的责任承担方式为停止处理个人信息的行为,并删除已经收集的信息。同时综合考量侵权方式、范围、情节等因素,个人信息权益侵害的损害结果较轻微,不支持原告提出的"公开道歉"请求,仅判决被告对原告作出书面赔礼道歉。

通过案例分析可以看到,我国法律虽然规定了隐私与个人信息的区分保护路径,但是由于缺乏明晰的个人私密信息判断标准,在司法实践中引发了很多问题。有学者因此指出,如何科学地和富有弹性地确定私密信息的构成问题,仍然是个人信息法学最根本、最重大的任务。[1]

2.4 本章小结

特殊的法律发展历史使得我国隐私权与个人信息保护的关系呈现了明显的中国特色,经历了通过隐私权保护个人信息到确立个人信息独立保护的不同阶段,并通过提出个人私密信息使其成为隐私权和个人信息保护的制度桥梁。隐私权与个人信息权益两者是立体的、不同位阶的关系,而非简单的平面关系。私密信息是隐私权投射到个人信息的部分,私密信息因此比一般个人信息享有更高的位阶。通过分析我国隐私权与个人信息保护具有交集的司法案例,可以看出《民法典》实施后,由于原告不易判断隐私权和个人信息权益的关系,合理的诉讼策略是同时提起隐私权和个人信息权益的诉讼;即使原告不提起两个诉讼请求,在所有因侵害个人信息引起的侵权纠纷中,判断涉案个人信息是否属于私密信息都是前置性问题。我国法律虽然规定了隐私与个人信息的区分性保护路径,但是由于缺乏明晰的个人私密信息判断标准,在司法实践中引发了很多问题。下文将结合个人信息的私密性判断和个人私密信息的保护等问题进一步展开论述。

---

[1] 张建文:《在尊严性和资源性之间:〈民法典〉时代个人信息私密性检验难题》,载于《苏州大学学报(哲学社会科学版)》2021年第1期,第70页。

第3章 个人私密信息的法律基准和双向辨析

个人私密信息是隐私权和个人信息权益交叉的保护对象,研究个人私密信息的法律基准与范畴界定,需要对"私密"一词实现法律语境切换,即"私密"的法律化问题。通过确定个人信息满足何种特性时才符合法律规定的私密性基准,从而为具体案例提供判定标准。对私密性的感知调研和对域外类似信息的考究,对于探析我国个人私密信息的特征具有参考价值。遵循隐私权和个人信息的"双向辨析"视角,明晰个人私密信息的法律特征,是回答"什么是个人私密信息"的关键证成环节,也将为后文与相关概念的辨析(证伪)提供重要标准。

3.1 "私密"的法律基准概述

私密信息是具有隐私利益的一类特殊个人信息,对其强保护规则反映了与人格尊严的直接关联性。特殊处理规则适用的前提是完成个人私密信息的界定,但是由于我国法律并没有对私密信息作出更多的规定,我们仅能从《民法典》第一千零三十二条对隐私的定义中进行研究。根据文义解释,"私密"二字可以拆分为"私"和"密"。"私"与"公"相对,指属于个人的,比如《书·周官》"以公灭私,民其允怀";"私"也指暗中、不公开、秘密,比如《史记·项羽本纪》"项伯乃夜驰之沛公军,私见张良,具告以事"[1]。"密"则指隐秘之处、隐秘之事、秘密,比如《礼记·少仪》"不窥密,不旁狎"[2]。在英文中,"私密"一词对应 intimacy 或 confidentiality,在词典里的意思是"限制某些信息传播的状态"[3]。有学者指出,"保密"(confidentiality)并不关注信息公

---

[1] 罗竹风主编:《现代汉语大词典》(第8卷),上海:汉语大词典出版社,1986年,第11-15页。
[2] 罗竹风主编:《现代汉语大词典》(第3卷下册),上海:汉语大词典出版社,1986年,第1531页。
[3] Bryan A. Garner, *Black's Law Dictionary* (9th ed), Minnesota: Thomson West, 2009, p.339.

开或私人的性质,而是关注各方之间关系和协议的性质。① 准确理解私密信息的特征,可以从域外与私密信息相似的制度中找到参照和对标。德国"领域理论"(Sphere Theory)中对私密领域(Intimsphare)的规定和英国"违反保密信息制度"(the breach of confidence)中对"保密信息"(confidential information)的判断对于理解"私密"具有一定参考意义。本章将对此进行简要概述,本书后面的章节还将结合相关主题进一步展开对这两个制度的研究和讨论。

3.1.1 德国"领域理论"

在德国个人信息保护法的发展历史中,曾出现的领域理论对于研究私密信息具有重要参考价值。领域理论将私人生活领域划分为不同区域,是解决德国法体系下保护个人隐私问题的重要理论。该理论最早由民法学者胡布曼(Heinrich Hubmann)提出,被德国联邦宪法法院采纳并发展。② 德国法上,一般人格权在私生活的具体化应用中,最基本的问题就是界定私人生活的保护范围。领域理论的核心逻辑是根据所涉个人领域不同而区分个人信息保护程度,这种划分是以私人领域和公共领域的对立为核心的。③

1969年在德国"小普查案"④中,法院判决指出,法律禁止对个人内在生活领域的干涉,获得保护的条件之一是涉及的私人领域在性质上具有私密属性。该案被视为德国法上对人性内在组成部分关注的开端,亲密领域构成了人类愿景的重要组成部分,因而成为《基本法》(The Bacia Law)赋予自我价值和社会价值的根基。那些无涉人格的、无关紧要的个人信息则属于公共领域,个人无权阻止他人收集、处理和利用。⑤ Eberle 教授总结领域理论时表示,人格利益根据他们的私密性(intimacy)程度可以分为私密领

---

① Woodrow Hartzog, "Reviving Implied Confidentiality", *Indiana Law Journal*, 2014, vol. 89, p. 768.
② 王锴:《论宪法上的一般人格权及其对民法的影响》,载于《中国法学》2017年第3期,第111页。
③ Donald P. Kommers and Russell A. Miller, *The Constitutional Jurisprudence of the Federal Republic of Germany: Revised and Expanded* (3rd ed.), Duke: Duke University Press, 2012, p. 405.
④ Mikrozensus, BVerfG 27, 转引自 Edward J. Eberle, "Observations on the Development of Human Dignity and Personality in German Constitutional Law", *Liverpool Law Review*, vol. 33, 2012, p. 211.
⑤ 杨芳:《个人信息自决权理论及其检讨》,载于《比较法研究》2015年第6期,第22页。

域、私人领域和社会领域。位于同心圆最内部的是私密领域（intimsphare），是"人类自由的最后一个不可侵犯的领域……所有公共权力都应被剥夺"①，比如性生活信息。接下来是与社会接触的私人领域（private sphere），在这一领域，人格利益可以受到限制，但是只有在根据比例原则证明其必要性的情况下才允许。比如休闲和娱乐习惯属于这一领域的信息，这个领域不可避免要和社会外界产生联系，因而并不属于隐私。最外围的领域是社会领域（social sphere），包括与社会密切相关的利益，几乎没有亲密的特征。可以在较不严格的证明标准下采取行动限制这种利益，比如追查犯罪、防治流行病等，需要对个人信息进行干预时存在合法性。

领域理论在德国后来遭到很多批判，其中最大的弊端就在于无法以一种抽象的方式为私人领域和公共领域划出清晰的界限。尽管如此，领域理论的主张还是得到了很多人赞同，尤其是以下观念影响深远：有些个人信息与人格的关系较为疏远，不属于私人领域，是社会交往中必须向公众提供的。② 领域理论从个人信息本身的属性出发，通过关注不同类型的个人信息与不同领域个人生活的关系，尤其是最内部私密领域，来解释和论证个人信息为何应予以保护这一根本问题，在理论和规则建构上具有较大的优势和可能性。③ 领域理论虽然存在界限模糊的问题，但是个人信息保护直接与个人权益相连，可以提供利益平衡的基本框架，使得根据不同利益对个人信息进行界分和分类确权成为可能。我国个人信息被区分为私密信息和非私密信息，其中私密信息和德国领域理论最核心的"私密领域"具有相似之处。

3.1.2 英国"违反保密信息制度"

保密（confidentiality，confidence 是其早期术语），是一个起源于英美普通法（Anglo-American common law）的古老概念，甚至可以追溯到古代。例如，在医患关系中，大约公元前 400 年的希波克拉底在其誓言（Hippocratic Oath）中声明："无论我看到或听到的与我的专业服务有关或

---

① 38 BVerfGE 312, 320，转引自 Donald P. Kommers and Russell A. Miller, *The Constitutional Jurisprudence of the Federal Republic of Germany: Revised and Expanded* (3rd ed.), Duke: Duke University Press, 2012, p. 405.
② 杨芳：《个人信息自决权理论及其检讨》，载于《比较法研究》2015 年第 6 期，第 30 页。
③ 刘金瑞：《个人信息与权利配置——个人信息自决权的反思与出路》，北京：法律出版社，2017 年，第 78 页。

与我的专业服务无关、在人们的生活中不应该在外被谈论的,我都不会透露,因为我认为所有这些都应该保密(keep secret)。"①作为英国法上保护隐私和私人信息的关键制度,普通法上"违反保密信息制度"的核心就是判断信息的保密性(confidentiality)。

1969 年的 Coco v. A N Clark (Engineers) Ltd② 案是一起著名的案件,该案确立了违反保密信息侵权的构成要件。根据该案,破坏秘密信息制度的第一个构成要件即所涉的信息必须具有必要的保密性质(the necessary quality of confidence)。③ 这类信息包括个人信息、商业秘密、文学艺术作品、政府信息等,但是由于商业秘密和文艺作品的保护还可以通过知识产权等制度予以保护,所以这里重点判断的是个人信息中的保密信息。保密性测试排除处于公共领域的和无关紧要的琐碎信息,被认为具有保密性的信息包括健康医疗信息、性生活信息、亲密关系信息、财务信息、私人信件等。法院同时提出认定影响"保密性"的因素,包括保密合同的存在、当事人间的亲密程度、采取保护保密的措施、因信息披露而造成的可预见性损害等。

后来英国颁布《人权法案》,推动英国法院在各方面修改违反保密信息制度来配合该法案的生效,这使得保密信息制度的重心发生了变化,即从保护关系到保护信息本身,以使其能够保护信息隐私。④ 在 Michael Douglas, Catherine Zeta-Jones, Northern & Shell Plc v. Hello! Ltd 案⑤中,法院指出"私人信息"(private information)和"保密信息"(confidential information)的一个重要区别:如果信息已经公开了,则该信息不再是保密信息,但是重新公开行为(re-publication)仍然有可能侵害隐私权,因为这些信息是私人的。⑥ 尽管滥用私人信息的行为被嵌入了保密法的保护中,但是法院已经开始区分个人信息中的两种利益,即隐私利益和保密利益。⑦ Campbell v. Mirror Groups Newspapers Ltd 案中,法院进一步指出,在破坏保密信息制

---

① Hippocratic Oath, quoting Daniel J. Solove, Marc Potenberg and Paul M. Schwarz, *Information Privacy Law*(2nd ed), London: Wolters Kluwer, 2006, p. 350.
② [1969] RPC 41 (Ch) 47 (Megarry J).
③ Saltman Engineering Co. Ltd v Campbell Engineering Co. Ltd (1948) 65 RPC 203, 215 per Lord Green MR.
④ Campbell v. Mirror Group Newspapers Ltd[2004] 2AC457(HL),473[51] (LordHoffmann).
⑤ No. 1[2001] 2 W. L. R. 992.
⑥ Pre Lord Phillips at para. 105.
⑦ Imerman v. Tchenguiz,[2010] EWCA Civ 908.

度中,如果涉案信息被认为是具有合理隐私期待的私人信息,即可能会干扰到私人生活,则产生保密义务。法院同时确立了合理隐私期待(reasonable expectation of privacy)来证明信息私人性的方法需要考虑多重因素,包括信息的性质本身、告知或获取的环境、相关个人和主体间的关系等。① 在信息性质的判断上,前后出现了"限定用途测试"(Limited Purpose Test)和"保密测试通知"(Notice of Confidentiality Test)两种递进的方法。"限定用途测试"是过去法院在确定是否存在保密义务时最常用的检验方法,即只要信息一方是出于有限特定目的提供该信息的,那么对方就存在保密义务。在这种情况下,法院要求该知情人不得将该信息用于其被披露目的以外的任何目的。② 但是这种方法由于"目的"过于模糊等缺陷,遭到很多质疑,不再成为测试的首选方法,"保密测试通知"成为新的替代。③ "保密测试通知"认为信息的保密性应结合传递信息之时的环境和条件,考察给一方施加保密义务的基础是"发布信息的人知道或应该知道对相关信息将被保密有合理的期望"④。对私人生活的非公开性具有一个合理的隐私期待,也是《欧盟人权宪章》第 7 条保护私人生活的基石所在。⑤ 这种测试中重点参考的场景因素包括:信息的性质(无论是平庸的、琐碎的、有商业价值的还是私密的)、为保护或强调信息的保密性所采取的措施(例如,它是否被标记为"机密"或"私人"或者是否特别注意限制向他人披露)、披露或获取信息的方式(例如,在商务会议而不是社交场合)、当事人的客观理解、是否为了特定目的而进行传递等。"保密测试通知"要求在客观层面而非主观层面判断信息的保密性,客观"合理接受者"测试(the objective "reasonable recipient" test)是最常见的方法。信息的其他几种属性也可以对判断信息的私人性

---

① Lord Browne of Madingley v. Associated Newspapers Ltd [2007] EWCA Civ 295, [2007] 3 WLR 289, 298.

② J Hull, *Commercial Secrecy: Law and Practice*. London: Sweet & Maxwell, 1998, pp: 89-93 and p. 109; P Lavery, *Commercial Secrets: The Action for Breach of Confidence in Ireland*. London: Sweet & Maxwell, 1996.

③ Tanya Aplin, Lionel Bently, Phillip Johnson, Simon Malynicz, *Gurry on Breach of Confidence: the Protection of Confidential Information* (2nd edition), Oxford: Oxford University Press, 2012, p. 499.

④ Campbell v. Mirror Group Newspapers Ltd [2004] 2AC457(HL), 495.

⑤ Tanya Aplin, Lionel Bently, Phillip Johnson, Simon Malynicz, *Gurry on Breach of Confidence: The Protection of Confidential Information* (2nd edition), Oxford: Oxford University Press, 2012, p. 249.

产生影响。比如不可访问性(inaccessibility),可以从受众范围和发布主体意图两方面考虑;信息的可识别性(identification),即机密的信息一般被认为是可以准确追溯到特定来源的信息等。这些因素共同构成了特定情境中的保密(confidence in context),这类信息因为与特定事实相关联而具有了私人性,需要强加给接收方保密的义务。

3.1.3 个人信息私密性界分的思路

通过对德国"领域理论"和英国"违反保密信息制度"的简单梳理,可以看到"私密"一词的检验标准在不断发展变化中。若根据英文直译,个人私密信息可以翻译为 the personal information of confidentiality nature 或 the personal information of intimacy nature。本书认为,在我国语境下,"私密信息"的提出是为了正确区分隐私权和个人信息保护,个人私密信息界定的关键是个人信息的隐私属性,因而本书选择"具有隐私性质的个人信息"作为个人私密信息的法律内涵,在英文翻译的选择上,认为 the personal information of privacy nature(the PIPN)更为妥当。①

虽然"私密信息"作为一个法律术语是在《民法典》中第一次提出的,但是对具有隐私属性的个人信息给予更强保护的理念却长期存在。2014 年最高人民法院《关于审理利用信息网络侵害人身权益民事纠纷案件适用法律若干问题的规定》第十二条提到"个人隐私和其他个人信息"的概念,规定了个人的基因信息、病历资料、健康检查资料、犯罪记录、家庭住址、私人活动等属于个人隐私或与个人隐私相当的个人信息类型。《民法总则》通过后,有学者提出"三分法"来区分隐私与个人信息,即纯粹的个人隐私、隐私性信息、纯粹的个人信息②,但对于区分的标准和实际应用还是比较模糊,尤其是"纯粹的个人隐私与隐私性信息"的界分对司法实务的指导性并不强。实践中出现了很多介于这两者之间的信息,比如在线评价平台收集和发布的用户评价信息、社交网站上公开的个人教育信息和职业信息等,如何保护这些个人信息恰恰是法院在实践中无法规避的难题。

---

① Lu Zhang,"Personal Information of Privacy Nature under Chinese Civil Code",*Computer Law & Security Review*,vol.43,2021.

② 李永军教授认为,纯粹的个人隐私是个人生活最私密、直接涉及个人人格尊严与自由的部分,可以认为是私密信息;隐私性信息即中间地带,属于隐私与纯粹的个人信息交叉的部分;纯粹的个人信息即普通的个人信息。参见李永军:《论〈民法总则〉中个人隐私与信息的"二元制"保护及请求权基础》,载于《浙江工商大学学报》2017 年第 3 期。

第 3 章 个人私密信息的法律基准和双向辨析

王庆辉诉青岛天一精英人才培训学校隐私权纠纷①（以下简称"王庆辉案"）中，被告（上诉人）作为一家司法考试的培训机构，在向社会发布《重磅！天一教育法考烟台考点创造 98.3% 的通过奇迹！》具有商业推广性质的广告内容中，涉及了原告（被上诉人）的姓名和考试成绩（"王庆辉，男，90，91，181"）。原告以隐私权受侵害为由向法院提起诉讼。一审法院认为天一学校的行为造成王庆辉不愿被人知晓的信息被公开，侵犯了王庆辉的隐私权。但是二审法院审理认为，姓名、考试成绩均不是私生活中绝对的自我空间，不属于隐私的范围。姓名和司法考试成绩是否属于私密信息从而获得隐私权的保护成为本案的争议焦点。在类似的案件中，比如庞理鹏诉东方航空公司、北京趣拿信息技术有限公司隐私权纠纷案中，法院却认为姓名、电话号码以及行程信息属于可以匹配识别特定个人的信息，原告的这些信息被泄露，可以通过隐私权寻求救济，但因为法律未对隐私作出界定而导致隐私的范畴模糊，也因为法律没有明确隐私和个人信息的关系，导致实践中原告常出现维权困难。《民法典》第一次对隐私的内容作出界定，同时定义了个人信息的概念，本书将在此基础上，确定个人私密信息的法律基准，即解决"私密"的法律化问题，确定个人信息满足什么条件时才可以达到私密性的法律基准，试图给类似"王庆辉案"的案件提供参考。

3.2 个人信息私密性调研

3.2.1 研究方法

不同国家和地区因社会文化和法律传统不同，对私密性的感知也呈现出不同的态度。国外已有很多关于隐私偏好、信息分享等的调查研究，通过民意测试证明人们对场景、信息类型的敏感度，比如 Olson 等学者通过调查证明信息类型在很大程度上决定了受访者分享信息的舒适程度，这种一致性掩盖了个体的可变性，使得"隐私偏好是个人的和特定的"这一观点受到挑战。② 但是当前，关于中国国民私密性感受的研究缺少数据，本研究聚焦个人信息私密性的主观感知度问题，通过问卷调查和适当

---

① 参见山东省青岛市中级人民法院（2019）鲁 02 民终 7482 号判决书，青岛天一精英人才培训学校诉王庆辉隐私权纠纷。

② Judith S. Olson etc. A Study of Preferences for Sharing and Privacy, CHI EA'05: CHI'05 Extended Abstracts on Human Factors in Computing Systems, April 2005 Pages 1985-1988.

的统计方法获得经验数据,试图阐明普通中国人所感知的信息私密性特征,并总结出个人私密信息的典型类型,以期为今后立法或司法解释提供列举和排除选项。

本研究以"私密信息"为关键词在"北大法宝"数据库中搜索民事判决书共333份(截至2020年11月28日),除去重复案件、非个人私密信息、与私密信息明显无关的案件,剩余有效案件287件。本研究归纳总结了以下三种私密性很强的个人信息:第一,最普遍、得到最广泛认可的私密信息类型集中体现在金融方面,包括银行卡账户和密码,有131件案件将此类金融相关信息明确列为私密信息,占到了总案件数的45.6%。第二,与身份证号码相关的信息,包括身份证原件、复印件、身份证号码、身份证照片。类似的比如签证号码、护照号码、机动车号也被认定为"极强的隐私性和个人属性"。第三,涉及完全私生活领域的信息,比如裸照、性爱视频、婚恋史、病例等,这类与身体、经历有关的信息,也是常见的私密信息类型。

本书对上述287件案例中涉及的个人信息进行分类,得到以下9类个人信息:基本个人信息、个人号码信息、个人财务信息、人际关系信息、个人记录信息、个人健康信息、家庭信息、个人偏好信息、生物信息。每一种信息类型中列举了常见的信息小类,共计69类(信息类型见表3-1)。提供非常不私密、不私密、私密、非常私密、不确定五个选项(数值分别为1~5)供调研对象选择,最终根据数值平均值的高低确定个人信息的私密性感知程度。2020年11月—2021年2月,笔者选取了我国13个不同地区的典型城市为代表(哈尔滨、北京、天津、西安、上海、杭州、武汉、重庆、成都、昆明、厦门、广州、深圳),通过线上问卷调查的方式进行个人信息私密度感知调研。我们采用最大方差抽样(maximum variance sampling)来分发问卷,以确保受访者涵盖不同的性别、年龄、地区和背景,试图让所选样本最大限度地覆盖研究现象中的各种情况,有效保证客观中立的结果。本次调查共发放问卷245份,其中有效问卷235份,有效率95.9%。[①] 在接受调查的人员中,男性126人,占比53.6%;女性109人,占比46.4%。受访者跨越各个年龄段,其中20岁以下的占4.3%,50岁以上的占2.9%,绝大多数受访者在20~50岁之间,是互联网中最活跃的人群。

[①] 调研中,笔者排除了全选"非常私密""非常不私密""不确定"的问卷结果,因为此类问卷的受访者认为不存在信息私密性的差异,笔者以此推测受访者填问卷时持不认真或不负责的心态。

表 3-1 问卷调查信息类型汇总

序号	信息类别	个人信息细目
1	基本个人信息 (basic personal data)	姓名、出生日期、籍贯、家庭住址、生活的城市、工作/学习单位、婚恋状况、生育情况、教育经历、工作经历
2	个人号码信息 (personal numbers)	手机号码、身份证号、驾驶证号、电子支付账号、员工号、学号、车牌号码
3	个人财务信息 (personal financial information)	个人收入、纳税情况、退休金、银行流水、公司股份情况、房产情况、信用记录
4	人际关系信息 (association)	通话记录、现实人脉关系、社交网络关系、朋友、恋人、伴侣、网络世界中的用户名
5	个人记录信息 (personal records)	阅读记录、网页浏览历史、搜索关键词信息、位置信息记录、购物记录、犯罪记录、受害者记录、毒瘾记录、行踪记录
6	个人健康信息 (health information)	病历材料、轻微身体疾病、严重身体疾病、精神病史、受伤史、身体残疾、身体退化状况、易传播疫病、体检报告
7	家庭信息 (family information)	种族/民族背景、国籍、家庭成员、未成年子女情况、家庭成员就业记录、家人健康状况、家庭暴力情况
8	个人偏好信息 (personal orientation)	政治倾向、宗教取向、性取向、投票历史、生活作息情况、个人爱好、政党信息
9	生物信息 (biometrics)	DNA/基因、指纹、虹膜、掌纹、血型、面部识别特征

3.2.2 调研结果

虽然本次调查存在样本量有限、地域分布不均匀、专业代表性不足等局限性,但统计结果真实反映了国内经常上网人群对私密信息的认知,因此结果仍有一定的参考价值。分析调查结果,有三个有意义的发现:

第一,在九大类信息中,生物信息(包括 DNA/基因、指纹、虹膜、掌纹、血型、面部识别特征)私密性程度的平均值是最高的,基本个人信息(包括姓名、出生日期、籍贯、教育经历、工作经历等)私密性程度的平均值最低。由案例归纳出的九类个人信息类型中,私密性感知度由高到低分别是生物信息、个人财务信息、个人号码信息、个人健康信息、个人记录信息、人际关系信息、个人偏好信息、基本个人信息。本书分析认为,受访者对私密性感知程度除了受到信息本身属性的影响外,也和国内的舆论环境有关。比如近年来媒体对人脸识别案例的分析解读经常成为社会热点并引发很多关注,有48.9%的受访者认为面部识别信息是"非常私密"的,这一比例超过了同属于生物信息中的血型信息(34.9%)。对面部识别信息私密性"不确定"的选择是六类生物信息(DNA/基因、指纹、虹膜、掌纹、血型、面部识别特征)中最低的,即受访者对面部识别信息的私密性认知具有普遍共识。另外,基本个人信息在受访者看来私密性较低的原因,本书认为主要是这类信息的社交功能很强。个人信息是正常社会活动和社会交往的基础,像家庭住址、工作单位、电子邮箱、教育背景、电话号码等个人信息正是基于社会交往而产生的,服务于正常的社会交往活动。① 一般民众在日常生活中总免不了使用此类信息,如果将这类信息认定为私密信息,将对社会交往产生诸多不便。

第二,从具体信息类型来看,电子支付账号信息被认为"非常私密"的比重最高(56.9%),其次是身份证号(56.3%),另分别有50.4%和50.0%的受访者认为驾驶证号和虹膜"非常私密"(三类程度"之最"信息统计见表3-2)。比重数值具有两点意义:一方面,比重高低显示了私密性程度的不同;另一方面,比重高低也显示了受访者的认识是否趋同。受访者对于信息"非常私密"较能达成共识,这四类信息获得了过半数的调查者认同,而"非常不私密"的信息所占比例都不大,"姓名"是被认为最不私密的信息,但所占比例也只有23.7%。其他被认为"非常不私密"信息类型难以形成较强的认同,比如国籍(18.1%)、手机号码(16.4%)、所在城市(14.2%)、种族/民族(12.5%)和位置信息记录(12.5%)。

表3-2 三类程度"之最"信息类型统计

私密性程度	1. 非常私密	2. 非常不私密	3. 不确定
信息类型及占比排序	1.1 电子支付账号信息(56.9%)	2.1 姓名(23.7%)	3.1 毒瘾记录(9.6%)
	1.2 身份证号(56.3%)	2.2 国籍(18.1%)	3.2 公司股份情况(8.6%)
	1.3 驾驶证号(50.4%)	2.3 手机号码(16.4%)	3.3 犯罪记录(7.8%)
	1.4 虹膜(50.0%)	2.4 所在城市(14.2%)	3.4 受害者记录(7.8%)

---

① 刘德良:《个人信息保护与中国立法的选择》,载于陈海帆、赵国强主编:《个人资料的法律保护——放眼中国内地、香港及台湾》,北京:社会科学文献出版社,2014年,第38-39页。

第三,信息私密性感知"不确定"的选择中,排名前五的分别是毒瘾记录(9.6%)、公司股份情况(8.6%)、犯罪记录(7.8%)、受害者记录(7.8%)、员工号(7.3%)。选择"不确定"的总体比重较少,即受众很难就此达成共识。可见信息的私密性虽然会受到具体场景的影响,但是受访者对于信息的私密度感知都有预先独立判断,因此信息主体对信息属性的预先感知对于信息私密性检验的影响不应被忽视。

通过案例总结和私密性感知调研,本书认为在今后的立法中可以明确列出或排除私密信息的典型类型,比如《民法典》第一千零三十四条第二款列明的9类个人信息(姓名、出生日期、身份证件号码、生物识别信息、住址、电话号码、电子邮箱、健康信息、行踪信息)中,姓名、电话号码可以排除出私密信息的范围,而身份证件号码、生物识别信息则是典型的个人私密信息。

3.2.3 个人私密信息列举式规范

个人信息的定义有"概括"与"概括+列举"两种模式。[1] 法律文本对个人信息的列举系对个人信息抽象概括定义的具象化说明。[2] 关于私密信息的界分,本书认为,借鉴世界各国的个人信息保护立法和国际条约关于敏感个人信息的成熟经验,大致存在法律列举(比如英国、德国等)和综合考量(比如经济合作与发展组织等)两种模式。[3] 前者主要是根据个人信息的内容对敏感信息的种类予以列举,后者主张根据数据处理情境综合考量信息的敏感性。我国《个人信息保护指南》和《个人信息安全规范》等都采取了"定义+列举"的方法对敏感信息作出定义,《个人信息保护法》第二十八条也延续了这一方法,规定敏感个人信息是"一旦泄露或非法使用,容易导致人格尊严受到侵害或人身、财产安全受到危害的个人信息",并列举"生物识别、宗教信仰、特定身份、医疗健康等"典型的信息类型。当然,从司法实践来看,个人信息的判断不依赖于该信息是否被明确列举,不能将列举项直接理解为关于个人信息的具体规定。本书对于个人私密信息的研究也将采纳"法律列举辅之综合考量"的方法,通过私密信息调研为法律明文列举典型的个人私密信息类型提供参考,而在具体个案中,则为需要纳入情境分析的主客观因素提出设计。

---

[1] 齐爱民:《拯救信息社会中的人格——个人信息保护法总论》,北京:北京大学出版社,2009年,第83-84页。

[2] 韩旭至:《个人信息的法律界定及类型化研究》,北京:法律出版社,2018年,第178页。

[3] 胡文涛:《我国个人敏感信息界定之构想》,载于《中国法学》2018年第5期,第244-245页。

除了上文调研中提到的身份证件信息、生物信息、个人财务信息为典型的个人私密信息外,还有一种涉及私密信息的重要场景值得研究,即个人信息因涉及第三人的信息而具有了私密性,比如通信录中的好友关系信息。已有学者对涉第三方信息的保护问题作出分析,并指出其侧重个人和第三人的法律关系,而非第三人和信息处理者之间的法律关系。① 这类信息将与个人信息可携带权的行使具有重大关系,值得重点关注和研究。

以好友关系为代表的社交关系信息是个人信息的重要组成部分。法律上并没有关于社交关系的准确定义,根据《现代汉语词典(第7版)》的解释,"社交"是指"社会上人与人的交际往来","关系"是指"事物之间相互作用、相互影响的状态",所以社交关系可以理解为社会上人与人交际往来的联系,是自然人在社会实践中形成的各种社会关系。其中好友关系就是社交关系网的典型,根据不同发展阶段,好友关系先后经历了纸质电话本、电子邮箱地址簿、手机通信录、QQ和微信好友列表等迭代的记录载体。② 根据各国对个人信息的一般定义,"可识别至特定自然人"是个人信息的重要性质,好友关系信息既包含了可以指向信息主体的网络身份识别信息(属于从信息到个人),也体现了该自然人的联系人信息(属于从个人到信息),因此好友关系这类典型的社交信息属于享有好友关系人的个人信息的范畴,这点在我国目前的司法实践中也达成了共识。③

好友关系信息因涉及第三方而具有了私密性的特点,或将成为今后适用私密信息的典型场景。好友信息的关键特征在于"涉他性",正如在"抖音案"中法院强调的,处理手机通信录里联系人姓名和手机号码,既是对手机用户个人信息的处理,又是对通信录中联系人个人信息的处理,并认为这种处理需要征得"双重同意"。④ 暂且抛开"双重同意"的操作性争论,仅从法院的这一观点可以看出好友关系信息的双重主体性特点。本书认为好友关系可视为私密信息的原因是可能涉及第三方的隐私权,即在私密性的判断主体上实现了转换。如果从第三方,即通信录联系人的角度出发,姓名、电话号码、特殊身份、好友标识性信息(昵称、头像、账号)等个人信息是不愿为他人所知晓的隐私,个人可以隐私权受到侵害为由阻止"未经明确授权的共

---

① 徐伟:《涉第三人信息的处理规则及其原理》,载于《华东政法大学学报》2022年第6期。
② 包晓丽,熊丙万:《通讯录数据中的社会关系资本》,载于《中国法律评论》2020年第2期。
③ 比如北京互联网法院(2019)京0491民初16142号、北京互联网法院(2019)京0491民初6694号民事判决书,天津市滨海新区人民法院(2019)津0116民初2091号民事裁定书等。
④ 北京互联网法院(2019)京0491民初6694号民事判决书。

享行为"。

3.3 个人私密信息的特征

《民法典》第一千零三十四条第三款"私密信息"的提出进一步明晰了隐私与个人信息的关系:并非所有个人信息都是隐私,只有满足私密性的个人信息才属于隐私的范畴,同时适用隐私权和个人信息保护制度。这一规定宣告"后《民法典》时代"隐私权与个人信息区分保护的双轨制,并在实践中发挥了重要的作用。通过对《民法典》进行文义解释、体系解释、目的解释,本书将私密信息定义为具有隐私利益的个人信息,应遵循隐私权和个人信息的"双向辨析"视角,并提炼出个人私密信息的三个特征[①]:识别性、秘密性和私人性。私密信息首先属于个人信息,因此必须满足可以识别至特定自然人的"识别性",在此基础上需具备隐私利益,这是将私密信息与一般个人信息相区分的关键。根据隐私权的发展历史和权利性质,隐私利益可以拆分为"隐"和"私"两种属性:前者强调不为他人所知的秘密性,既包括不愿为他人所知的主观意向,也需要具有未公开的客观事实;后者则突出与公共利益和他人利益无关的私人性。

3.3.1 识别性

3.3.1.1 "识别至特定人的信息"的发展历史

除了《民法典》,我国目前对个人信息保护的法律法规和规范性文件等有120多部[②],个人信息的定义多采用和《民法典》相同的"概括定义+列举"模式,即除了给出个人信息的一般定义外,还列举典型的个人信息类型及排除类型,这也是世界上大多数国家对于个人信息的定义方法。因为个人信息是一个比较抽象的法律概念,除了明确界定概念的本质特征外,通过列明典型类型,可以减少法律适用上的不确定性,增加个人信息概念的具体性和可预期性。国际上关于个人信息规范的另一通行做法是,将个人信息的最核心特征认定为"识别至特定自然人"。在美国等采取分散式立法的国

[①] 张璐:《何为私密信息?——基于〈民法典〉隐私权与个人信息保护交叉部分的探讨》,载于《甘肃政法大学学报》2021年第1期。
[②] 笔者在"北大法宝"数据库中搜索标题带有"个人信息"的法律法规,截至2023年1月6日,共搜索到41部中央法规、81部地方法规。

家,使用"个人可识别信息"(personally identifiable information,PII)的概念,规定直接或间接地识别、关联、描述、能够合理地与某一特定消费者或家庭相关联或可以合理地与之相关联的信息;①欧盟等采取统一立法的地区,采用个人数据(personal data)概念,指与一个身份已识别(identified)或可识别(identifiable)的自然人相关的任何信息;②澳大利亚采用个人信息(personal information)的表述,将个人信息定义为关于已识别的个人或可合理识别的个人的信息或意见(information or an opinion)。③ 由此可见,"识别性"通常是判断个人信息的第一步。

在过去的50年里,随着电脑技术的进步、个人信息保护的需要,"识别至特定人"经历了一个从与隐私没有任何关联的名词变为隐私法保护最核心概念的过程。美国较早使用"识别性"术语,美国隐私法上"识别性"的历史最具有代表性,可考究的文献也最翔实,故本部分选择以美国隐私法的发展为例展开论述。1890年,在Warren和Brandeis著名的《论隐私权》论文中,隐私权被定义为"独处的权利"(the right to be alone),是一种不受侵害的人格权(a right of an inviolate personality)。④ 此后,Prosser教授总结实践中的三百多个案例,将隐私侵权区分为四种类型,并强调隐私侵权仅应用于可识别至特定人(an identified person)。⑤ 根据美国隐私法专家Solove教授的研究,PII是1960年前后第一次在美国被提出的,那时候随着电脑等科技的发展,私人公司和政府机构被允许处理个人信息,改变了数据收

---

① 比如美国加州消费者隐私法案(CCPA & CPRA)[第1798.140.条(v)项]:personal information that identifies, relates to, describes, is capable of being associated with, or may reasonably be linked, directly or indirectly, with a particular consumer or household.

② Art. 4 GDPR Definitions, "personal data" means any information relating to an identified or identifiable natural person ("data subject"); an identifiable natural person is one who can be identified, directly or indirectly, in particular by reference to an identifier such as a name, an identification number, location data, an online identifier or to one or more factors specific to the physical, physiological, genetic, mental, economic, cultural or social identity of that natural person.

③ Australia Privacy Act 1988(No. 119,1988), (Compilation data, 13 Dec, 2019; Registered: 10 Jan, 2020) Part II Interpretation, Division 1 General definitions, Section 6: personal information means information or an opinion about an identified individual, or an individual who is reasonably identifiable: (a) whether the information or opinion is true or not; and (b) whether the information or opinion is recorded in a material form or not.

④ Samuel D. Warren and Louis D. Brandeis, "The Right to Privacy", *Harvard Law Review*, vol. 4, No. 5, 1890, p. 193.

⑤ William L. Prosser, "Privacy", *California Law Review*, vol. 48, No. 3, 1960, p. 389.

集、组织、使用和搜查的方式,电脑记录信息系统和数据搜集分析技术让很多数据能直接指向个人。① 最初美国隐私保护研究委员会(The Privacy Protection Study Commission)并没有直接讨论"个人可识别信息"的概念,而是使用"被覆盖的人和事"(who and what is to be covered)来指代,隐私也仅仅指向与个人姓名或肖像相关的信息。直到1974年,美国联邦政府在《家庭教育权利和隐私法案》(Family Education Rights and Privacy Act, FERPA)中第一次提出PII,法案用这个概念禁止教育机构公开或提供个人可识别的教育信息记录。② 虽然法案提到了"个人可识别信息",但是这个法案的关键概念是教育记录(education record)而不是"个人可识别信息",即法案定义信息是被教育机构以文件或其他形式记录的"直接与学生相关的信息"(information directly related to a student),法案强调信息是否属于由学校首先组织并存储的教育记录,而不是判断其是否可识别至特定学生。因此,学校仍然可以将学生联系方式信息卖给信用卡公司,因为这些信息虽然被认为是通信信息(directory information),但这些信息并没有被教育机构保存,不属于"教育记录"(educational record),学校不需要承担法律责任。③

尽管同一时代美国还颁布了一系列法案,比如《公平信用报告法案》(Fair Credit Reporting Act, FCRA,1970)、《隐私法案》(Privacy Act of 1974)等,但是都和《家庭教育权利和隐私法案》没有太大的差别。直到1984年,《有线通信政策法案》(Cable Communications Policy Act)发布,这是一个重要的里程碑。这个法案不仅提到了PII,而且对PII作为法律适用的前提条件给予明确规定。《有线通信政策法案》和之前法案的重要不同在于,个人信息保护的范围不再限定于收集信息的手段(比如是否通过信用卡记录、是否属于教育记录、是否为系统记录等),而是将保护的重点落在判断信息是否具有可识别性上。《有线通信政策法案》颁布之后,信息隐私法就一直开始使用PII这个概念作为开启法律保护的按钮,这被认为是隐私

---

① Daniel J. Solove,"Privacy and Power: Computer Databases and Metaphors for Information Privacy", *Stanford Law Review*, vol. 53,2001,p. 1400.

② 20 U. S. C. § 1232g(b)(2), To permit access to or the release, transfer, or other communication of personally identifiable information contained in education records to any party, by any means, including oral, written, or electronic means.

③ Lynn M. Daggett, "FERPA in the Twenty-First Century: Failure to Effectively Regulate Privacy for All Students", *Catholic University Law Review*, vol. 59,2008,p. 100.

的"守护者"(gatekeeper of privacy)。① 从20世纪90年代中期以来,PII成为首选的术语,之后美国联邦政府和各州发展的很多法律法规都围绕着PII概念制定。

当前,各国立法虽然都强调了识别特定个人信息的概念非常重要,散见于各国的个人信息保护立法中,但是并没有对PII形成一个统一且通行的定义。Solove教授总结了目前对PII的定义,主要有三种方法:同义反复(tautological)、"非公共"(non-public)、特别类型(Special-types)。② 定义的方式虽然不同,但是对个人信息最主要的特征"识别至特定自然人"已达成了共识,并衍生出已识别性(identified)与可识别性(identical)两种情形。

3.3.1.2 已识别性与可识别性

识别(identification)既指识别某人的过程,也指已识别的事实。③ 根据个人信息的定义,个人信息可以分为已识别信息和可识别信息。单独识别特定自然人的信息可以视为"已识别信息",即已经可以直接识别特定自然人的信息,也可以称为直接识别信息。已识别的信息能从多数人中识别出一个特别的自然人,即通过这一信息能将这个人从其他人中区别开来的信息,比如姓名、身份证号、生物识别信息等。而与其他信息结合识别特定自然人的信息,则可以视为"可识别信息",即具有识别可能性的信息,也视为间接识别信息。可识别信息,是具有将来识别可能性的一类信息,即使当前还未能直接识别至特定的人,但是这种识别的可能性是存在的,因此信息和特定自然人之间存在着联系。可识别信息可以和已识别信息同等对待,因为在大数据时代,信息的收集和匹配成本越来越低,原来单个的、孤立的个人信息一旦被收集、提取和综合,就完全可以与特定的个人相匹配,从而形成某一特定人详细而准确的整体信息。

---

① Paul. M. Schwartz and Daniel J. Solove,"The PII Problem:Privacy and a New Concept of Personally Identifiable Information",*New York University Law Review*,vol. 86,2011,p. 1865.

② 前两种属于法律分类中的标准(standard),第三种是规则(rule),标准是一个开放式的(open-ended)决策模式,取决于案件实际的情景,而规则是一个封闭式的决定工具。参见Daniel J. Solove,"Privacy and Power:Computer Databases and Metaphors for Information Privacy",*Stanford Law Review*,vol. 53,2001,p. 1828;齐爱民教授在论文中也提到了同义反复的方式和反向排除法,即非公共性的认定方法,参考齐爱民,张哲:《识别与再识别:个人信息的概念界定与立法选择》,载于《重庆大学学报(社会科学版)》2018年第2期。

③ Nadezhda Purtova,From Knowing by Name to Personalisation:Meaning of Identification under the GDPR,*International Data Privacy Law*,2021.

这两种个人信息的分类已经在各个国家和地区的立法中体现。欧盟GDPR被称为最严格个人数据保护条例，采用个人数据（personal data）概念，第 4 条第 1 款规定"个人数据"是指与已识别（identified）或可识别（identifiable）的自然人（数据主体）相关的任何信息。[①]"可被识别的自然人"是指通过姓名、识别号码、位置数据、在线身份识别码等标识符，或通过针对该自然人的身体、生理、遗传、心理、经济、文化或社会身份等特定相关的一个或多个要素，能够直接或间接地被识别出的个人，判断自然人是否可被识别，应考虑可能合理使用的所有方式（all the means reasonably likely to be used）。[②]世界经济合作与发展组织（Organization for Economic Cooperation and Development，OECD）对于识别性的规定也区分已识别（identified）或可识别（identifiable）这两种情况。[③]但还有国家只规定了可识别信息，比如加拿大 2000 年颁布的《个人信息保护和电子文件法案》（*Personal Information Protection and Electronic Document Act*，PIPEDA），将 PII 简单定义为可识别信息（identifiable information）。我国《民法典》第一千零三十四条规定个人信息是以电子或者其他方式记录的能够单独或者与其他信息结合识别特定自然人的各种信息。这种定义和美国加利福尼亚州消费者隐私保护法案（CCPA & CPRA）[④]类似，后者将个人信息（personal information）定义为能够合理地与特定消费者或家庭直接或间接（directly or indirectly）联系的信息。[⑤]本书认为，我国规定的个人信息可以被解读为一种范围较广的信息，这种定义

---

① Art. 4 GDPR Definitions, "personal data" means any information relating to an identified or identifiable natural person ("data subject"); an identifiable natural person is one who can be identified, directly or indirectly, in particular by reference to an identifier.

② Article 29 Data Protection Working Party, Opinion 4/2007 on the Concept of Personal Data, Adopted on 20th June, 2002.

③ OECD Guidelines Governing the Protection of Privacy and Transborder Flow of Personal Data(1980): Any information relating to an identified or identifiable individual.

④ 2018 年 6 月 28 日签署的 CCPA 是一项旨在增强美国加利福尼亚州居民隐私权和消费者保护的州法规。在其基础上，2020 年 11 月 3 日加利福尼亚州选民投票通过了 CPRA，对 CCPA 的一些重要条款进行了修正，扩展了 CCPA 的范围并制定了新的执行机制。CCPA 和 CPRA 共同构建了加利福尼亚州隐私保护法的主要制度框架，本书使用加利福尼亚州隐私法（CCPA & CRPA）的表述用以引用条文。

⑤ The California Consumer Privacy Act of 2018, 1798.140. defines personal information as information that identifies, relates to, describes, is capable of being associated with, or could reasonably be linked, directly or indirectly, with a particular consumer or household such as a real name, alias, postal address, unique personal identifier, online identifier Internet Protocol address, email address, account name, social security number, driver's license number, passport number, or other similar identifiers.

符合大数据时代的特征和趋势,也赋予法官在判断个人信息时更大的自由度。

事实上,可识别性的判断并不是一件容易的事情,比如美国 Pineda v. Williams-Sonoma 案①,针对邮政编码这一信息,两审法院体现了不同的态度。被告商场的收银员让原告 Pineda 在付款时提供了邮政编码,因此商场在数据库中保留了原告信用卡账号、姓名和邮政编码等信息。原告向被告提起集体诉讼,认为被告商场违反了《Song-Beverly 信用卡法案》(*Song-Beverly Credit Card Act of 1971*)和《不公平竞争法》(*Unfair Competition Law*,UCL),对隐私权造成了侵害。初审法院审理认为,邮编号码并不属于具有个人识别性的信息(personal identification information),并不是一个人所有的,而是大家共享的一种信息。而上诉法院则认为,邮编是地址的组成部分,邮编和地址、电话号码一样,是从属于个人的,都是法律规定的个人信息的组成部分。法院认为应该扩大解释本条文信息的范围,判决邮编属于个人识别性信息的范围。同时,邮编不是这个交易完成的必要信息,缺少邮编信息并不会影响交易的进行,收集邮编的行为侵害了原告的隐私权。②

在我国,在这个问题上同样存在争议。"王庆辉案"中二审法院认为,姓名、考试成绩均非私生活中绝对的自我空间,不属于隐私的范围。天一学校发布的"王庆辉,男,90,91,181"的信息内容仅涉及王庆辉姓名和成绩,并未涉及其他私人信息,该学院名单面向社会不特定公众发布,社会公众并不必然能凭此条信息与王庆辉本人建立特定联系,故不构成法律概念上的特指,不具备识别性。③ 而庞理鹏与北京趣拿信息技术有限公司等隐私权纠纷案中,针对案件涉及的姓名、电话号码及行程安排(包括起落时间、地点、航班信息)等信息,二审法院认为,虽然庞理鹏的姓名和手机号单纯不构成隐私信息,但当姓名、手机号和庞理鹏的行程信息(隐私信息)结合之后的整体信息也因包含了隐私信息(行程信息)而整体上成为隐私信息。法院最终判决,支持原告的诉讼请求,姓名、电话号码及行程安排等信息的泄露和不当使用可以通过隐私权纠纷而寻求救济。④ 本书认为,将姓名、手机号和行程信息结合起来的信息归入个人隐私进行一体保护的做法,符合信息时代个

---

① Pineda v. Williams-Sonoma, Inc, 51 Cal. 4th 524 (2011).
② Matthew A. Susson, "Digest: Pineda v. Williams-Sonoma Stores Inc", *Chapman Law Review*, vol. 15, No. 3, 2012, p. 678.
③ 参见山东省青岛市中级人民法院(2019)鲁02民终7482号判决书。
④ 参见北京市第一中级人民法院(2017)京01民终509号判决书。

人隐私、个人信息电子化的趋势。而王庆辉案中法院否定了姓名和司考成绩的可识别性的做法,有失偏颇;后文也将提到,法院的做法其实混淆了识别性与私密性,是否受到隐私权的保护需要分步骤、分条件进行,简单地否定姓名可识别性的做法并不符合法律和事实。

3.3.1.3 识别性问题的延伸

可识别性是个人信息的关键特征,因此在信息利用的过程中,降低个人隐私风险最容易想到的做法就是"去个人化"和"去识别性",其中信息的匿名化处理成为去除数据中可直接或间接识别个人身份信息标识的一种重要渠道,可以有效地降低个人信息利用的风险。根据个人信息特征的反向推导,法律语义上的匿名化至少需要满足两个标准:第一,仅从信息本身无法指向特定的个人;第二,即使结合其他信息也无法指向特定个人。[①] 各国关于个人信息的立法也对匿名化问题作出了规定,比如欧盟 GDPR 第 4 条,"匿名化"指的是在采取某种方式对个人数据进行处理后,如果没有额外的信息就不能识别数据主体的处理方式。此类额外信息应当单独保存,并且已有技术与组织方式确保个人数据不能关联到某个已识别或可识别的自然人。[②] 美国《健康保险可转移及责任法案》(HIPAA)提出另一个相似的概念——去身份化(de-identification):"通过处理使得数据不能识别特定个人,或者没有合理的基础能够认为该数据可以被用来识别特定个人。"[③] 日本 2020 年通过的《个人信息保护法》修正案要求,匿名后的数据不能与其他信息进行比对、参照,以实现身份识别的功能,且不能复原。[④] 我国《民法典》第一千零三十八条指出,可以向他人提供"经过加工无法识别特定个人且不能复原的信息",这是对匿名化信息的另一种规定和说明。《个人信息保护法》第七十三条明确,"匿名化,是指个人信息经过处理无法识别特定自然人且不能复原的过程"。

[①] 王融:《数据匿名化的法律规制》,载于《中国征信》2017 年第 3 期。

[②] Art. 4 GDPR Definitions(5) "pseudonymisation" means the processing of personal data in such a manner that the personal data can no longer be attributed to a specific data subject without the use of additional information, provided that such additional information is kept separately and is subject to technical and organisational measures to ensure that the personal data are not attributed to an identified or identifiable natural person.

[③] Health Insurance Portability and Accountability Act of 1996, HIPAA, Article 164.514, (b)(1).

[④] Amended Act on the Personal Information Protection of Japan, June, 2020, Article 2 (9).

除了正向匿名化之外,个人信息的识别性也禁止反向推定。在企业提供大数据分析趋势的时候,不能让个人通过大数据反推出特定的自然人,不然就会存在泄露个人信息的风险。比如企业收集了100个人的学历背景,其中大专学历占30%,本科学历占40%,硕士学历占20%,博士学历占10%,如果从100个人当中移除了A这个人,博士学历所占比例立刻下降了,则可以反推出A是博士生。如此一来,也可能造成A学历信息的泄露。因此,企业为了防止这种逆向的反推行为,在数据中使用"数学噪声",即混入其他数据,让结果的呈现不能直接和个体的变化相连,这就是"差分隐私"(differential privacy)技术的应用,这是一种使数据查询准确性提高而减少识别其记录机会的一种技术。[①] 这些都是个人信息识别性对企业提出的更高要求,随着区块链、多方安全计算等新技术的发展,个人信息的"可用不可见"等也是保护个人信息的趋势所在。

3.3.2 秘密性

3.3.2.1 不愿为他人所知的合理期待

隐私权保护的关键在于确定和保护社会交往的基本界限,并要求人们相互尊重各自的基本界限。其中,秘密的关键在于权利人希望其隐私会被保密的合理期待。[②] "秘密"这一概念一直是人际交往之中一个非常核心的部分,早在1890年提出隐私权之前,已经有很多关于维护保密关系的法条和规定,比如律师和客户之间的保密协议能阻止律师在代理期间,向法庭泄露客户提供给他的信息等。

"隐私的合理预期理论(reasonable expectation of privacy)"最早是美国联邦最高法院在1967年Katz v. United States案中确立的,在世界多个国家被适用并证明是比较可行的隐私权判定方法。成立"合理的隐私期待"需要具备两个条件:一是权利人主观上对隐私的保护已经形成了合理的预期(an actual subjective expectation),期望其内容不为他人所知;二是此种预期具有"正当性",即这种期待符合一般观念,能得到社会的客观认可

---

① 熊平,朱天清,王晓峰:《差分隐私保护及其应用》,载于《计算机学报》2014年第1期。
② Tamar Gidron, "Publication of Private Information: An Examination of the Right to Privacy from a Comparative Perspective (Part 1)", *Journal of South African Law*, 2010, No. 1, p. 37.

(society is prepared to recognize as "reasonable")。① 在私密信息的判断上,同样适用合理的隐私期待理论,在上文提到的"王庆辉案"中,原告不希望自己的姓名和司考成绩向社会公布,对这两个信息享有主观的隐私期待。问题在于,这种期待是否符合社会的一般观念呢?本书认为,司考考试官网从报名、考试到查询成绩一直都是一个需要账号、密码才能登录的封闭式系统,这本身反推了考试组织方对考生个人信息的保护和对成绩私密性的维护,可以判断社会一般人是认可这种期待正当性的。尤其是若一个人没有顺利通过司法考试,他的成绩将更不愿意为人所知晓,所以这种对保密性的期待也不应该被苛责,法院的判决有失偏颇。

3.3.2.2 主动公开的信息与例外

在关于合理隐私期待中"主观期待"的判断上,有一个例外,即"第三方原则"(third party doctrine),这是在美国 Miler 案中确定的,即如果一个人已经自愿向第三方披露了信息,那么这些已经披露的信息就缺乏"合理的隐私期待"。② 随着信息科技的发展,市场经济和商业模式的改变,个人信息的搜集和公开的方式发生了变化,在私密性的判断上也面临着新的挑战。

研究隐私权的学者都熟悉 Nader v. General Moters 案③,原告纳德是一名消费者维权倡导者,公开出版了针对通用汽车的一本书,名为《任何速度下都不安全:美国汽车的设计危险》(*Unsafe at Any Speed: The Designed-in Dangers of the American Automobile*)。通用汽车试图在公众中抹黑原告,于是就用虚假借口采访纳德的朋友和同事,发掘他的犯罪信息。原告起诉,认为被告从其朋友、同事那里获得的信息是自己私下告知的,属于小范围内的信息,原告对信息的保密享有合理的期待。但是法院判决被告获得的信息是已经为他人所知的(already known to others),因此不再具有私密性,从而并未侵害原告的隐私权。这种思路难免引发争议,类似的情形还包括我们对周围邻居公开自己的秘密、向医生公开自己的病情,是否期待所倾诉的人不会进一步透露我们的秘密和病情?这样公开的内容是否还享有隐私利益?

---

① Katz v. United States,389 U. S. 347,360.
② Orin S. Kerr,"The Case for the Third-Party Doctrine",*Michigan Law Review*,vol. 107,2009,pp. 566-570.
③ Nader v. General Moters corp.,255 N. E. 2D 765,770(N. Y. 1970).

除了线下的秘密交流外,随着社交网站的兴起,人们越来越倾向于在有相对受众的在线空间发布自己的信息,比如微信朋友圈。在黄某某诉萍乡市维斯瑞国际体育发展有限公司肖像权、隐私权纠纷案中,原告的私人教练将原告发在微信朋友圈的健身前后的对比照片发到公司群里,随后所在健身房的销售顾问未经原告同意,擅自将原告在朋友圈内公开的瘦身照片发布于自己的朋友圈内,为健身公司宣传减肥瘦身做广告。法院在判决中指出,原告在其微信朋友圈发布个人瘦身前后的对比照片,是自主决定对其信息在一定范围内进行公开,根据一般的习惯和本案的具体情况,并不能推定原告同意他人转发其照片并进行营利活动,判决被告赔偿原告精神损失费1000元。① 与朋友圈相对封闭的空间不同,社交网站个人首页的信息却是默认所有人通过浏览网页,不需要经过权利人同意,也不需要添加权利人为好友即可访问和获取的。由此可以看出,信息的私密性可以区分为绝对秘密和相对秘密,在一定范围内的公开属于相对秘密,除了特定主体外,对社会公众而言仍然是秘密的,比如微信朋友圈、邻里之间等。针对小范围内先前披露的信息不影响隐私利益,有学者提供了其他的理论支撑——分享信息的动机理论,认为隐私的本质是信任,信息分享的动机是基于特定的信任场景(context),因此,如果不具有相同情境的披露就破坏了这种信任关系,就是对隐私的侵害。②

还有学者根据保密性来类比商业秘密和隐私,对隐私的相对公开提出论据。Sandeen 教授认为,商业秘密和隐私两种制度的设计目标都是规范社会合理的行为,保护有社会价值的信息,最主要的特征都是要保持保密性(confidentiality)。③ 但是一项构成商业秘密的信息并不是除了合法持有人以外没有任何人知悉,而是该信息在本行业或本领域内不为公众所知。具体地说,公众是指同业竞争者,非竞争者如一般公民和组织被排除在外。即使竞争者也仅仅指同行业、同领域的能够凭借该信息取得经济利益的企业、科研机构或个人。但是从事与该信息有关的技术开发、经营管理活动的科技人员、生产人员、销售人员、管理人员知悉该信息不影响其秘密性。比如

---

① 江西省萍乡市中级人民法院(2017)赣03民终240号,黄某某诉萍乡市维斯瑞国际体育发展有限公司肖像权、隐私权纠纷案。

② Ari Ezra Waldman, *Privacy as Trust—Information Privacy for An Information Age*, Cambridge: Cambridge University Press, 2018, p. 49.

③ Sharon K. Sandeen, "Relative Privacy: What Privacy Advocates Can Learn from Trade Secret Law", *Michigan State Law Review*, 2006, No. 3, p. 699.

我国《关于禁止侵犯商业秘密行为的若干规定》第二条规定:"本规定所称不为公众所知悉,是指该信息是不能从公开渠道直接获取的。"因此法院对于商业秘密的判断不仅仅是考虑这个信息是否对其他人公开,而是若在特定条件下公开,这种条件被认为在关系外的公开是不合适的。Sandeen教授认为,隐私可以向商业秘密制度学习,隐私的测试不应该是完全的隐私(absolute privacy),而是仅仅相对的隐私(relative privacy),即不应该局限于判断这个信息是否在先前被披露过(previously been disclosed),应该就信息为什么以及对谁披露作出讨论。协调侵害隐私公开与否的方法在于,应该允许个人在信息保持相对私密性的情况下自由地分享个人信息。①

本书认为,隐私权是一种具体的人格权,保障人的尊严和人身自由,其中重要的内容即赋予主体对他人在何种程度上可以介入自己私生活的控制权和决定权。因此,在一定范围内已经公开的个人信息也具有隐私利益,隐私权不仅包括自主决定是否将自己的个人信息公之于众的权利,也包括决定在多大范围内将自己的个人信息公之于众的权利。我国已有案例在判决中提到这样的观点,比如在孙伟国诉中国联合网络通信有限公司上海市分公司隐私权纠纷案中,法院就认为违法扩大个人信息的公开范围构成对隐私权的侵害。②

3.3.2.3 平台采集信息的私密性判断

根据《民法典》第一千零三十四条的规定,个人信息包括行踪信息,这种信息存在线上和线下两种形式和来源。最初《民法典》草案中只列举了自然人的姓名、出生日期、身份证件号码、个人生物识别信息、住址、电话号码等信息类型。后有常委委员、地方、部门、专家学者和企业提出,个人的电子邮箱地址和行踪信息同样具有识别特定自然人的功能,也属于重要的个人信息,建议纳入个人信息的范围。宪法和法律委员会经研究,建议采纳上述意见,在人格权编三审稿中将自然人的"电子邮箱地址"和"行踪信息"纳入个人信息的范围。③ Cookie收集的个人信息是一种电子化的行踪信息,包括

---

① Sharon K. Sandeen, "Relative Privacy: What Privacy Advocates Can Learn from Trade Secret Law", *Michigan State Law Review*, 2006, No. 3, p. 706.
② 上海市浦东新区人民法院(2009)浦民一(民)初字第9737号判决书,孙伟国诉中国联合网络通信有限公司上海市分公司隐私权纠纷案。
③ 《全国人民代表大会宪法和法律委员会关于〈民法典人格权编(草案)〉修改情况的汇报》第五条。

个人浏览网页记录等,是一种线上的行踪信息,这类信息是否属于私密信息呢?鉴于《民法典》已明确认定这种信息是个人信息的一种,识别性问题无可争议。但在秘密性判断方面,这类活动踪迹信息(包括访问网页、访问时间、购物习惯等)具有特殊性,常常是用户自愿被采集、授权平台收集的,用户共享给服务商是为了获得免费的其他服务,比如定向广告推荐服务等,同时用户并没有拥有、使用、控制这些记录,在主观期待和客观公开上都存在暧昧不清的情况。

美国法院在 Carpenter v. United States 案中的判决对这个问题的思考很有启发性。本案案情并不复杂,美国联邦调查局 FBI 在没有法庭搜查令的情况下向企业获取了犯罪嫌疑人 Carpenter 的蜂窝基站位置信息(cell-site location information,CSLI),并据此作为原告持枪抢劫的证据。[①] 案件的关键性问题是,个人的 CSLI 等信息通常被私营企业等第三方收集和维护,这种情形是否可以视为个人向第三方披露了自己的信息?此时所谓"第三方原则"(third party doctrine)是否仍然可以适用?由首席大法官罗伯茨(Roberts)撰写并获得五票赞成的多数意见认为,CSLI 位置信息受到美国第四宪法修正案的保护,是一个人物理存在的"详细编年史"(detailed chronicle of a person's physical presence),属于敏感信息(sensitive information),警方需要获取法庭的搜查令才能要求企业数据库披露其客户信息。本案中,最高法院重新调整了"合理隐私期待"的判断标准,认为如果是敏感信息,即使已经被分享了(即使在电子服务中非自愿地分享),甚至被第三方所控制(controlled by third parties),并不会减少其隐私期待。[②] 由此可知,平台收集的用户信息,即使不为用户所控制和使用,用户仍然对此类信息享有期待。

但是另一类被平台收集的信息——用户评价信息却不同。比如以大众点评网为代表的点评类网站,其点评信息是由网络用户自愿发布的,目的是帮助潜在的消费者获取有关商家服务、价格等方面的真实信息并在同类商家中作出选择。这类用户评价信息的发布者并不具有合理的隐私期待,因为发布这类信息的目的就是希望能被潜在的其他消费者看到并为其提供参考,这些公开的评价信息能有效解决消费者和商家之间信息不对称的问题。

---

① Carpenter v. United States,138 S. Ct. 2206 (2018).
② Margot E. Kaminski,"Carpenter v. United States:Big Data is Different",02 July,2018,http://www. gwlr. org/carpenter-v-united-states-big-data-is-different/,last visited on January 15th,2022.

即使有时候可以从信息提供者的昵称、资料中识别出特定的自然人,也不能肯定其信息的私密性。

3.3.3 私人性

隐私利益的第二个特征是私人性,是与公共利益和他人利益无关的私人性活动、空间和信息,这一个特征主要是从反面对隐私权划定界限。隐私权是指自然人享有的对其个人的、与社会公共利益无关的个人信息、私人活动和私有领域进行支配的一种人格权;隐私权的确立在纷繁复杂的社会生活中合理划定了私生活和社会外界之间的必要界限,表达了对人们内心追求安宁的愿望的尊重。① 但是值得注意的是,虽然法律保护个人生活不受干扰的安宁利益,保护私密的信息不受侵害,但这种保护不是没有边界的,不能损害到他人的合法利益,也需要向公共利益让步。纵观隐私权的发展历史,各国在通过宪法和其他法律明确规定保护隐私权,并通过判例完善隐私权规范的同时,也通过大量的侵权行为不断修正特殊主体的隐私权,规定隐私权保护的例外情形。因为法律是社会利益的调节器,立法者想通过规范来调整特定的生活领域,通常会受基于特定价值判断之上的调整意图、正义考量或者合目的性考量的引导。② 拉伦茨指出,这种价值判断表现在,法律通过命令或者禁止特定行为方式、对违反者威慑以"制裁",以及应许或拒绝给予权利、分配风险,从而给予特定利益以广泛保护,而对其他利益则不予保护或者保护程度降低。③ 法律对隐私权的特别保护和保护的例外规定,体现了对与其相关的利益的筛选、评价和平衡,体现了法规范中的价值导向思维。

在识别性和私密性之后,私人性的判断是对隐私利益正当性的考量,如果私密信息涉及公共利益和他人合法利益,则不能完全属于隐私的范畴;反之,权利人享有对私密信息的决定和控制,并获得隐私权的保护。各国立法也都将公共利益和他人正当利益作为个人信息保护的例外。比如,我国《民法典》第一千零三十六条规定,为维护公共利益或自然人合法权益,合理实施的收集、处理自然人个人信息的行为,行为人不承担民事责任;欧盟

---

① 马俊驹:《人格和人格权理论讲稿》,北京:法律出版社,2009年,第260页。
② [德]卡尔·拉伦茨:《法学方法论(全本·第六版)》,黄家镇译,北京:商务印书馆,2020年,第276页。
③ [德]卡尔·拉伦茨:《法学方法论(全本·第六版)》,黄家镇译,北京:商务印书馆,2020年,第276页。

《一般数据保护条例》第 6 条规定了为公共利益而执行任务、数据控制者为履行赋予的公共职能、数据处理者为正当利益或第三方正当利益而必须处理个人数据等情形,属于个人信息处理合法的事由;①美国加州隐私权保护法案也规定对公共利益作出让步的条款,比如当出于公共利益从事相关研究时对个人信息处理的放宽条件等。②但"公共利益"是一个非常重要但又相当模糊的法律概念,其内涵的法律界定处于理论困惑与实践需求的矛盾之中。③由于公共利益的边界模糊,很多学者都试图对公共利益进行研究和确定。当前,世界范围内对公共利益(public interest)的理解主要有两种模式:一种是在欧洲社会占主导地位的思路,强调公共利益与个人利益的总和相区别,认为公共利益是社会团结一致、组织健康保障的基础,比如法国定义公共利益为国家的利益(the good of the nation);另一种理解认为公共利益和自由相联系,这种理解在美国更为流行,即公共利益是对利益集团的竞争和协商调节后的个人利益的总和,因为所有社会的价值来自于独立的作为"原子"的个人价值。④在隐私权法领域,有不少学者提醒,虽然隐私利益需要和其他利益相平衡,但是个人隐私利益本身就是一种重要的公共利益,因此保护个人的自由和权益本身就应被认为是一种公共的利益。⑤在公共健康领域这种矛盾尤为突出。规范一般要求疾病预防控制机构、医

---

① Art. 6 GDPR Lawfulness of processing: The purpose of the processing shall be determined in that legal basis or, as regards the processing referred to in point (e) of paragraph 1, shall be necessary for the performance of a task carried out in the public interest or in the exercise of official authority vested in the controller.

② CCPA & CPRA,第 1798.120 条. A business or a service provider shall not be required to comply with a consumer's request to delete the consumer's personal information if it is necessary for the business or service provider to maintain the consumer's personal information in order to: (6) Engage in public or peer-reviewed scientific, historical, or statistical research in the public interest that adheres to all other applicable ethics and privacy laws, when the businesses' deletion of the information is likely to render impossible or seriously impair the achievement of such research, if the consumer has provided informed consent.

③ 胡鸿高:《论公共利益的法律界定——从要素解释的路径》,载于《中国法学》2008 年第 4 期;梁上上:《公共利益与利益衡量》,载于《政法论坛》2016 年第 6 期。

④ Marc A. Rodwin, "Patient Data: Property, Privacy & the Public Interest", *American Journal of Law & Medicine*, vol.36, no.4, 2010, p.589.

⑤ Australian Law Reform Commission, *Serious Invasions of Privacy in the Digital Era Report*, No.123, 2014, p.29.

疗机构不得泄露涉及个人隐私的有关信息、资料①，但是当隐私涉及公共利益和公共健康时，比如这种疾病是一种极易"人传人"的传染病时，对感染情况和扩散情况的知情权将成为不特定多数人的利益。比如新型冠状病毒疫情期间，公众的知情权是实现疫情有效控制的关键，这涉及不特定多数人的生命健康权。很多公共场合下，患者和普通人的姓名、身份证号码、电话号码、家庭住址、行踪轨迹、生理健康状况、家庭成员信息等个人信息在一定范围内被国家公共权力机关收集和记录，这具有正当性。

但是，这种对隐私权的限制也不是绝对的，仍然需要限定在一定的范围内，符合法律上的比例原则，即恰当性原则（明确性）、必要性原则（最小侵害原则）、狭义比例原则（均衡原则）。② 正如《关于做好个人信息保护利用大数据支撑联防联控工作的通知》中要求的，任何单位和个人未经被收集者同意，不得公开姓名、年龄、身份证号码、电话号码、家庭住址等个人信息，因联防联控工作需要，且经过脱敏处理的除外。③ 对隐私权的限制还体现在对特殊主体的限制上，比如公众人物。一方面，公众人物的隐私权受到更多的约束，正如美国 1964 年"纽约时报公司诉沙利文案"确定了对政府官员诽谤罪的成立应具备更高的证明标准，即需要同时满足"虚假事实"和"主观恶意"。④ 另一方面，公众人物与公共利益无关的私人信息和活动应受到同等的保护。比如在中贸圣佳国际拍卖有限公司与杨季康等著作权权属、侵权纠纷中，法院认为钱锺书、杨季康、钱瑗相关书信均为写给李国强的私人书信，内容包含学术讨论、生活事务、观点见解等，均为与公共利益无关的个人信息、私人活动，属于隐私范畴，理应受法律的保护。⑤

---

① 《传染病防治法》第十二条："疾病预防控制机构、医疗机构不得泄露涉及个人隐私的有关信息、资料。"
② 郑晓剑：《比例原则在民法上的适用及展开》，载于《中国法学》2016 年第 2 期。
③ 中央网络安全和信息化委员会办公室：《关于做好个人信息保护利用大数据支撑联防联控工作的通知》，2020 年 2 月 4 日，http://www.gov.cn/xinwen/2020-02/09/content_5476472.htm，最后访问时间 2022 年 1 月 15 日。
④ Eileen Carroll Prager, "Public Figures, Private Figures and Public Interest", *Stanford Law Review*, vol. 30, No. 1, 1977, p. 158.
⑤ 参见北京市高级人民法院(2014)高民终字第 1152 号民事判决书。

3.4 个人信息的私密性检验模型

3.4.1 隐私保护的"场景理论"

隐私场景理论(the theory of contextual integrity)最早是 2010 年 Helen Nissenbaum 教授在《场景中隐私：技术、政策和社会生活的一致性》(*Privacy in Context: Technology, Policy and the Integrity of Social Life*)一书中提出的。① 同传统隐私权理论一样，该理论下隐私权仍被视为一种重要的人权或价值，值得通过法律及其他方式保护，但其内涵是一种确保个人信息以合理方式流动的权利。② Nissenbaum 认为，场景性隐私权的核心在于，我们所有的信息交往都是发生在一个给定的场景中的，因而判断隐私的标准是情景化的，对隐私受到破坏的合理判断标准在于场景的变化和破坏。③ 这里的场景不是严格意义上的社会结构，而是对日常生活中的社会结构的抽象表达；它是以规范的活动、角色、关系、权力结构、规范和内部价值(目标、导向等)为特征的结构化的社会环境。④ 与场景一致性理论的发展最密切相关的是角色、活动、规范和价值理念的构建，信息规范是根据特定的传输原则，规范特定类型信息从一个主体(以特定的身份或角色行为)到另一个或其他主体(以特定的身份或角色)的信息流动。⑤

场景一致性理论与德沃金"法的一致性"理论设想相似。根据德沃金在《法律帝国》里的观点，法的整体性(integrity)是道德合法性的根源所在，如果法律规定是按照连贯的原则被执行或根据连贯的原则被制定，那么这样的法律系统就具备法的整全性。⑥ 类似地，场景一致性理论提供了一个合

---

① Helen Nissenbaum, *Privacy in Context: Technology, Policy and the Integrity of Social Life*, Palo Alto: Stanford University Press, 2010.
② [美]海伦·尼森鲍姆：《场景中的隐私——技术、政治和社会生活中的和谐》，王苑等译，北京：法律出版社，2022 年，第 117 页。
③ Helen Nissenbaum, Privacy as Contextual Integrity, Vol. 79, *Washington Law Review*, No. 1, 2004, p. 138.
④ [美]海伦·尼森鲍姆：《场景中的隐私——技术、政治和社会生活中的和谐》，王苑等译，北京：法律出版社，2022 年，第 122-124 页。
⑤ [美]海伦·尼森鲍姆：《场景中的隐私——技术、政治和社会生活中的和谐》，王苑等译，北京：法律出版社，2022 年，第 130 页。
⑥ [美]罗纳德·德沃金：《法律帝国》，李长青译，北京：中国大百科全书出版社，1996 年，第 1-40 页。

理的框架,要判断信息流动方式是否有问题,需要评估信息流动是否符合既有场景信息规范。① 场景一致性理论认为,重要的不是在给定场景中信息是否合适(appropriate or inappropriate),而是信息的流动和分布(flow and distribution)是否遵守信息流动的场景化标准,是否合理或者是否符合流动的标准(norms of appropriateness or norms of flow),与其他关于隐私理论的不同在于,情景化要求对参数的设置更丰富、更复杂。② 所以,当我们意识到关于我们的信息被分享时,我们介意的不是信息被分享了,而是信息以错误的方式、向不恰当的人分享了。由此,场景一致性理论是隐私的基石,如果一个实践违反了场景、行为主体、属性和传输原则等与场景相关的信息规范,则被判定违反了场景一致性,从而也被映射到侵犯隐私权的判断上。③

场景一致性理论在个人信息保护的研究中成为一种重要的理论,日益发展为一种对个人信息处理合法性判断综合考量的思维方式。虽然在场景一致性理论下,信息的属性和类型只是场景中的一个要素,但是这种场景化的思维也被用于特殊个人信息的判断中。比如王利明教授提出对个人敏感信息进行判断时要兼采场景理论,因为个人敏感信息的外延具有一定的不确定性,且个人敏感信息的范围不断变化。④ 依据场景理论对敏感信息界定时,应该摆脱全有或全无的固定思维模式,根据个人信息处理的具体场景,包括对信息收集的情境、信息的性质、双方的关系、行为的后果等多因素进行综合评价,确定某类信息处理的对象是否属于个人敏感信息。⑤ 由于私密信息的判断是一个高度场景化的问题,已有学者借鉴场景理论,主张从主客观要件的解释论出发构造私密信息及其判断标准。⑥ 主观要件是指不愿为他人知晓,有两种判断进路。一是从当事人外部行为作出具体判断,即

---

① [美]海伦·尼森鲍姆:《场景中的隐私——技术、政治和社会生活中的和谐》,王苑等译,北京:法律出版社,2022年,第163页。
② Helen Nissenbaum, *Privacy in Context: Technology, Policy and the Integrity of Social Life*, Palo Alto: Stanford University Press, 2010, p. 156.
③ [美]海伦·尼森鲍姆:《场景中的隐私——技术、政治和社会生活中的和谐》,王苑等译,北京:法律出版社,2022年,第164页。
④ 王利明:《敏感个人信息保护的基本问题——以〈民法典〉和〈个人信息保护法〉的解释为背景》,载于《当代法学》2022年第1期,第9-11页。
⑤ 王利明:《敏感个人信息保护的基本问题——以〈民法典〉和〈个人信息保护法〉的解释为背景》,载于《当代法学》2022年第1期,第9-11页。
⑥ 许可、孙铭溪:《个人私密信息的再厘清——从隐私和个人信息的关系切入》,载于《中国应用法学》2021年第1期。

当事人是否付出了将之保密的努力以维护信息的隐秘性。二是从社会一般合理认知标准作出抽象判断,包括已经形成社会共识、居于核心地位的中心私密信息,比如性生活、生物特征信息等,也包括场景性私密信息,根据处理信息的类型、场合、后果三个因素在特定场景下判断。客观要件则主要指信息的私密性,包括信息处于隐私状态和信息具有隐秘的属性两个方面。①

本书赞同场景理论在私密信息的判断中应发挥的作用,并进一步指出个人信息的私密性判断应尽可能为其提供相对的标准和参照,以期为今后法院审理案件发挥重要作用。当人们说某些信息是私密的,实际上人们是指信息对有些行为主体来讲是私密的,或者说信息流通受到特定的传输原则的约束,而不是绝对地限制流通。② 场景一致性理论将信息的属性、类型或性质作为信息规范中的一个关键要素。比如购买产品的消费记录,一般情况下并不是私密信息,但是如果购买产品是特定的(比如性爱产品等),则被认为是私密信息。③ 原则上,信息的类型具有无限的可能性,但是场景中的考量因素与既有研究存在不同,根据上文总结的个人私密信息的识别性、秘密性、私人性的特征,本书主要借鉴世界范围内关于敏感信息的成熟研究成果,从概念、性质、特征层层递减,结合主观和客观两方面构建相对私密信息的判断模型(见图3-1)。

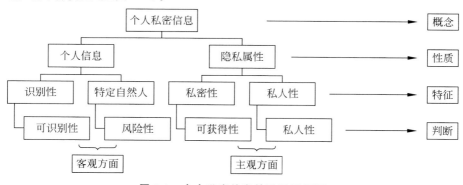

图 3-1　个人私密信息检验思维导图

---

① 许可,孙铭溪:《个人私密信息的再厘清——从隐私和个人信息的关系切入》,载于《中国应用法学》2021年第1期。
② [美]海伦·尼森鲍姆:《场景中的隐私——技术、政治和社会生活中的和谐》,王苑等译,北京:法律出版社,2022年,第131页。
③ 重庆市第一中级人民法院(原四川省重庆市中级人民法院)(2020)渝01民终269号,朱某某与深圳某公司产品责任纠纷二审民事判决书。

3.4.2 影响个人信息性质的场景因素

在关于个人信息性质判断的实践中,国内外既有的法规政策、学术讨论和司法实践影响具有参考价值。比如2014年世界经济论坛曾发布了一个全世界范围内的影响个人信息信任的场景考虑因素的报告①,表明收集的方法(collection method)、数据量(data usage)、对服务商的信任(trust in service provider)、交换的价值(value exchange)/数据的类型(type of data)/设备的情境(device context)、公司类型(type of entity)是判断信息收集场景的关键因素。这份报告针对世界各国,提炼的场景因素很有启发性。对于敏感信息的影响因素,Paul教授的研究成果被很多人引用,他将信息敏感性的影响因素归纳为四点,即是否引发伤害(cause harm)、伤害的概率(sufficiently high probability of harm)、保密关系的存在(shared confidentially)、是否反映了多数人的关心(reflects majoritarian concerns)。② Woodrow教授在对个人信息保密性(confidentiality)的研究中,以Nissenbaum的情境理论为指导,分析了130个涉及包含保密义务的案件,以确定这些法院如何考虑这些争议案件中的保密规范。这些案件揭示法院在审理案件过程中最关心信息的披露情境(context)和披露条款(the terms of disclosure)。③ Woodrow教授将这些判断因素具体化为四个问题:信息公开的情境是什么、信息的性质(nature)、信息处理双方是谁以及他们是什么关系、信息披露的内部和外部条款是什么。④ 我国学者在讨论个人敏感信息时,认为考虑信息内容的强工具性、唯一识别性、信息处理者的认知能力、信息应用能力即存在状态等因素,可以促成敏感个人信息的转化。⑤ 同时,德国领域理论在判断最内部的隐私领域的因素中,法院提出"社会关联

---

① World Economic Forum, Rethinking Personal Data: Trust and Context in User-Centred Data Ecosystems, access at: https://www3.weforum.org/docs/WEF_RethinkingPersonalData_TrustandContext_Report_2014.pdf, last visited on January 12, 2023.

② Ohm, Paul, "Sensitive Information", *Southern California Law Review*, vol. 88, no. 5, July 2015, p. 1161.

③ Woodrow Hartzog, "Reviving Implied Confidentiality", *Iindiana Law Journal*, 2014, vol. 89, pp. 775-776.

④ Woodrow Hartzog, "Reviving Implied Confidentiality", *Iindiana Law Journal*, 2014, vol. 89, pp. 775-776.

⑤ 宁园:《敏感个人信息的法律基准与范畴界定》,载于《比较法研究》2021年第5期。

性"程度标准也值得重视。① 比如在"日记本案件"中,日记内容涉及严重刑事犯罪的真相发现,具有了社会重要性,从而不再属于隐私的范畴。② 在"大型窃听案"中,德国法院提出当事人的保密意愿也是判断隐私的辅助标准,当事人故意或自愿公开的信息私密性肯定弱于采取了保密措施的信息。③ 这些已有的研究和实践可以为个人信息私密性的判断提供有益借鉴。

3.4.3　个人信息私密性检验模型

本书参考"隐私合理期待理论"及关于个人信息敏感性判断的已有研究,基于个人私密信息的可识别性、私密性和私人性,提出个人私密信息的判断可由主观私密性程度(私人性和可获得性)和客观私密性程度(风险性和可识别性)两个方面来决定。私人性、可获得性、风险性、可识别性四个属性的低、中、高的赋值如表 3-3 所示。主观因素主要是受主观意志影响的因素,如是否采取了信息保密措施体现了对私密性的合理期待,从而影响信息的可获得性等;而客观因素不受主观意志的影响,具有客观属性,易于观察和评估,比如可识别特定自然人的程度、造成损害的风险是可以客观评估的。

表 3-3　个人信息私密性影响因素赋值说明

方面	考量因素	程度说明	判定标准
主观方面	私人性(privateness)	高	信息内容完全属于私人领域
		中	所涉公共性利益与私人性利益均衡
		低	信息内容属于公共领域
	可获得性(availability)	高	保密,极难获得
		中	相对公开,但是其他人通过一定方法可以知悉,较易获得
		低	绝对公开,不需要借助其他方法,极易获得

---

① 王锴:《论宪法上的一般人格权及其对民法的影响》,载于《中国法学》2017 年第 3 期,第 112 页。

② 80 BVerfGE at 376-77. 转引自 Edward J. Eberla, "Observations on the Development of Human Dignity and Personality in German Constitutional Law", *Liverpool Law Review*, 2012, vol. 33, p. 223.

③ BVerfGE 109, 319f. 转引自王锴:《论宪法上的一般人格权及其对民法的影响》,载于《中国法学》2017 年第 3 期,第 112 页。

续表

方面	考量因素	程度说明	判定标准
客观方面	风险性（risk）	高	极高的人身、财产损害（比如人身损害）
		中	人身、财产损害一般（比如财产损失）
		低	几乎无人身、财产损害（比如接收垃圾短信）
	可识别性（identifiability）	高	不需要或需少量其他信息，较易识别特定自然人
		中	需少量其他信息，可以识别特定自然人
		低	需要大量其他信息，不易识别特定自然人

3.4.3.1 主观私密性检验

主观私密性程度由私人性程度和可获得的难度决定。私人性程度是从信息私密性的克减角度作出的判断。在 Jones v. Tsige[①] 案中，被公开信息的私密性质被认为是最为重要的因素。若一种信息与公共利益完全无关，则这类信息的私密性就很高，予以保密的正当性就很大，比如个人的性取向信息。反之，如果一类信息与社会利益、他人利益密切相关，那么这类信息的私密程度就应该受到克减。可获得的难度，也可以理解为信息公开的程度，它表明信息主体的公开意愿。私密信息往往预设主体将信息隐藏起来的内心意志，如果很容易从公开场合获得，其私密性必将大打折扣。换句话说，个人关于保持特定领域或特定信息隐秘性的意志应当具有一定的外界可识别性。[②] Solove 教授因此也指出，已经公开的信息引发的风险要小于那些仍保密的信息，他建议我们应该关注哪一种信息更容易获得。[③]

主观私密性程度受私人性程度和可获得的难度两方面的影响（详见图 3-2）。如果私人性程度高且很难获得，则表明信息主体对此类信息具有强烈保密的期待，一般人更倾向于拒绝其信息的公开[④]，比如性取向、身份证号码信息等；反之，私人性程度低且很容易被获取时，信息主体提出的主观私密性要求自然不能支持，比如姓名信息等。同时，也应该注意到一些具有中等主观私密性的合理存在，比如个人阅读信息，不涉及社会公共利益，

---

① Jones v. Tsige, 2012 ONCA 32 (Can. Ont. C. A.).
② 杨芳:《个人信息自决权理论及其检讨》，载于《比较法研究》2015 年第 6 期，第 30 页。
③ Daniel J. Solove, A Taxonomy of Privacy, 154 U. PA. L. REV. 284. (2006).
④ Etlose Gratton, If Personal Information Is Privacy's Gatekeeper, Then Risk of Harm the Key. A Proposed Method for Determining What Counts as Personal Information, 24 ALB. L. J. ScI. & TECH. 168. (2014).

仅体现了个人的阅读习惯和记录,可以认为私人性程度高;但是这类信息属于信息主体在一定范围内公开(比如社交媒体上),其主观保密的意愿和可获得的难度适中。由此,阅读信息在主观私密性方面的定位为中级。

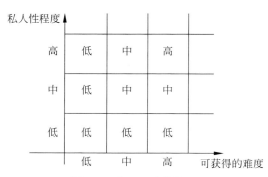

图 3-2 主观私密性检验

3.4.3.2 客观私密性检验

客观私密性程度可以从风险性程度和可识别性程度两方面判断(详见图 3-3)。其中,风险性程度是私密信息的滥用可能引发或实际引发人身、财产损害的程度。我国《个人信息保护法》第二十八条规定,敏感个人信息的"敏感"标准是指以信息处理的权益侵害风险为法律基准,风险内容指向除个人信息权益之外的人格尊严和人身、财产权利。[①] 私密信息与敏感信息虽然存在不同,用以判断信息敏感性的风险内容也不是个人私密信息最主要考虑的因素,但是不可否认,信息滥用引发的后果一定会对信息私密性产生重要影响,该后果具有不以个人主观感受为转移的客观性,且对个人私密信息不当处理的救济也离不开损害的界定。可识别性程度,也可称为功能性的强弱,这一属性可以客观检测信息与个人的关联紧密性。如果一种信息能单独识别至特定自然人,则这类信息将在验证身份中发挥关键作用;而如果一种信息需要与其他信息结合才能识别至特定自然人,则客观的私密性将受到影响。比如动态验证码,虽然非常私密,但是我们并不能通过一连串数字识别至特定自然人,因而它不是个人信息,自然也就丧失了成为个人私密信息的前提。

风险性程度和可识别性程度共同影响客观私密性。如果一类个人信息

---

① 宁园:《敏感个人信息的法律基准与范畴界定》,载于《比较法研究》2021年第5期。

的泄露可能对人身、财产造成(潜在的)损害程度高,且不需要其他信息的辅助就能直接识别至特定自然人,这意味着引发精准到个人的风险很大,则这类信息就很容易获得社会一般人认可的高私密性程度,比如人脸信息。反之,如果某类个人信息需要和其他很多信息结合才能识别至特定自然人,泄露此类信息的风险也相对较低,那么社会对该类信息的私密性感知普遍是较低的,比如电子邮箱地址。还有一类居于中等的客观私密性信息,比如上文提到的阅读信息,通过读书的内容存在识别到特定自然人的可能,比如通过母婴类书籍的阅读记录推断出阅读者已怀孕或有子女的事实。但是考虑到泄露阅读信息所引发的人身和财产损害的可能性较低,综合而言,阅读信息客观私密性为低级。

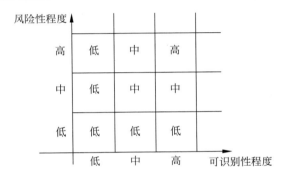

图 3-3 客观私密性检验

3.4.3.3 个人信息私密性检验模型

根据主客观两个方面,本书设计了个人私密信息的判断模型(详见图 3-4),并以"梁雅冰与北京汇法正信科技有限公司网络侵权责任纠纷案"[①]为例进行应用和验证。本案涉及的关键信息是带有姓名、性别及相关民事纠纷等内容的裁判文书,从主观私密性上看,裁判文书同时涉及公共利益与私人利益,因为生效裁判文书容许人们基于社会征信和司法监督的需要,在一定范围内通过披露的方式进行积极的正当利用,因此该裁判文书的私人性程度适中。但是因为该信息不是涉及未成年人等不宜公开内容的文书类型,客观上是已经公开的裁判文书,一般社会公众都可以获取,其可获取性难度很低,所以该信息的主观私密性程度低。在客观私密性检验中,虽

---

① 北京市第四中级人民法院(2021)京 04 民终 71 号。

然原告主张上述信息泄露会给其工作、生活带来困扰,但常识表明,单纯的上述信息披露本身并不能直接引起人格利益和财产利益的重大损失,仅是具有侵害可能性,因此风险性程度可以认定为"中级"。另一方面,带有"梁雅冰"姓名信息的裁判文书没有进行脱敏处理,可识别到唯一特定的自然人,可识别程度高。客观私密性程度整体可以归为"中等"级别,但是综合来说,低等主观私密性和中等客观私密性的整体私密性仍是低的,并不属于私密信息。法院判决"涉案信息属于个人信息,但不属于个人信息中的私密信息,不构成个人隐私"是值得肯定的。

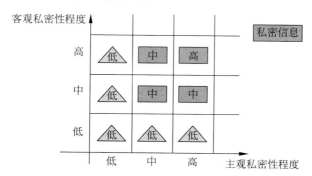

图 3-4 个人信息私密性检验模型

3.5 本章小结

研究个人私密信息的法律基准与范畴界定,需要对"私密"一词实现法律语境切换,个人私密信息界定的关键是个人信息的隐私属性,德国"领域理论"中"最私密领域"和英国"违反保密信息制度"可以为私密性判断提供参考和借鉴。本书建议通过"基本定义+具体列举"的方式对个人私密信息作出界定。个人私密信息是一个比较抽象的法律概念,"综合考量"的前提是明确界定对象的本质特征。通过对《民法典》进行文义解释、体系解释、目的解释,本书提出个人私密信息具有识别性、秘密性和私人性三个特征。私密信息首先属于个人信息,因此必须满足可以识别至特定自然人的"识别性",在此基础上需具备隐私利益,这是将私密信息与一般个人信息进行区分的关键。根据隐私权的发展历史和权利性质,隐私利益可以拆分为"隐"和"私"两种属性。前者强调不为他人所知的秘密性,既包括不愿为他人所知的主观意向,也需要具有未公开的客观事实;后者则突出与公共利益和他人权益无关的私人性。对个人私密信息的判断可以从主观和客观两个方面出发，并结合信息处理的具体目的和场景，私人性、可获得性、风险性和可识别性是私密性检验的重要因素。个人信息私密性的主观感知度调查表明，身份证件号码、生物识别信息是典型的私密信息，姓名、电话号码不具有私密性的合理期待，可以排除出个人私密信息的范围。通过问卷调查和统计获得的经验数据，可以为今后立法或司法解释提供确定的列举和排除选项。综上，个人私密信息是不愿为他人知晓的、与社会公益和他人权益无关的个人信息，包括自然人的身份证号码、生物识别信息等。

第 4 章 个人私密信息与个人信息

个人私密信息与非私密信息是对个人信息的一种分类方式,个人私密信息同时也是隐私的组成部分,研究个人私密信息与个人信息的关系进而体现为对隐私与个人信息关系的探讨。从探讨隐私权与个人信息保护制度的区别出发,对于加深个人私密信息隐私属性的理解具有关键作用。

4.1 个人信息类型化概述

4.1.1 类型化思维概述

拉伦茨指出,当抽象——一般概念及其逻辑体系不足以掌握某生活现象或意义脉络的多样表现形态时,大家首先会想到的辅助思考的形式是"类型"。① 类型思维的主要表现之一是分类思考,在法律行为的解释、效力的确定等方面,类型化思维具有重要的意义,通过对法律规范所涉及的对象进行分类,能够实现法律规范的具体化。② 法律是在每一个法律共同体中相互对立且为求被承认的利益——物质的、国家的、宗教的及伦理的利益——彼此角力的结果。③ 类型归属与概念涵射不同,类型归属尤其体现了一种以价值为导向的思考程序。④

具体到个人信息领域,个人信息权益多元化应体现为以价值为导向的类型化思考。个人信息保护的宗旨是实现信息保护与利用的平衡,在保障人格权的前提下实现信息效益的最大化目标。根据个人信息的不同性质,个人信息可以被划分为不同的范畴,这体现了民法中"类型化"的思维。不

---

① [德]卡尔·拉伦茨:《法学方法论》,陈爱娥译,北京:商务印书馆,2003 年,第 337 页。
② 王利明:《论法律思维》,载于《中国法学教育研究》2012 年第 2 期,第 16 页。
③ 吴从周:《概念法学、利益法学与价值法学:探索一部民法方法论的演变史》,北京:中国法制出版社,2011 年,第 258 页。
④ [德]卡尔·拉伦茨:《法学方法论》,陈爱娥译,北京:商务印书馆,2003 年,第 101 页。

同学者根据不同标准提出了很多个人信息分类的标准,比如洪海林区分为"自动处理/手动处理""敏感/一般""普通群体/特殊群体"三类。① 齐爱民归纳出"直接/间接""敏感/非敏感""电脑处理/非电脑处理""公开/隐秘""属人/属事""专业/普通"六个类型标准。② 有学者根据信息来源,区分为"原始数据""痕迹信息""推断信息"三个类型。③ 还有学者提出"三分法"来区分隐私与信息,即纯粹的个人隐私、隐私性信息、纯粹的个人信息。④ 制度利益被认为应当与社会利益相协调,在利益衡量的过程中,人格尊严构筑了科技发展和技术进步的底线,这种基本价值会对数字经济发展形成制约。包括隐私权在内的人格权保护是数据产生和利用的必要条件和底线,成为科技发展的"保留区",法律在"保留区"内应趋于保守和审慎。⑤ 在此意义上,法律体系和构成要件具有了彰显价值判断的工具性意义,利益衡量是我们解释和应用法律的实质准据。⑥ 这种在价值与规范之间的循环往复,即考夫曼所称的"诠释学循环"。⑦

4.1.2 数字时代个人信息的特征与分类保护

个人信息的时代特点决定了个人信息保护制度的规范目的。由于收集追踪、传播公开、聚合分析等技术的发展,信息的收集能力、传播访问能力和分析使用能力不断提升,个人信息呈现出了独特的性质。

第一,个人信息的交互性。个人信息是个人与周围环境交流的媒介,其

---

① 洪海林:《个人信息的民法保护研究》,北京:法律出版社,2010年,第137-142页。
② 齐爱民:《大数据时代个人信息保护法国际比较研究》,北京:法律出版社,2015年,第138-144页。
③ Sandra Wachter and Brent Mittelstadt, "A Right to Reasonable Inferences: Re-thinking Data Protection Law in The Age of Big Data and AI", *Columbia Business Law Review*, 2019, vol. 2.
④ 李永军教授认为纯粹的个人隐私是个人生活最私密、直接涉及个人人格尊严与自由的部分,可以认为是私密信息;隐私性信息即中间地带,属于隐私与纯粹的个人信息交叉的部分;纯粹的个人信息即普通的个人信息。参见李永军:《论〈民法总则〉中个人隐私与信息的"二元制"保护及请求权基础》,载于《浙江工商大学学报》2017年第3期。
⑤ 彭诚信:《论个人信息的双重法律属性》,载于《清华法学》2021年第6期,第93页;董悦:《公民个人信息分类保护的刑法模式构建》,载于《大连理工大学学报(社会科学版)》2020年第2期,第87页。
⑥ 梁上上:《制度利益衡量的逻辑》,载于《中国法学》2012年第4期,第84-85页。
⑦ [德]阿图尔·考夫曼:《类推与"事物本质"——兼论类型理论》,吴从周译,台北:台北学林文化事业有限公司,1999年,第33页。

决定着个人社会形象,并直接影响着个人人格的发展状况。① 个人信息的这种交互性和社会性是将个人信息与个人隐私区分开来的一项重要特征。个人隐私同样可能具有可识别性的特征,但其具有明显的私密性,隐私主体通常而言并没有意愿将其置于交互场景之中;而个人信息发挥自身作用的空间就是信息主体与外界的交互过程,信息主体的权益在于依循自身的意愿对个人信息进行合理的利用,以便在社会交往过程中占据一个有利的地位。② 个人信息的交互性使得信息主体提供信息的动机变得难以捉摸,对个人信息处理行为的监管难度加剧。数据化生存背景下,科学研究、商业活动、社会治理等无不依赖信息,信息成为支撑这个时代发展的新资源,个人信息的公共属性不断增强,个人信息的公共性或公共物品性已经得到越来越多学者的认可,其使用和保护涉及多方主体的多元利益。因此有研究提出"隐私悖论"现象,揭露出个人对于隐私态度和隐私行为的不同:人们总是说他们高度重视隐私,但是实际上却用他们的个人数据换取很少的利益,或者并没有采取措施保护他们的隐私③,隐私价值的态度和行为之间的矛盾引发了监管上的难题。

第二,个人信息的延展性。大数据技术发展背景下,信息可识别至特定自然人的可能性增强,导致个人信息的边界不断扩张。虽然关于个人信息的定义并不存在一个统一的世界通行范本,但是"识别至特定自然人"是个人信息判断的关键,被视为个人信息的实质性要素。大数据环境下,很多信息往往并不直接来源于数据主体,而是从其他信息中派生和推断出来的,但是这些推断数据对个人权益存在潜在的影响,或者可以揭示出个人敏感的属性,因此仍可以归于"个人信息"的范畴。随着信息技术的发展,信息聚合、分析、反向推断等技术被运用,个人信息的范围不断扩大,让几乎所有"与个人有关的信息"(relating to a person)都可以被定义为个人信息。目前我国对"与自然人相关"的研究较少,根据欧盟第29条工作组的指南,与个人相关的信息,包括内容(content)、目的(purpose)、结果(result)三种相

---

① 谢远扬:《个人信息的私法保护》,北京:中国法制出版社,2016年,第42页。
② 廖宇羿:《我国个人信息保护范围界定——兼论个人信息与个人隐私的区分》,载于《社会科学研究》2016年第2期,第75页。
③ Daniel J. Solove,"The Myth of the Privacy Paradox", *George Washington Law School Public Law and Legal Theory Paper*, 2020, No.10.

关元素。① 内容相关是最明显和最普遍的理解，即提供的信息内容与特定人相关。目的相关则是指信息被使用的目的以某种方式处理或影响一个人的状态或行为。结果元素是第三种与特定人的相关元素，使用数据的行为可能对某个人的权益产生影响，不一定需要重大的影响存在，只要某个人因为此类数据处理而受到不同的对待就足够了。② 在个人信息的边界不断扩大的当下，除了明确的匿名化信息和去标识化信息外，要想准确划定个人信息的范围是一件很困难的事情。本书称此为个人信息的延展性，越来越多具体类型的信息处理都可以进入信息保护法的范畴，存在人为扩大保护范围的趋势，甚至与互联网相关的所有问题都将可能定性为数据保护问题。因此王锡锌教授认为，随着大数据技术的发展，个人信息的可识别性和相关性标准的边界不断扩张，静态的民事权利理念无法回应这一趋势。③

第三，个人信息的规模性。进入信息时代以来，信息的流转方式已经发生了很大变化，信息的收集、公开和处理活动的成本大大降低，数据呈现爆炸式增长。在对数据流通高效的追求下，新一代信息技术的融合性和系统性不断增强，信息的传播方式更为便捷、传播速度更为迅速、传播范围更为广泛。个人信息一旦被侵害，发生损害的影响十分巨大，波及面将更加广泛，程度也更为严重，这种影响往往是不可逆的，事后救济对于弥补损失来说意义甚微。同时，在大规模信息面前，个人对信息的控制能力进一步减弱甚至消失。个人信息中包含的隐私利益呈现低密度性和非直接性④，导致侵权事实与损害结果之间的因果关系变得模糊，加剧了损害结果判断的复杂性。大数据时代下，信息主体无法对个人信息加以控制，对于可能的损害也无法预估和证实，尤其是信息处理与损害之间的因果关系难以证明，这些直接妨害了信息主体获得法律的救济。信息与主体的分离还进一步加剧了信息主体与数据控制者之间力量的不平衡，对数据控制者的风险防控能力和数据安全保障义务提出了更高的要求。

个人信息保护的需求与技术给个人信息处理带来的挑战紧密相关，个人信息之上的多元利益要求个人信息保护制度避免单一向度。信息从业者

---

① Article 29 Date Protection Working Party, *Opinion 4/2007 on the Concept of Personal Data*, WP 136, p. 10.

② Article 29 Date Protection Working Party, *Opinion 4/2007 on the Concept of Personal Data*, WP 136, p. 11.

③ 王锡锌：《个人信息国家保护义务及展开》，载于《中国法学》2021年第1期，第147页。

④ 吴伟光：《大数据技术下个人数据信息私权保护论批判》，载于《政治与法律》2016年第7期。

和政府作为信息利用角色的加入,使得个人信息保护与利用的利益衡量被放置在整体社会环境中,需要达到个人信息保护利益、信息业者对信息利用利益、公共利益之间的"三方平衡"。① 数据保护法的立法宗旨被解读为双重性,即保护自然人的基本权利和自由,尤其是隐私权和数据保护权;同时确保个人数据的自由流动,实现社会目标。② 由此,对个人信息的规范具有双重目的,已成为各国的共识。比如 GDPR 第 1 条规定:"本条例制定关于处理个人数据中对自然人进行保护的规则,以及个人数据自由流动的规则。"我国《个人信息保护法》第一条也明确了保护个人信息权益、规范个人信息处理活动、促进个人信息合理利用的综合立法目的。

4.1.3 私密信息与隐私利益

私密信息是具有隐私利益的个人信息,隐私利益可以隐私及隐私权作为切入点。隐私是隐私权的基础,是隐私权的权利对象,欲理解隐私权必先界定隐私为何物。隐私并不是具体的事物,而是一种抽象的存在,其目的在于保护当事人独处的生活状态,为这种生活状态划出界限。③ 隐私中蕴含的自我决定的自由被誉为个体完整性的基础。④ 隐私强调权利人的主观感受,突出不为他人知晓的私密利益和生活安宁利益,隐私保护主要在于防范被他人干预的私生活领域。美国学者 Alan Westin 在专著《隐私与自由》(*Privacy and Freedom*)中将隐私的功能概括为四点:个人自治(personal autonomy)、情绪释放(emotional release)、自我评估(self-evaluation)、限制和保护交流(limited and protected communication)。⑤ 由于隐私的抽象性和多元性,有不少学者认为隐私是一个狡猾的概念(slippery conception)⑥,

---

① 张新宝:《从隐私到个人信息:利益再衡量的理论与制度安排》,载于《中国法学》2015 年第 3 期,第 52 页。

② Orla Lynskey, *The Foundations of EU Data Protection Law*, Oxford: Oxford University Press, 2016, p. 46.

③ 谢远扬:《个人信息的私法保护》,北京:中国法制出版社,2016 年,第 24 页。

④ Charles Fried, "Privacy", *Yale Law Journal*, 1968, vol. 77, pp. 475-477.

⑤ Alan Westin. *Privacy and Freedom*. Athenaeum, 1967.

⑥ Ken Gormley, "One Hundred Years of Privacy", *Wisconsin Law Review*, 1992, vol. 5, p. 1335, p. 1047.

并引发了隐私是否可以被概念化（conceptualised）的讨论[①]，但我国《民法典》"勇敢"地对隐私作出了界定，这在我国法律上是第一次，在世界上也是少见的。根据《民法典》第一千零三十二条的规定，抽象的"私人生活安宁"是隐私的核心内涵，旨在保护一种不受干扰、自我决定的私密生活状态，保护个人对私人安宁的期待利益。这种抽象的安宁利益让隐私保有开放性，为未来可能出现的新型侵害个人隐私的行为规制预留制度空间，是作为判断隐私权保护的重要出发点。一旦权利人对私密生活状态的享有和对安宁生活利益的期待遭到侵害，就可以启动隐私权保护的按钮。

隐私权是一个现代性的概念，随着个人意识日益从传统的家族、团体中解放出来，合理划分公共领域与私人生活，保障私生活自由成为隐私权的底蕴。[②] 将隐私利益上升为一种人格权利并与法律相联系源于1890年美国学者沃伦和布兰戴斯的《论隐私权》一文，文中将隐私权视为个人生活不受干扰、保持独处的权利，这种权利是不受侵犯的人格权。[③] 一直以来，隐私权所保护的隐私利益是什么以及如何确定是一个难题。早期，信息传播主要依赖人的自然器官，隐私利益主要指物理性隐私（physical privacy），表现为对本人身体、住所或私人物理空间的侵入。代表性学说包括"隐私独立说"（privacy as separation）[④]、"隐私的有限接近理论"（privacy as limited access）[⑤]、"隐私秘密说"（privacy as secrecy）[⑥]等。随着信息技术的发展，人们开始通过住所、衣物等物理设施来保护自己独占信息的权利，信息隐私的观念便开始出现。信息性隐私，是指当个人的信息被以数字或其他信息

[①] James Q. Whitman, "The Two Western Cultures of Privacy: Dignity versus Liberty", *Yale Law Journal*, 2004, vol. 113, p. 1153.

[②] 马特：《隐私权研究——以体系构建为中心》，北京：中国人民大学出版社，2014年，第3页。

[③] Samuel D. Warren and Louis D. Brandeis, "The Right to Privacy", *Harvard Law Review*, 1890, vol. 4, p. 193.

[④] 个人独处的权利理论将隐私界定为保护个人生活不受干扰、独处的权利，本质是个人具有不可侵害的人格（an inviolate personality）。参见 Samuel D. Warren and Louis D. Brandeis, "The Right to Privacy", *Harvard Law Review*, 1890, vol. 4, pp. 196-198.

[⑤] 有限接近理论认为每一个人都有权仅对他保有属于自己的事务，并决定关于他应该在哪个程度上成为公共观察和讨论的客体。参见 E. L. Godkin, "Libel and Its Legal Remedy", *Journal of Social Science*, 1880, vol. 12, p. 69, p. 80.

[⑥] 隐私作为秘密的理论认为隐私是一种秘密，隐私权是隐藏不愿公开的秘密的权利。代表学者如 Richard A Posner, *Economic Analysis of Law* (5th ed.), Missouri: Aspen, 1998, p. 46.

技术收集、存储以及分享时，本人因此而产生的对隐私的期望。① 由此发展出关于隐私的新理论，比如"信息控制理论"(privacy as control)②、"人格权理论"(privacy as personhood)③、"亲密关系理论"(privacy as intimacy)④等。一百多年来，传统隐私权不断发展，从保护静态的保密、安宁、排除外界干扰，到趋向于动态权能的发挥，隐私权所保护的法益也不断扩张，逐渐演化为保护私生活的自由权。以上不同理论也展示了隐私权的发展，隐私权从强调个人属性、与人身结合的概念，逐渐转化为强化对个人信息保护的信息隐私。一方面，隐私的内容越来越广泛；另一方面，个人意识越来越觉醒，个人对于生活信息的保密性、生活空间的私密性和安宁性要求越来越高，隐私利益的判断也越发复杂。

隐私权保护的关键不是完全隔绝和独立，而是在于确定保护社会交往的基本界限，并要求人们相互尊重各自的基本界限。⑤ 当前，隐私权作为一种重要的人格权，被广泛地用于指那些与个人的人格意义上的生存密切相关的重要私人事项、可由个人自律地加以决定的自由、个人从公共生活和公众视线中退出的自由、对私生活领域事务的自我决定的自由。⑥ 隐私权旨在维护人性尊严与尊重人格自由发展，是一种人格利益，是人格权在私领域

---

① Daniel J. Solove, "A Brief History of Information Privacy Law"; Kristen J. Mathews, *Proskauer on Privacy: A Guide to Privacy and Data Security Law in the Information Age* (2nd ed.), New York: Practising Law Institute, 2017; 吴伟光:《从隐私利益的产生和本质来理解中国隐私权制度的特殊性》，载于《当代法学》2017年第4期。

② 信息控制理论由 Alan Westin 提出，即隐私是个人、团体或机构决定什么时候、以什么方式、在哪种程度上关于他们的信息可以和其他人交流。参见 Alan Westin, *Privacy and Freedom*, Athenaeum, 1967, p.24.

③ 人格权隐私理论的代表学者包括 Jeffrey Reiman，她认为隐私保护人成为人、成就人、保持人的利益(protect the individual's interest in becoming, being and remaining a person)。参见 Jeffrey H. Reiman, "Privacy, Intimacy, and Personhood", *Philosophy & Public Affairs*, 1976, Autumn, pp.26-44.

④ 亲密关系的隐私理论，包括作为信任的隐私理论，认为隐私的关键是基于特定的信任关系与他人共享信息，并使用信任根据情境来管理我们的信息流，而当信任关系被破坏时，在违反了我们对信息披露的期待情况下，信息流的继续分享将存在隐私受到侵犯的风险。代表学者如 Ari Ezra Waldman, *Privacy as Trust—Information Privacy for An Information Age*, Cambridge: Cambridge University Press, 2018, p.148.

⑤ Tamar Gidron, "Publication of Private Information: An Examination of the Right to Privacy from a Comparative Perspective (Part 1)", *Journal of South African Law*, 2010, No.1, p.37.

⑥ 芦部信喜著，高桥和之增订:《宪法(第三版)》，林来梵，凌维慈，龙绚丽译，北京:北京大学出版社，2006年，第107页。

的具体化。[①] 隐私权的价值理念在于维护人格尊严、个人主体性及人格发展自由。[②] 隐私权是作为排除侵入私生活或公开私事的"个人不受干预的权利"发展而来的,已成为个人人格意义上的生存所不可或缺的基本权利。[③]

个人私密信息具有隐私利益,对它的保护利益优先于利用利益。个人信息保护规则也是制度利益衡量的结果,旨在通过完善法律,使得法律更加契合数字社会、伦理、经济的发展和变迁。对个人信息进行分类保护背后蕴藏着不同的价值,除了个人信息权益这一共同价值外,不同类型的个人信息体现了价值的差异性。个人私密信息与一般个人信息的分类是根据个人信息的性质所作出的区分。一般个人信息的制度设计需要同时兼顾信息的保护需求与利用需求,通过规范信息处理行为,为信息利用和数据流通创造条件,从而实现激励相容、多元互动的良好治理格局。[④] 个人私密信息具有与人格尊严紧密联系的隐私利益,这是人类尊严的底线,具有成为经济社会发展"禁区"的正当性,私密信息的特殊性质决定了对个人私密信息的保护利益优先于利用利益。与一般个人信息相比,私密信息上的"法律保留"体现在多个方面,比如处理行为的合法性基础、同意规则、信息主体享有的权利、信息处理者的义务要求等。

4.2 隐私与个人信息区分的既有理论

个人私密信息是隐私的一个部分,研究个人私密信息与个人信息的关系,表现上看是对个人信息中特别类型信息的分析,深层次则折射出隐私与个人信息保护的关系。《民法典》下我国隐私权和个人信息保护的"二元路径"被确立,但是两者间的关系仍不清晰,涌现出了很多不同的学说和观点。本书总结既有理论如下。

[①] 王泽鉴:《人格权法:法释义学、比较法、案例研究》,北京:北京大学出版社,2012年,第207页。

[②] 王泽鉴:《人格权法:法释义学、比较法、案例研究》,北京:北京大学出版社,2012年,第208页。

[③] [日]芦部信喜著,高桥和之增订:《宪法(第三版)》,林来梵,凌维慈,龙绚丽译,北京:北京大学出版社,2006年,第109页。

[④] 周汉华:《探索激励相容的个人数据治理之道》,载于《法学研究》2018年第2期,第22页。

4.2.1 消极防御与积极利用

我国较早关于隐私权和个人信息保护的界分研究主要关注隐私权和个人信息的权利属性的差异,强调隐私权的消极救济性和个人信息的积极利用性。这种观点认为,隐私的保护主要是为事后救济提供依据,不同于隐私主要是消极性保护的属性,个人信息不仅有予以保护的消极权能,更有如何利用其实现信息共享价值的积极权能。[①] 因为隐私权的中心在于防范个人的秘密不被披露,而不在于保护这种秘密的控制与利用,因此通常只有在隐私遭受侵害时才提出主张;而个人信息权益主要是一种主动性人格权,是对个人信息的支配和自主决定,除了防御第三人的侵害之外,还可以对其进行排他地、积极地、能动地控制和利用。[②] 隐私权要解决的核心问题是私密性与公开性的关系,而个人信息权益要解决的核心问题是个人信息的保护与利用,两者要解决的不是一个问题。[③] 在人格权法中,已经公开的事项就不再属于隐私,至少可以成为免责事由;而个人信息以"可识别性"为核心考量,凡是可以识别特定个人信息的活动原则上都受到保护,不以公开与否为保护标准。隐私权是绝对性和对世性的抵御权利,其与知情权和言论自由的利益冲突是隐私权保护必须处理的最核心问题。[④] 强调个人信息保护与利用的平衡、协调个人信息保护与利用的需求冲突因而成为我国个人信息保护制度的宗旨,这体现在《个人信息保护法》的第一条中,平衡个人信息保护与有序自由流动成为新制度的核心诉求。[⑤]

4.2.2 人格尊严与信息资源

第二种关于隐私权和个人信息保护关系的分析主要基于价值层面,认为隐私权体现了对人格尊严的保护,而个人信息更多的是资源信息的利用问题。这种观点很大程度上受到域外立法和观点的影响,美国学者 Robert 教授在美国"大隐私权"概念下,将隐私区分为尊严隐私权和数据隐私权,分

---

① 申卫星:《论个人信息权的构建及其体系化》,载于《比较法研究》2021年第5期。
② 王利明:《和而不同:隐私权与个人信息的规则界分和适用》,载于《法学评论》2021年第2期,第17页。
③ 周汉华:《平行还是交叉——个人信息保护与隐私权的关系》,载于《中外法学》2021年第5期,第1178页。
④ 周汉华:《平行还是交叉——个人信息保护与隐私权的关系》,载于《中外法学》2021年第5期,第1179-1180页。
⑤ 申卫星:《大数据时代个人信息保护的中国路径》,载于《探索与争鸣》2020年第11期。

别体现在《欧盟基本权利宪章》第 7 条和第 8 条中。前者规定和实施尊重性表达的社会规范,目的是保护人类尊严;而后者要求数据因"特定目的"而被收集和使用的工具逻辑,目标是赋予数据主体对其个人数据的"控制"。①第 7 条规定的尊严隐私旨在保护人格免受因违反基本人格尊重所造成的损害,因为这些规范是具体情景化且负载价值的;而第 8 条下的数据隐私基于公平信息实践(fair information practices)。Robert 教授进一步认为,"谷歌西班牙案"中没有正确区分侵权行为的性质是不恰当的个人信息处理行为,也是对可能有害信息的不恰当交流行为,即没有区分数据隐私和尊严隐私,因而是存在问题的判决。② 我国也有不少学者支持这种观点,认为隐私权更具有尊严性的特征,个人信息保护更具有资源性的特征,隐私权相对于个人信息更具有人格特性,而个人信息则更具有资源特性。③ 资源隐私是一种工具,具有工具价值,"为了能够使用某项服务,我将向您提供一定程度的访问我私人信息的权限";而尊严隐私则承载着个人的人格尊严,"个人根据自认为合适的情况来确定自己的界限"。④

4.2.3 内在人格与外在行动

与第二种观点类似,中国台湾学者邱文聪教授进一步细化演变了基于人格尊严和信息自决的区别,他认为资讯自决保障个人外在行动的自由,资讯隐私则维护个人人格内在形成的单行空间,要从知识/权力生产对人格形塑的面向来理解人格形成的过程。⑤ 资讯隐私对人格所能发挥的规范作用,在于对收集使用个人资讯进行分析以产出与人有关的各种图像的知识/权力生产活动,进行必要的制衡,以尽可能地避免知识/权力的生产透过人

---

① Robert C. Post,"Data Privacy and Dignitary Privacy: Google Spain, the Right to Be Forgotten, and the Construction of the Public Sphere",*Duke Law Journal*,2018,vol. 67. p. 981.

② Robert C. Post,"Data Privacy and Dignitary Privacy: Google Spain, the Right to Be Forgotten, and the Construction of the Public Sphere",*Duke Law Journal*,2018,vol. 67. p. 981.

③ 张建文:《在尊严性和资源性之间:〈民法典〉时代个人信息私密性检验难题》,载于《苏州大学学报(哲学社会科学版)》2021 年第 1 期,第 63 页。

④ [英]伊莱恩·卡斯凯特《网上遗产:被数字时代重新定义的死亡、记忆与爱》,张淼译,福州:海峡文艺出版社,2020 年。

⑤ 邱文聪:《从资讯自决与资讯隐私的概念区分——评"电脑处理个人资料保护法修正草案"的结构性问题》,载于《月旦法学杂志》2009 年第 5 期,第 177 页。

之图像的提供,在人格形成的内在领域中过早地僵化自我认识的基准。①所以,只有被收集利用于知识/权力生产上发挥人格形塑作用的个人资讯,才是资讯隐私透过个人资讯保障法予以保护的对象。而资讯自决权事实上是一种行为自由,用以对抗个人处分使用其个人资讯之行为自由的外在妨碍。但是也必须与相冲突的其他法益进行利益衡量,以决定个人行为自由的可容许范围。个人信息保护法不是为保障个人信息作为一种个人自主决定的处分对象,而是对收集使用个人信息进行分析以形成与个人有关的各种画像的权力的活动,进行必要的制衡,以尽可能避免权力通过个人画像对个人的人格形塑造成负面的影响。② 这种观点从价值层面来说,即隐私权立足于保护人格尊严和人格的自由发展,而个人信息基于个人信息自决权。③ 其他学者基于这种观点进一步认为,个人信息保护法主要规范的是个人信息处理行为,其核心是对个性识别分析和分析结果的应用。④

4.2.4 不为他人所知与为他人正确认知

越来越多的学者意识到个人信息所蕴含的利益体现为他人正确认知等相关的身份塑造和社会交往,因而从"不为他人所知"和"为他人正确认知"角度区分隐私和个人信息。陆青教授指出,隐私权关注的是个人身份、个人特征不欲为他人所知的利益,而个人身份权益的保护涉及的是个人身份(包括静态身份和动态身份)如何为他人正确认知的利益。个人信息保护的意义并不在于个人"不欲为他人所知",这点是隐私权的保护范围,而在于个人身份被他人正确、完整地认知,在于个人在各种社会关系中身份建构的自主性和完整性。⑤ 个人信息保护的规范特质,在于将对"作为结果的个人身份保护"转向"作为生成过程的个人身份保护",隐私权无法保护个人身份权益尤其是动态身份权益。与此类似,还有学者提出个人信息制度保障"控制个

---

① 邱文聪:《从资讯自决与资讯隐私的概念区分——评"电脑处理个人资料保护法修正草案"的结构性问题》,载于《月旦法学杂志》2009年第5期,第177页。
② 邱文聪:《从资讯自决与资讯隐私的概念区分——评"电脑处理个人资料保护法修正草案"的结构性问题》,载于《月旦法学杂志》2009年第5期,第177页。
③ 冉克平,丁超俊:《隐私权与个人信息权的界分——以司法判决为中心的分析》,载于《天津法学》2016年第3期。
④ 王苑:《个人信息保护在民法中的表达——兼论民法与个人信息保护法之关系》,载于《华东政法大学学报》2021年第2期,第71页。
⑤ 陆青:《数字时代的身份构建及其法律保障:以个人信息保护为中心的思考》,载于《法学研究》2021年第5期,第8页。

人信息传播利益",即通过塑造"他人眼中的自己"来建构自己的人格,成为自己所想成为的那种人,因为他人是通过个体传播与外界的信息来认识个体的,个体控制个人信息传播的意义即在于此。① 控制个人信息传播利益的要点在于"个人信息传播"上的自由选择,该利益的满足与否与个人信息的内容是否属于隐私无关,关键在于个人信息的传播必须是自己选择的结果。② 私密信息不被公开的利益,其要点在于不为人所知这种状态,"他人不知道是好的,知道即为损害"。③ 此外,彭錞教授还提出"保护期待不同"理论,他认为隐私权和个人信息权益在性质、范围、特征、目的四个方面均无本质差异,两者的真正差别在于前者保护信息主体保持面目模糊之期待,应对使其面目清晰之处理行为;后者在此基础上额外保护信息主体保护面目清晰之期待,应对使其面目模糊之处理行为。④

4.2.5 限制权力与疏导权力

跳出隐私和个人信息权利性质等基本问题,有学者从实践中两者发挥的作用角度对隐私和个人信息进行界分。Hert 教授认为,现代民主社会针对权力的控制和限制发明了两种互补的法律工具,一种是"限制权力的模糊性工具"(limiting power through opacity tools),在国家和个人之间划分出属于私人自主和自决的领域,即确定公共与私人权力干预个人生活的限度。另一种是"疏导权力的透明性工具"(channeling power through transparency tools),通过使行为公开透明,引导和规范权力合法使用的工具。⑤ 据此,隐私权属于第一种工具,其功能是限制权力;个人信息受保护权与第二个工具相联系,用于疏导权力。⑥ 研究中学者通过分析欧盟法院 2010—2020 年

---

① 于柏华:《处理个人信息行为的合法性判准——从〈民法典〉第 111 条的规范目的出发》,载于《华东政法大学学报》2020 年第 3 期,第 84 页。
② 于柏华:《处理个人信息行为的合法性判准——从〈民法典〉第 111 条的规范目的出发》,载于《华东政法大学学报》2020 年第 3 期,第 90 页。
③ 谢远扬:《个人信息的私法保护》,北京:中国法制出版社,2016 年,第 215 页。
④ 彭錞:《再论中国法上的隐私权及其与个人信息权益之关系》,载于《中国法律评论》2023 年第 1 期。
⑤ De Hert P., S. Gutwirth, "Privacy, Data Protection and Law Enforcement, Opacity of the Individual and Transparency of Power" // E. Claes, A. Duff and S. Gutwirth (eds.), *Privacy and the Criminal law*, Oxford: Antwerp, 2006, pp. 61-104.
⑥ De Hert P., S. Gutwirth, "Privacy, Data Protection and Law Enforcement. Opacity of the Individual and Transparency of Power"// E. Claes, A. Duff and S. Gutwirth (eds.), *Privacy and the Criminal Law*, Oxford: Antwerp, 2006, pp. 61-104.

的判决证实了这种观点,即隐私权旨在划定私人领域和国家权力、第三人行为自由之间的界限,而个人数据受保护权规范数据处理行为,为个人提供程序保护。① 在这种观点下,个人信息保护制度创建了一个在个人信息处理原则上是允许且合法的假设的法律框架,其逻辑表现为"你可以在某些情况下处理个人信息"。② 两者最关键的差异是在适用域上。隐私权保护的对象是信息处理的对象,即个人信息;而个人信息受保护权是对信息处理这一过程性行为的规范,所以个人信息受保护权更准确地说应该是"个人在信息处理过程中受保护的权利"。③ 当以规范信息处理行为为核心的《个人信息保护法》生效后,《民法典》中有关信息处理的行为规范应以"新法优于旧法"的规则被整体性替代,《民法典》的功能只剩下确认个人信息之上的人格权益,而《个人信息保护法》的功能着重体现在规范信息处理过程的程序价值。④

4.2.6 一般与特别

还有学者从隐私权和个人信息保护发展的历史中总结认为,个人信息是从隐私权的框架中发展起来的,因此,隐私权属于普通法制度,而个人信息属于特别法制度。⑤ 隐私权的本质在于权利人保持其个别特性的"差异权"(right to difference),其立法宗旨在于确保个人对其私人事务的决定权,排斥他人的不合理关注或干预。个人信息的本质则在于确保个人对其信息的控制权,其立法宗旨在于确保信息处理过程的透明度。⑥ 隐私权的实质可以被形象地界定为"独享(私人空间)""独处(避免他人关注的安宁)"

---

① 蔡培如:《欧盟法上的个人数据受保护权研究——兼议对我国个人信息权利构建的启示》,载于《法学家》2021 年第 5 期,第 23-29 页。
② De Hert P., S. Gutwirth, "Privacy, Data Protection and Law Enforcement. Opacity of the Individual and Transparency of Power"// E. Claes, A. Duff and S. Gutwirth (eds.), *Privacy and the Criminal Law*, Oxford: Antwerp, 2006, pp. 61-104.
③ 蔡培如:《欧盟法上的个人数据受保护权研究——兼议对我国个人信息权利构建的启示》,载于《法学家》2021 年第 5 期,第 23-29 页。
④ 蔡培如:《欧盟法上的个人数据受保护权研究——兼议对我国个人信息权利构建的启示》,载于《法学家》2021 年第 5 期,第 29 页。
⑤ 石佳友:《隐私权与个人信息关系的再思考——兼论私密信息的法律适用》,载于《上海政法学院学报》(法治论丛)2021 年第 5 期,第 12 页。
⑥ 石佳友:《隐私权与个人信息关系的再思考——兼论私密信息的法律适用》,载于《上海政法学院学报》(法治论丛)2021 年第 5 期,第 1 页。

"独断(独立决定私生活事务)"。① 隐私权具有明显的主观性,其内容非常宽泛,其核心在于强调个人保持其独特性和个别性的"差异权"(包括其独特的个人空间、生活方式等),避开他人的关注。我国《民法典》第一千零三十四条第三款所确立的二阶递进适用模式首先强调隐私权的适用,将隐私规则视为特别法,而将个人信息规则视为普通法,仅具有补充适用的地位。这一做法与比较法经验正好相反。② 石佳友教授进一步指出,《民法典》与《个人信息保护法》中的私法规范构成普通法与特别法的关系,在后者有明确规定的时候应优先适用,而在其没有规定的时候应适用《民法典》的规则。③ 确保《个人信息保护法》具体规则的优先适用,可以阻断民法的一般性规则的适用,这正好体现了对作为普通法地位的民法规则的一种抑制和约束。④

4.2.7 简析

隐私权与个人信息保护的关系是个人信息保护研究中的基本问题,中外学者在这个问题上观点众多,且各具特色,很难就每种观点做出孰优孰劣的评价。因为不同观点的出发点不同,或者价值层面,或者权利性质,或者功能发挥,每个角度的隐私权和个人信息权益研究都具有不同的侧重,都具有重要价值;而且可以预见,未来对这个问题的讨论不会停止,还将出现更多关于两者关系的学说和理论。总体而言,本书认为个人信息权益与隐私权具有紧密的联系,但是两者的区别也非常明显,他们是两种不同的民事权益,应该谨防"隐私思维"(privacy thinking),即"动辄侵害隐私"的不当思维。⑤ 从理论上分析,隐私权与个人信息权益的不同具体表现为消极防御和积极利用、内在人格与外在行为、不为他人所知与不为他人正确认知、限制权力与疏导权力等。下文将结合隐私权和个人信息保护两种制度的本质

---

① 石佳友:《隐私权与个人信息关系的再思考——兼论私密信息的法律适用》,载于《上海政法学院学报》(法治论丛)2021年第5期,第13页。
② 石佳友:《隐私权与个人信息关系的再思考——兼论私密信息的法律适用》,载于《上海政法学院学报》(法治论丛)2021年第5期,第17页。
③ 石佳友:《个人信息保护的私法维度——兼论〈民法典〉与〈个人信息保护法〉的关系》,载于《比较法研究》2021年第5期。
④ 石佳友:《个人信息保护的私法维度——兼论〈民法典〉与〈个人信息保护法〉的关系》,载于《比较法研究》2021年第5期。
⑤ Gloria Gonza'lez Fuster and Raphaël Gellert, "The Fundamental Right of Data Protection in the European Union: in Search of An Uncharted Right", *International Review of Law, Computers & Technology*, 2012, vol. 26, p. 80.

区别,进行全面立体的梳理和分析。

4.3 隐私与个人信息界分——本书的观点

对隐私与个人信息关系的研究应该透过现象看本质,结合规范分析和司法实践,下文将从规范对象、规范目的、规范逻辑、规范手段四个方面展开论述(见表 4-1)。

表 4-1 隐私权与个人信息权益的界分

方　面	隐　私　权	个人信息权益
规范对象	私密信息＋私密空间＋私密活动＋私人生活安宁	私密信息＋一般个人信息
规范目的	划定权力界限	规范权力行使
规范逻辑	禁止逻辑	使用逻辑
规范手段	实体正义	程序正义

4.3.1 规范对象

从规范对象上看,隐私和个人信息的范围大小是相对的,但是个人信息的范围比信息化的隐私更广。隐私并不是具体的事物,而是一种抽象的存在,我国法上隐私采用"3＋1"模式,包括静态的私密空间和动态的私密活动,也包括信息化的私密信息,还包括私人生活安宁这一抽象的利益。个人信息是以电子或其他方式记录的可以识别至特定自然人的各种信息的总和,指向与自然人相关的、可以直接或间接识别出自然人并展示自然人特征的信息,可以理解为关于"你是谁""你做过什么""你怎么样"等信息的总和。当我们谈到"信息"的时候,不是指信息的载体,也不是作为信息表现的信号,而是信息所表达的内容和这些内容对信息接收者的影响,因此对信息价值的讨论必须在动态社会交往的大背景下进行。[①] 两者保护范围的大小是相对的。一方面,个人信息保护范围可能更窄,因为其仅规范处理个人信息的行为,但是隐私范围更广,还包括私密空间、私密活动、私人生活安宁等。另一方面,个人信息保护的范围也可能更广,它规范即使并没有侵害到隐私

---

① 谢远扬:《个人信息的私法保护》,北京:中国法制出版社,2016 年,第 4 页。

的个人信息处理行为。① 因为处理个人信息并非都侵害隐私利益,有时仅仅引发其他个人风险,比如平等权等。② 但是两者在私密信息上存在交集,私密空间、私密活动和私人生活安宁就和个人信息没有交集,但是如果其他隐私能以信息化的形式呈现和记录,属于私密信息,那么也会和个人信息有联系。就私密信息和个人信息而言,个人信息的范围大于私密信息,因为识别性是个人信息的属性,但是私密信息还需具备隐秘性和私人性两大特征。因此私密信息只是个人信息的一种类型和一个部分,社会生活中存在着属于个人信息而不属于隐私的信息,比如姓名、性别等个人信息,但是所有的私密信息都属于个人信息(详见图 4-1)。个人信息存在不同的类型,私密信息和敏感信息都是重要的信息类型,私密信息与敏感信息的关系后文将进一步论述。

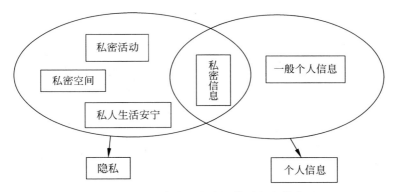

图 4-1　隐私与个人信息在规范对象上的关系

4.3.2　规范目的

从规范目的上看,隐私在于划定权力的界限,个人信息在于规范权力的行使。隐私的目的在于划定不受国家或他人干预的私人领域,决定什么是政府和他人行为的界限,防止对个人自由和自主未授权的干预。③ 隐私界定的逻辑前提是公共领域与私人领域的划分,公共领域和私人领域之间的

---

① Raphaël Gellert and Serge Gutwirth,"The Legal Construction of Privacy and Data Protection",*Computer Law & Security Review*,2013,vol. 29,p. 526.

② Raphaël Gellert and Serge Gutwirth,"The Legal Construction of Privacy and Data Protection",*Computer Law & Security Review*,2013,vol. 9,p. 530.

③ 谢远扬:《个人信息的私法保护》,北京:中国法制出版社,2016 年,第 24 页。

区分是构建隐私权法的核心。① 隐私最初被提出的含义即为"独处的权利",主要防止对私人物理性空间的侵入,这种划分有实际的物理设施作为载体。随着信息技术的发展,物理上私人领域的划分也扩张至由隐私信息构建出的虚拟私人生活安宁空间,个人在此隐私空间享有决定和控制的自由。而个人信息保护制度设计目的在于引导和规范信息处理权力的行使。在信息社会中,有形的物质在社会经济资源中的核心地位已经逐渐被信息所取代。② 随着信息技术的发展,社会的信息化过程深刻改变了人们的生活方式和交往方式,具有可识别性的个人信息成为正常社会活动和社会交往的基础,在个人与他人及社会之间发挥着桥梁作用,处理个人信息行为因而成为信息社会不可避免的重要环节。尤其是从20世纪60年代末70年代初开始,由于计算机和信息系统的采用,信息处理者在信息收集、传播聚合、分析使用等能力上的完全优势,加上个人信息脱离信息主体的使用现实,急剧增加了对信息主体权益的威胁。个人信息保护制度通过控制和引导信息合理使用的权力,防范个人受到信息过度处理和过度使用造成侵害的风险。③ 个人信息处理是履行合同、保护第三人合法利益、追求公共利益等情形所必需的,信息保护制度和传统行政法的逻辑一致,即承认信息处理的必要性,也认识到处理行为很容易对个人权利造成伤害。所以,信息处理行为需要得到正当化的理由,处理个人信息的权力应当受到法律法规的限制,从而防范因个人信息不当处理而造成个人权利受到侵害的风险。④

4.3.3 规范逻辑

从规范逻辑上看,隐私是禁止逻辑,而个人信息是使用逻辑。具体而言,对隐私的处理原则上是禁止的,例外情形下才允许对隐私作出处理。而个人信息原则上允许处理,例外情形下禁止处理。比如我国《民法典》第一

---

① Richard C., Turkington and Anita I. Allen, *Privacy* (2nd ed.), Minnesota: West Group, 2002, p. 1.

② Daniel J., Solove and Paul M. Schwartz, *Information Privacy Law* (7th ed.), New York: Wolters Kluwer, 2021.

③ 张璐:《个人信息保护风险规范的建构机理与实现路径》,载于《江西财经大学学报》2022年第3期,第129页。

④ 王锡锌:《个人信息权益的三层构造及保护机制》,载于《现代法学》2021年第5期;彭诚信:《论个人信息的双重法律属性》,载于《清华法学》2021年第6期,第84页;杨芳:《个人信息自决权理论及其检讨》,载于《比较法研究》2015年第6期。

千零三十二条规定,除法律另有规定或权利人明确同意外,任何组织或者个人不得实施侵害隐私权的行为。《民法典》第一千零三十五条规定,处理个人信息应当遵循合法、正当、必要原则,不得过度处理,并须符合特定条件。禁止处理个人信息的典型类型是个人敏感信息,因为个人敏感信息更容易带来风险或潜在的歧视,《个人信息保护法》第二十八条强调,只有在具有特定的目的和充分的必要性,并采取严格保护措施的情形下,个人信息处理者方可处理个人敏感信息。类似地,欧盟《基本权利宪章》第 7 条"尊重私人和家庭生活的权利"仅 1 款,即规定人人均有权要求尊重其与家庭生活、住居及通信等私生活的权利。而第 8 条"个人数据保护权"共 3 款,第 1 款规定每个人都有权保护与他或她有关的个人数据,而第 2 款肯定数据的可处理性,"此类数据必须出于特定目的并在相关人员同意或法律规定的其他合法依据的基础上进行公平处理。且每个人都有权访问已收集的有关他或她的数据,并有权对其进行纠正"。[①] 个人数据处理的例外在 GDPR 中也表现为对特殊类型个人数据的处理中,其第 9 条规定:"对于那些显示种族或民族背景、政治观念、宗教或哲学信仰或工会成员的个人数据、基因数据、为了特定识别自然人的生物性识别数据,以及和自然人健康、个人性生活或性取向相关的数据,应当禁止处理。"当然,即使对敏感信息的处理是禁止的,仍存在"禁止的例外",比如 GDPR 第 9 条第 2 款规定处理对于保护数据主体或另一自然人的核心利益确实必要时、数据主体已经明显公开等,可以处理该敏感数据。

4.3.4 规范手段

从规范手段上看,隐私是实体正义,个人信息是程序正义。规范手段是规范逻辑的具体化,隐私权制度是一种规范正义,通过隐私利益与其他利益的比较对有害的使用行为作出抽象判断,最终考量的是利益平衡和价值判断等问题。因而隐私权侵权的判断需要结合个案,在具体案件中判断是否存在合理隐私期待,并检验与隐私权相竞争的其他价值的平衡问题。比如欧盟关于隐私权的合法干预,适用《基本权利宪章》第 52 条第 1 款对基本权利的限制,要求必须符合法律和相称性原则(the principle of proportionality),必要地和真正地满足被欧盟认可的一般利益的客体或保护他人权利自由的

---

① The Charter of Fundamental Rights of the European Union, Article 8(1).

需要。① 平衡测试即相称性问题,取决于具体情境,包括特别考虑所采取措施的性质(范围、不利后果、滥用该措施的范围)、比较其他可替代手段等。② 有学者注意到,《基本权利宪章》第 7 条是唯一使用"尊重(某种利益)的权利"(right to respect for various interests)的表述。③ 即该条并不仅仅是消极地防止他人干扰的权利,也有积极作为的义务,为有效地尊重私人和家庭生活提供了依据。④ 比如在 Gaskin v. UK 案中,法院认为当局具有积极的义务配合 Gaskin 先生获取关于他寄养记录的信息。⑤ 相比之下,个人信息保护制度是一种程序正义,为组织信息处理者对个人信息的公平处理,提供各种具体的程序保障,从而促进信息处理者的问责制,通过制定个人信息保护法对个人信息的正常处理和潜在危害作出精细且系统的规范。个人信息处理规范是为了向个人提供结构性的法律保护,防止不当使用信息技术处理与其相关的信息,其本质上是一个制衡系统,包括实质性条件、个人权利、程序规定和独立监督。⑥ 因而也被认为是引导和规范合法使用权力的透明性工具(transparency tools)。⑦ 各国个人信息保护制度对于合法性基础都有明确规定,比如我国《个人信息保护法》第 13 条、欧盟 GDPR 第 6 条等,合法性基础包括为履行法定义务所必需、为保护自然人的生命健康和财产安全所必需等。

隐私与个人信息在规范手段上的区别已具体体现在司法实践中。欧盟法院在绝大多数判决中会同时分析某一数据处理行为是否侵犯了个人数据

---

① The Charter of Fundamental Rights of the European Union, Article 8(2), Article 52(1).
② M. Delmas-Marty, *The European Convention for the Protection of Human Rights*, Dordrecht,1992,p. 71.
③ A. M. Connolly,"Problems of the Interpretation of Article 8 of the European Convention on Human Rights", *The International and Comparative Law Quaterly*,1986, vol. 35, p. 567, p. 584.
④ Jemima Stratford, "Striking the Balance: Privacy v Freedom of Expression under the European Convention on Human Rights" // Madeleine Colvin (ed), *Developing Key Privacy Rights*, Oxford: Hart Publishing,2002. p. 21.
⑤ (1990)12 EHRR 36.
⑥ Hustinx. P, "EU Data Protection Law: The Review of Directive 95/46/EC and the Proposed General Data Protection Regulation" // Marise Gremona (ed), *New Technologies and EU Law*,Oxford: Oxford University Press,2017,p. 171.
⑦ De Hert P. and S. Gutwirth, "Privacy, Data Protection and Law Enforcement. Opacity of the Individual and Transparency of Power"// E. Claes, A. Duff and S. Gutwirth (ed), *Privacy and the Criminal Law*, Oxford: Antwerp,2006,pp. 61-104.

权(《欧盟权利宪章》第 8 条)和隐私权(《欧盟权利宪章》第 7 条),且结论往往是同时侵犯或未侵犯两者,尚未出现只侵犯个人数据受保护权而明确不侵犯隐私权的情形①,甚至还创造了"个人数据处理方面私生活受尊重的权利"(the right to respect for private life with regard to the processing of personal data)②。对数据保护权的判断主要通过规范数据处理过程中的程序性认定,判断数据处理过程是否具有基本的公正性。③ 而对隐私权侵害行为的判断主要是依据权衡比例性原则(principle of proportionality),只有在必要且真正满足欧盟承认的普遍利益目标或保护他人权利和自由的需要时,才能进行限制。从实践来看,一般法院检验是否满足合法性要求,如果违反了合法性要求,就不会再检查是否"为民主社会所必需"。④ 有学者研究总结,欧盟法上个人数据的类型(是否具有私密性)不是界分隐私权和个人数据受保护权的标准,两者最为关键的差异在于适用域上的分野,即隐私权保护的是数据处理的对象,而个人数据保护是对数据处理这一过程性行为的规范。⑤ 在我国,法院在同时审理隐私权和个人信息权益纠纷的案件中,对隐私权的审理主要判断信息是否属于私密信息,进而从对私人生活安宁是否造成干扰的角度出发进行判断。而对个人信息权益侵害的审理,则主要从他人处理个人信息行为的规范性出发,常见的比如知情同意的实现、合法正当必要原则的规范等。⑥ 这种差异也体现在后文将提到的是否需要证明的损害上,因为个人信息保护是一种基于过错责任的规范体系,若信息处理者已尽其所能采取了合理的技术措施保障个人信息处理行为,那么在

---

① 蔡培如:《欧盟法上的个人数据受保护权研究——兼议对我国个人信息权利构建的启示》,载于《法学家》2021 年第 5 期,第 18 页。

② See Volker and Markus Schecke Gbr (C92/09) and Hartmut Eifert (C93/09) v. Land Hessen,Joined cases C92/09 and C93/09,ECLI:EU:C:2010:662,Judgment of November 2010, para. 44.

③ See Bart van der Sloot,"Legal Fundamentalism: Is Data Protection Really a Fundamental Right?" // Ronald Leenes and Rosamunde van Brakel (ed), *Data Protection and Privacy: Risibilities and Infrastructures*,Swizerland:Spinger,2017,p. 27.

④ De Hert P., S. Gutwirth,"Privacy,data protection and law enforcement. Opacity of the individual and Transparency of Power"// E. Claes,A. Duff and S. Gutwirth (ed),*Privacy and the Criminal Law*,Oxford:Antwerp,2006,pp. 61-104..

⑤ 蔡培如:《欧盟法上的个人数据受保护权研究——兼议对我国个人信息权利构建的启示》,载于《法学家》2021 年第 5 期,第 20-21 页。

⑥ 比如北京互联网法院(2019)京 0491 民初 16142 号、北京互联网法院(2019)京 0491 民初 6694 号、北京市第四中级人民法院(2021)京 04 民终 71 号等。

没有可证明损害的情况下,不应再苛责其赔偿责任。当然,对隐私权和个人信息关系的研究不能仅仅停留在理论层面,更应该从规范分析和实践案例出发,切实了解两者关系的区分对于司法实践的意义,这样才能让研究真正具有价值。后文将结合司法案例对这一问题进一步展开论述。

4.4 本章小结

个人私密信息是个人信息的一种类型,对个人私密信息的特别规定体现了类型化的法律思维。个人私密信息具有隐私利益,与人格尊严紧密联系,构筑了科技发展和技术进步的底线,法律在此区域内应趋于保守和审慎。数字时代个人信息具有交互性、延展性和规模性,个人信息之上的多元利益要求个人信息保护制度避免单一向度,个人私密信息的保护利益应优先于利用利益。个人私密信息是隐私的一部分,研究个人私密信息与个人信息的关系,折射出的是隐私与个人信息保护的关系。立足于已有的隐私权与个人信息保护界分理论,本书认为:从规范对象上看,隐私和个人信息的范围大小是相对的,但是个人信息的范围比信息化的隐私更广;从规范目的上看,隐私在于划定权力的界限,个人信息在于规范权力的行使;从规范逻辑上看,隐私是禁止逻辑,而个人信息是使用逻辑;从规范手段上看,隐私是实体正义,个人信息是程序正义。对个人私密信息的研究需要结合隐私权和个人信息制度,既尊重两者的区别,也重视两者的联系,实现对个人私密信息的合理界分。

第 5 章　个人私密信息与隐私

　　在数字社会,隐私的发展呈现两个趋势:"隐私信息化"和"信息隐私化"。前者是指隐私在信息时代的典型表现形式是私密信息,这使得传统隐私的边界得以扩展,非信息的隐私(比如私密空间、私密活动等)更多地以数字化的形态呈现。① 后者则强调借助新兴信息技术,一般的个人信息转化为隐私信息的可能性增强,显现出信息的隐私化趋势。② 面对"隐私信息化"与"信息隐私化",各国在对隐私的保护中发展出了不同的路径,以应对传统私法领域"隐私权"制度的防御性和事后性的弱点。由于法律传统和文化背景的不同,各个国家和地区的理论与实践都具有鲜明特色,本章以具有代表性的德国、美国、欧盟、英国等为例,展开比较法上的研究。我国《民法典》第 990 条确认了隐私权是一项具体人格权,隐私为"私人生活安宁＋私密信息＋私密活动＋私密空间",这与比较法上德国一般人格权具体化形成的隐私权和个人信息自决权、美国法上"大隐私权"、欧盟规定个人数据受保护权、英国法上不承认隐私权制度存在明显的不同。私密信息是隐私权的保护对象之一,研究私密信息与私密空间、私密活动和私人生活安宁之间的关系,有助于全面理解我国个人私密信息与隐私的关系。

5.1　德国模式:一般人格权下的隐私权和信息自决权

　　关于具有隐私属性的个人信息的研究存在多种理论。第一种理论认为,个人信息受保护权与隐私权是独立但互补的两种权利,它们共同服务于确保尊重人类尊严的最终目标。③ 德国是这种理论的典型代表,在德国法

---

①　王俊秀:《数字社会中的隐私重塑——以"人脸识别"为例》,载于《探索与争鸣》2020 年第 2 期。

②　彭诚信:《论个人信息的双重法律属性》,载于《清华法学》2021 年第 6 期,第 82 页。

③　Gerrit Hornung and Christoph Schnabel,"Data Protection in Germany I: The Population Census Decision and the Right to Informational Self-determination", *Computer Law & Security Review*, vol. 25, 2009, p. 84.

上,"一般人格权"是"个人信息自决权"的上位概念,而隐私权和"个人信息自决权"一样,是一项没有明文规定、当经由法律判例发展和承认下来的特别人格权。①

5.1.1 德国法上的人格尊严

"二战"失败后,德国于1949年通过了《基本法》(The Basic Law of the Federal Republic of German,FRG),与过去作出尖锐决裂,这标志着德国新宪政秩序的建立。②《基本法》从根本上看是一部包含价值观、权利和义务的规范性宪法(normative constitution),在德国宪法判例中常见的对《基本法》的描述是,这是一部以价值为导向的建立等级价值秩序的文件(a value-oriented document establishing a hierarchical value order)。③《基本法》将自己定义为国家的最高法律,其所列的基本权利作为可直接执行的法律,对立法、行政和司法具有约束力。④《基本法》第1条第1款规定:"人的尊严不受侵犯。尊重和保护它是所有国家当局的职责。"承认一个人的内在尊严在于承认他具有独立的人格,人的尊严是《基本法》的核心价值,可以认为是宪法秩序的最高价值,也是其他所有权利的基础。⑤ 由于人的尊严是价值结构的顶点,它自然会辐射到包括公法和私法的整个法律体系。人的尊严的一个重要组成部分是基本权利和相应的义务。⑥ 德国宪法将基本权利的方案基础分为两个维度,一方面要求国家为保护权利创造恰当条件的

---

① 贺栩栩:《比较法上的个人数据信息自决权》,载于《比较法研究》2013年第2期,第64页。
② Edward J. Eberle, *Dignity and Liberty: Constitutional Visions in Germany and the United States*. Westport: Praeger Publishers, 2002, p. 18.
③ Donald P. Kommers and Russell A. Miller, *The Constitutional Jurisprudence of the Federal Republic of Germany: Revised and Expanded* (3rd ed.), Durham: Duke University Press, 2021, p. 45.
④ Donald P. Kommers and Russell A. Miller, *The Constitutional Jurisprudence of the Federal Republic of Germany: Revised and Expanded* (3rd ed.), Durham: Duke University Press, 2021, p. 43.
⑤ Donald P. Kommers and Russell A. Miller, *The Constitutional Jurisprudence of the Federal Republic of Germany: Revised and Expanded* (3rd ed.), Durham: Duke University Press, 2021, p. 44.
⑥ Edward J. Eberle, *Dignity and Liberty: Constitutional Visions in Germany and the United States*. Westport: Praeger Publishers, 2002, p. 32.

义务,另一方面赋予防御性的权利,让权利人主观地积极行使这些权利。[1] 人的尊严的核心方面是保障人权,事实上,《基本法》对基本权利的具体列举本身就是人的尊严的具体体现。这套基本权利的目录是系统有序的,构成了管理德国社会客观确定的一套价值观的核心,以此,尊严和基本权利就相互促进了。[2] 但是这种对人的尊严的关注不仅仅限于个体,作为宪法的核心价值渗透进整个法律秩序中,同时要求尊重他人对尊严的要求,以更好地确保所有人的人格尊严得到维护,并促进形成相互合作和团结的社会。[3] 但是由于人的尊严是一个宽泛的概念,很难在事实背景之外准确确定它的含义。因而制宪者和法院一直努力保持该术语的开放性,更愿意通过个案决定使其具有具体含义。

德国人格法被认为有两个组成部分:保障行动自由和保障个人领域。行动自由是向外的,个人领域是向内的。行动自由使人能够从根本上做自己想做的事,只要不干涉他人或违背社会秩序的约束即可。本质上,人格的这一方面允许一个人在与社会的关系中定义自己。[4] 与行动自由相比,个人领域界定了一个基本的隐私领域,在这个领域中,人们可以从根本上决定自己是谁,以及一个人应该如何与世界联系。一个人可以选择积极地参与这个世界,从而利用自己的行动自由;或者,一个人可以选择退出世界,回归自我,专注于内在的发展。宪法法院积极寻求创造一个内部的、亲密的领域,以便发展和保护人格的核心。[5] 在这里,宪法法院提出了"私人领域或不可侵犯的终极领域,在这个领域中,一个人可以自由地按照他或她认为合适的方式塑造自己的生活"。[6] 法律是文化的反映,德国人对个人内在发展

---

[1] Edward J. Eberle,"Observations on the Development of Human Dignity and Personality in German Constitutional Law", *Liverpool Law Review*, 2012, vol. 33, p. 204.

[2] Edward J. Eberle,"Observations on the Development of Human Dignity and Personality in German Constitutional Law", *Liverpool Law Review*, 2012, vol. 33, p. 206.

[3] Edward J. Eberle,"Observations on the Development of Human Dignity and Personality in German Constitutional Law", *Liverpool Law Review*, 2012, vol. 33, p. 206.

[4] Elfes Case, 6 BVerfGE 32 (1957). see Edward J. Eberle, "Observations on the Development of Human Dignity and Personality in German Constitutional Law", *Liverpool Law Review*, 2012, vol. 33, pp. 210-211.

[5] Edward J. Eberle,"Observations on the Development of Human Dignity and Personality in German Constitutional Law", *Liverpool Law Review*, 2012, vol. 33, p. 211.

[6] Donald P. Kommers and Russell A. Miller, *The Constitutional Jurisprudence of the Federal Republic of Germany: Revised and Expanded* (3rd ed.), Durham: Duke University Press, 2021, p. 405.

的关注有其特定的背景。一方面,这种关注与德国的历史和文化非常吻合,即非常重视心灵和艺术家的世界。在德国历史的大部分时间里,对文化的重视一直在公共生活中占据主导地位。另一方面,德国人对内在性的强调也再次反映了康德思想及其对个人自主性和人类能力发展的强调。①

5.1.2 一般人格权与隐私权保护

德国法中并不存在所谓的隐私权及相关制度,与此相对的是作为框架性权利的一般人格权。框架性权利是由德国菲肯切尔教授首创的,具有内容非具体确定、需法官在利益衡量下进行自由裁量、对具体规定起补充作用三个特征。② 德国法上,典型的框架性权利包括一般人格权和"已设立且运营的营业权"。③ 王泽鉴教授指出,德国法这种未规定隐私权、通过判例学说创设一般人格权的路径,被认为展现了德国法特有的概念形成、体系构造上的法学风格。④《基本法》没有明确规定一般隐私权,但是宪法法院长期以来都认为隐私利益受到人格尊严的保护。"一般人格权"作为基本权利的出现是法官造法的结果,《基本法》中并没有使用"一般人格权"这一概念。⑤ 一般人格权并不是其他受保障权利的简写,其基础价值是《基本法》第1条第1款(人的尊严不可侵犯,the dignity of man shall be inviolable)和第2条第1款(每个人都有自由发展人格的权利,everyone has the right to the free development of his personality)。⑥ 每当一项行动不受更具体的权利保护时,人格权就可能发挥作用;隐私权和个人信息自决权都是"一般人格权"具体化的典型。

在1957年德国著名的"读者来信案"中,法院支持原告要求撤回被被告发表在周刊"读者来信"栏目中的律师函,法院认为未经当事人同意,不得擅自公开其私人的信件或手稿,即使这些信件没有达到著作权保护的程度。⑦ 判决中强调,《基本法》第1条第1项认定人格尊严应受尊重,思想或意见源

---

① Edward J. Eberle,"Observations on the Development of Human Dignity and Personality in German Constitutional Law",*Liverpool Law Review*,2012,vol. 33,pp. 218-219.
② 于飞:《论德国侵权法中的"框架权"》,载于《比较法研究》2012年第2期。
③ 薛军:《揭开"一般人格权的面纱"》,载于《比较法研究》第2008年第5期,第26页。
④ 王泽鉴:《人格权的具体化及其保护范围·隐私权篇(上)》,载于《比较法研究》2008年第6期,第4-5页。
⑤ 谢远扬:《个人信息的私法保护》,北京:中国法制出版社,2016年,第97页。
⑥ 谢远扬:《个人信息的私法保护》,北京:中国法制出版社,2016年,第91页。
⑦ 李颖:《读者来信案》,载于《私法研究》第14卷,第278-281页。

于人格,是否发表以及以何种方式发表、传达于公众并受舆论评价涉及作者的人格,应由作者自行决定,擅自发表他人私有资料,是对人格权的侵害。① 本案中,德国联邦法院以《基本法》第 1 条及第 2 条为依据,创设了一般人格权,并认定其属于德国民法第 823 条第 1 项所称的"其他权利"。在"骑士案"中,法院判决被告擅自使用原告穿着骑士装束的照片为壮阳药做广告的行为违法,因为根据《基本法》,每个人在个人领域内应仅由自我决定和自我负责。② 类似地,在"录音案"中,法院也认定未经他人同意,擅自录制其谈话内容的行为侵害了当事人的一般人格权,因为个人有权自主决定其谈话内容被知悉的范围。③ 这些案件的判决表明,即使德国民法上或宪法上并无所谓隐私权的概念,但是德国判例学说称之为私人领域,是德国法上一般人格权为保护个人生活领域所为的具体化,即所谓"隐私"是导自一般人格权,使个人享有一个自我生活形成的自主领域,可以被称为一般人格权的内化。④

一般人格权在私生活的具体化方面,最基本的问题就是界定私人生活的保护范围。领域理论(Sphere Theory)将私人生活领域划分为不同区域,是解决德国法体系下保护个人隐私问题的重要理论。领域理论的核心逻辑是根据所涉个人领域不同而区分个人信息保护程度,这种划分是以私人领域和公共领域的对立为核心的。⑤ 该理论最早由民法学者胡布曼(Heinrich Hubmann)提出,并被德国联邦宪法法院采纳并发展。⑥ Eberle 教授总结领域理论时表示,人格利益根据私密性(intimacy)程度按照同心圆的形式可以划分为私密领域(the sphere of intimacy)、私人领域(the sphere of

---

① 王泽鉴:《人格权的具体化及其保护范围·隐私权篇(上)》,载于《比较法研究》2008 年第 6 期,第 15 页。
② BGHZ26,349,转引自杨芳:《德国一般人格权中的隐私保护》,载于《学术论坛》2016 年第 10 期,第 164 页。
③ BGHZ27,284,转引自杨芳:《德国一般人格权中的隐私保护》,载于《学术论坛》2016 年第 10 期,第 165 页。
④ 王泽鉴:《人格权的具体化及其保护范围·隐私权篇(上)》,载于《比较法研究》2008 年第 6 期,第 16 页。
⑤ Donald P. Kommers and Russell A. Miller, *The Constitutional Jurisprudence of the Federal Republic of Germany: Revised and Expanded* (3rd ed.), Durham: Duke University Press, 2021, p. 405.
⑥ 王锴:《论宪法上的一般人格权及其对民法的影响》,载于《中国法学》2017 年第 3 期,第 111 页。

personal privacy）和社会领域（the sphere of privacy in public）。[①] 位于同心圆最内部的是最亲密领域，是"人类自由的最后一个不可侵犯的领域……所有公共权力都应被剥夺"。即使是压倒一切的公共利益也可能无法成为侵入这个最私密领域的理由。考虑到人类尊严，法院假设了某种最终的人格核心，所有官方进入都被禁止，这里无须执行任何比例均值或最终测试。[②] 比如，性生活信息是最亲密领域的例子。接下来是与社会接触的私人领域，在这一领域，人格利益可以受到限制，但是只有在根据比例原则确凿证明其必要性的情况下才允许。比如休闲和娱乐习惯属于这一领域的信息，虽然不可避免要和社会外界产生联系，但是这些并不属于隐私。最外围的领域是社会领域，包括与社会密切相关的利益，几乎没有亲密的特征。可以在较不严格的证明标准下采取行动限制这种利益，比如在追查犯罪、防治流行病的情形下对个人信息进行的干预存在合法性。是否构成一般人格权的侵害，除了判断是否触及私生活领域外，还需要在个案中具体权衡涉及的对立利益和隐私利益，而非抽象回答。当然，该理论具有一定的相对性，领域无法充分区分不同的利益，不能划定清晰的领域界限，因而法院在"人口普查法"案例中放弃了该理论。

5.1.3 一般人格权与信息自决权

宪法法院承认不断变化的社会条件需要在应用核心概念时进行调整，正是这种动机导致宪法法院宣布了一般的信息自决权。面对现代计算机技术的发展，根植于保护人类人格完整性以抵制技术时代窥探和冲击的愿望，德国从一般人格权中发展出了信息自决权（the right to informational self-determination）作为实现个人对个人信息进行控制的基础权利，个人信息自决权是一般人格权保障范围的进一步具体化，宪法法院的判决被认为是这一理论的源点。

1969 年的"微观人口普查案"（Microcensus Case）提及"自决权"观念，但是没有认可一项广泛的自决权，而是强调并非所有的个人信息处理都关乎个人的自治权。1960 年德国修改联邦普查法，要求除日常家庭和工作情

[①] Donald P. Kommers and Russell A. Miller, *The Constitutional Jurisprudence of the Federal Republic of Germany：Revised and Expanded*（3rd ed.），Durham：Duke University Press，2021，p.484.

[②] 王泽鉴：《人格权法：法释义学、比较法、案例研究》，北京：北京大学出版社，2012 年，第 23-24 页。

况的资料收集外，增加对居民度假和休闲旅行信息的收集。一位房主因为拒绝提供此信息而被罚款，他对罚款提出异议，认为其侵犯了《基本法》第 1 条规定的公民享有的人格尊严的宪法权利。① 宪法法院对此进行违宪审查，认为该行为并没有违反《基本法》第 1 条第 1 款、第 2 条第 1 款及其他任何条款的规定。判决要点主要有四个。第一，根据《基本法》第 1 条和第 2 条的规定，人的尊严不可侵犯，每个公民享有不可侵犯的私密领域（sphere of privacy），必须得到国家的尊重和保护。第二，国家强制性的抽象调查行为是把公民看作客体（object），存在侵犯人的尊严和干涉个人自决权的危险。第三，并非所有涉及个人信息的统计调查都会侵犯个人的尊严和私密生活的自决权（self-determination），只有那些侵犯属于秘密的个人领域（intimate realm）的行为才被法律所禁止。匿名化的收集处理行为切断了信息与被调查者之间的人格关联，使其失去了个人特征，具有充分保护被调查者人格权的举措。第四，收集假期和休息旅游的人口普查数据并不涉及最私密的领域，国家可以将数据用于统计，没有侵犯《基本法》关于人的尊严和自决权的规定。② 上述第三点是由领域理论发展而来的，即人格利益的标准依赖于私密性的程度（intensity of intimacy），保护程度相应地也依赖于这个标准。③ 该案被视为德国法上对人性内在组成部分关注的开端，亲密领域构成了人们愿景的重要组成部分，因而成为《基本法》赋予自我价值和社会价值的根基。本案虽没有明确提出"信息自决权"概念，但是对个人信息与人格权属性的关联问题初有涉及，成为后来理论和实践发展的起点。

1983 年"人口普查案"中法院创造了"信息自决权"，奠定了德国的基础宪法和其他数据保护法的基础。④ 1983 年德国制定了《联邦普查法》，随后进行的人口普查活动遭到了抵制和反对，法院先临时终止了《联邦普查法》

---

① Microsensus Case (1969), 27BVerfGE I, see Donald P. Kommers and Russell A. Miller, *The Constitutional Jurisprudence of the Federal Republic of Germany: Revised and Expanded* (3rd ed.), Durham: Duke University Press, 2021, pp. 356-357.

② Donald P. Kommers and Russell A. Miller, *The Constitutional Jurisprudence of the Federal Republic of Germany: Revised and Expanded* (3rd ed.), Durham: Duke University Press, 2021, pp. 356-358.

③ Edward J. Eberle, "Observations on the Development of Human Dignity and Personality in German Constitutional Law", *Liverpool Law Review*, 2012, vol. 33, p. 221.

④ Gerrit Hornung, "Christoph Schnabel, Data Protection in Germany I: The Population Census Decision and the Right to Informational Self-determination", *Computer Law & Security Review*, 2009, vol. 25, p. 85.

的实施,并在 1983 年作出判决认定《人口普查法案》(Census Act)部分违宪,根据《基本法》第 1 条第 1 款(人的尊严不可侵犯,the dignity of man shall be inviolable)和第 2 条第 1 款(每个人都有自由发展人格的权利,everyone has the right to the free development of his personality),明确提出了个人信息自决权。① 法院的推理是基于社会学系统的思想理论,尤其是德国著名社会学家 Niklas Luhmann 提出的个人基本权利对个体个性的保持和表达很大程度上依赖于个体与社会的分离。② 信息自决权保障个体与他人分离的边际,是保障个体独立与自由发展的核心,同时也是一个社会中自由而民主的交流秩序得以维持的先决条件。因为如果一个人不能监督、控制那些关于他们自己的信息在社会环境中被公开获取,且不能评估他们可能进行交流的对象和环境,那么他们的自由将受到极大的抑制,最终也会影响言论自由和人格自由的实现。③ 法院在判决中明确了三个关于个人信息自决权的原则:第一,原则上每个人都有权自行决定是否向他人告知自己的个人信息、是否允许他人利用自己的信息;第二,在自动化信息处理面前,不再有不重要的个人信息,因而不能仅仅判断其是否属于私人领域的性质,还要结合数据的收集目的和使用可能性才能判断对信息自决权的限制是否合法;第三,个人对自己的信息没有支配权,信息自决权受到公共利益的限制。④ 在本案中,法院放弃了"领域理论",对于个人信息是否属于核心领域的判断,取决于它是否具有高度的个人性质和它影响他人或社会利益的程度。⑤

5.1.4 评析

在德国法上,个人信息权与隐私权是完全不同的两种独立权利,但是两

---

① Census Act Case (1983),65 BVerfGE I,see Donald P Kommers and Russell A. Miller,*The Constitutional Jurisprudence of the Federal Republic of Germany:Revised and Expanded*(3rd ed.),Durham:Duke University Press,2021,pp. 408-411.

② Gerrit Hornung,"Christoph Schnabel,Data Protection in Germany I:The Population Census Decision and the Right to Informational Self-determination",*Computer Law & Security Review*,2009,vol. 25,p. 85.

③ Gerrit Hornung,"Christoph Schnabel,Data Protection in Germany I:The Population Census Decision and the Right to Informational Self-determination",*Computer Law & Security Review*,2009,vol. 25,p. 85.

④ 杨芳:《个人信息自决权理论及其检讨》,载于《比较法研究》2015 年第 6 期,第 27 页。

⑤ Edward J. Eberle,"Observations on the Development of Human Dignity and Personality in German Constitutional Law",*Liverpool Law Review*,2012,vol. 33,p. 223.

者都是从一般人格权中推导出的基本权利。一般人格权的价值基础是人格尊严权和自由发展权,即可以理解为隐私权和个人信息权都是共同服务于人格尊严这一最终目标的。在个人信息保护领域,德国创造了基于人格尊严的"信息自决权",作为个人信息保护的权利基础。"信息自决权"的提出是法院对"领域理论"的放弃,表明德国法将隐私限定为最为私密的领域,这也是个人信息保护与隐私权保护的重要区别。德国是较早制定独立数据保护法的国家之一,在1978年就颁布实施了《联邦数据保护法》,早期立法主要是为防止政府部门对个人数据的不当使用,并且赋予数据主体少数基本的权利。1990年,德国对该法作出重大修订,引入了宪法法院相关判决的理念,增加了信息自决权的内容。《联邦数据保护法》第1条明确,"本法目的在于保护个人人格权在个人数据处理中不受侵害",以此进一步强化了个人信息权的独立地位。尽管为落实欧盟的统一要求和实现个人信息保护体制现代化,德国多次修改《联邦数据保护法》(2003年、2005年、2006年、2009年、2015年和2017年),完善数据保护体系,但是其强化信息自决权的个人信息保护理念,以及与隐私权相区别的传统和立场是没有改变的。

总体而言,德国没有隐私权制度,但是通过判例学说发展而来的一般人格权具有强大生命力,信息自决权下构建的个人数据保护体系是与隐私权并列的一般人格权的具体化。德国法关于"一般人格权""隐私权""个人信息权"等概念构建的完整体系,是德国成熟的法律制度下科学性与全面性的再次体现。但是"信息自决权"下的个人信息保护理论将个人信息保护上升为与人格尊严利益相关,在强调个人信息保护重要地位的同时,也可能加剧对个人信息使用的"寒蝉效应",因为使用个人信息带来的直接和间接伤害都将对人格尊严造成影响。在这种理论下,可能存在扩大个人信息权益负面影响的危害,将不利于个体的自我发展和社会经济的良性循环。信息自决权近年来受到了越来越多的批评,主要观点是认为信息自决权下"个人同意"的作用被无限放大,任何违背当事人意志的个人信息收集、处理和利用行为都将因为侵害个人信息自决权而被禁止,这将对法律秩序和经济发展造成可怕的后果。当前,德国关于个人信息保护法的通说理论已转变为《德国民法典》第823条第2款的保护性规范,认为个人信息保护的规则是针对个人信息自动化处理给个人人格或财产带来危险的事先防御机制。[①] 德国

---

① Vgl. Gola/Schomerus (Fn. 48),§1,Rn. 3. 转引自杨芳:《个人信息自决权理论及其检讨》,载于《比较法研究》2015年第6期,第32页。

联邦最高法院2009年"评师案"中,基于利益衡量对信息自决权作出限制,认为即使违反原告意愿公开了姓名、任职学院、教授课程等个人信息,侵害了原告的个人信息权,但是作为一般人格权的一部分,信息自决权应该受到《基本法》所保护的言论自由的限制。①

5.2 美国模式:"大隐私"下的"信息隐私"保护

美国隐私权具有一般性、框架性的特点,包括物理隐私、信息隐私、自决隐私等多方面的内容,个人信息被纳入隐私权的保护范围,是隐私权的一个重要方面。

5.2.1 美国法上隐私权的发展

"隐私权"(the right to privacy)作为一个法律上的概念,最早是1890年美国学者Warren和Blandies在论文《论隐私权》中提出的,整个20世纪美国都在不断发展隐私权的保护体系。在这篇开创性的论文中,为证明隐私权的正当性,作者指出隐私权根植于英国普通法(common law)传统,普通法上的判例是隐私权概念提出的重要基础。作者认为虽然英国并没有明确的法律规定隐私权,但是关于保护隐私的传统早已在普通法体系中存在,并发展出通过有形财产制度去保障每个人决定其思想、情感应在多大程度上与他人交流的自由。② 通过列举英国早期的相关判例,两位作者试图表明法官不是仅仅根据财产权来保护那些未被公开的手稿或作品,更主要的是根据其背后基于个体自由的相关法原则。法院可以在恰当情况下对可能给私人事务造成有害后果的行为作出阻止披露的禁令,以保护被Cooley法官称为"独处权"(the right to be let alone)的权利。③ 作者同时认为,在防止个人免受来自有野心的媒体、摄影师或任何其他现代记录或复制设备的拥有者的侵犯方面,英国普通法的现行法已经能够为个人隐私提供保护了,当然这种保护主要是建立在财产保护制度而非人格破坏(inviolate

---

① BGH NJW 2009,2888,转引自杨芳:《个人信息自决权理论及其检讨》,载于《比较法研究》2015年第6期,第32页。
② Samuel D. Warren and Louis D. Brandies,"The Right to Privacy",*Harvard Law Review*,1890,vol. 4,p. 195.
③ Samuel D. Warren and Louis D. Brandies,"The Right to Privacy",*Harvard Law Review*,1890,vol. 4,pp. 204-205.

personality)之上的。在这个问题上,普通法还有很长的路要走。19 世纪下半叶是美国"新报业时期",不正之风席卷了新闻业,Warren 和 Blandies 关于隐私权的提出直指媒体、商业模式等变迁所带来的无节制的窥视和对个人信息的散播,美国法在此基础上不断完善隐私权的制度建构。

美国法语境下信息隐私的讨论并不简单是一个私法问题,而是涉及宪法、行政法和大量的国际条约,而最初美国法上的隐私还是在宪法普通法判决中得到确认的。与欧洲尊重个人尊严作为隐私权保护的基础不同,美国对隐私的保护源于对自由安全的追求,尤其是对抗政府对私人主权的威胁。① 在欧洲的个人信息保护中,人们更信任政府部门,认为人的尊严不可能被市场机制有效地保护。而在美国个人信息保护问题上,人们更乐意接受企业自律,政府的行为更容易引起美国人的愤怒,因而隐私的默认敌人主要是政府。② 美国法上隐私权的规定开始于宪法第四修正案和第五修正案的解释:第四修正案规定不得侵犯人身、住宅、文件和财产不受无理搜查和扣押的权利;第五修正案规定反对自证其罪的权利。1965 年,Griswold v. Connecticut 案③首次确立了独立于第四和第五修正案之外的一般性的宪法隐私权,Douglas 法官提出应保护已婚女性避孕的权利,将婚姻的亲密性与隐私权明确联系起来。

Whalen v. Roe 案④是美国联邦最高法院第一个肯定宪法上信息隐私权的案例。该案的核心问题是纽约州是否可以在中央计算机的文件上记录获得药物的病人信息,即宪法上的"隐私"是否包括政府数据库中信息的收集、存储和传播。该案明确指出了与个人信息保护有关的两种利益,即信息隐私的利益和个人自决的利益,这两种利益对构建个人信息的权利体系具有重大意义。⑤ Whalen v. Roe 案后,美国发展信息隐私保护有两个重点:一是由法院个案利益衡量的方式判断政府搜集、存储、利用个人信息的合宪性或合法性;二是制定保护隐私的特别法。⑥ 个案利益衡量中,法院通过

---

① James Q. Whitman,"The Two Western Cultures of Privacy: Dignity versus Liberty",*Yale Law Journal*,2004,vol. 113,p. 1163.
② James Q. Whitman,"The Two Western Cultures of Privacy: Dignity versus Liberty",*Yale Law Journal*,2004,vol. 113,p. 1121.
③ Griswold v. Connecticut,382 U. S. 479(1965).
④ Whalen v. Roe,429 U. S. 589 (1977).
⑤ Whalen v. Roe,429 U. S. 589 (1977).
⑥ 王泽鉴:《人格权的具体化及其保护范围·隐私权篇(上)》,载于《比较法研究》2008 年第 6 期,第 11 页。

Katz v. United States 案确立了"合理隐私期待"理论。① 本案中,Katz 因为通过电话传播赌博信息被逮捕,其中一项录音证据是联邦调查局通过在 Katz 固定使用的电话亭顶部安装的麦克风获得的。Katz 案认为宪法第四修正案保护的是人而不是房子等物,所以在任何地方,只要当事人合理期待其享有隐私权,执法人员在没有搜查令的情况下就不能随意入侵这些地方,因此联邦调查局在没有搜查令的情况下获取这些录音是违宪的。Harlan 大法官在 Katz 案中强调,判断政府的行为是否构成一种搜查,关键看是否可以适用第四修正案的两个条件:第一,一个人确实有隐私期待利益(主观条件);第二,社会认可这种期待利益是一种合理的期待利益(客观条件)。② 此后,United States v. White 案由"合理隐私期待"理论进一步发展出了"第三方原则"(third party doctrine),即一个人如果已经自愿地将秘密告诉某个人,而他本人愿意让政府知道这些秘密,那么他对自己泄露出去的信息不享有宪法上的隐私期待利益。③

  美国法上有很多著名的判决都在个案中不断地发展"合理隐私期待"理论,使得宪法上对隐私权的保护日益完善,比如 United States v. Miller④、Burrows v. Superior Court⑤、York v. Story⑥、Wood v. White⑦ 等。2018 年的 Carpenter v. United States 案中,美国法院再次重新调整"合理隐私期待"理论和"第三方原则"。⑧ 联邦调查局在没有法庭搜查令的情况下向企业获取了犯罪嫌疑人 Carpenter 的蜂窝基站位置信息(cell-site location information,CSLI),并据此作为原告持枪抢劫的证据。⑨ 案件的关键性问题是,个人的 CSLI 等信息通常被私营企业等第三方收集和维护,这种情形是否可以视为个人向第三方披露了自己的信息?此时所谓"第三方原则"是否仍然可以适用?由首席大法官 Roberts 撰写并获得五票赞成的多数意见认为,CSLI 位置信息受到美国第四宪法修正案的保护,是一个人物理存在

---

  ① Katz v. United States,389 U. S. 347 (1967).
  ② [美]阿丽塔·L. 艾伦,理查德·C. 托克音顿:《美国隐私法:学说、判例与立法》,冯建妹、石宏、郝倩等译,北京:中国民主法制出版社,2004 年,第 62 页。
  ③ United States v. White,401 U. S. 745(1967).
  ④ United States v. Miller,425 U. S. 435 (1976).
  ⑤ Burrows v. Superior Court,13 Cal. 3d 238,529 p. 2d 590(1974).
  ⑥ York v. Story,324 F. 2d 450 (9th Cir. 1963).
  ⑦ Wood v. White 689 F. Supp. 874(W. D. WIS. 1988).
  ⑧ Carpenter v. United States,138 S. Ct. 2206 (2018).
  ⑨ Carpenter v. United States,138 S. Ct. 2206 (2018).

的"详细编年史"(detailed chronicle of a person's physical presence),属于敏感信息(sensitive information),警方需要获取法庭的搜查令状才能要求企业数据库披露其客户信息。本案中,最高法院重新调整了"合理隐私期待"的判断标准,认为如果是敏感信息,即使已经被分享了(在电子服务中非自愿地被收集),甚至被第三方所控制(controlled by third parties),并不会减少其隐私期待。①

另外,美国侵权法上隐私的发展可归功于20世纪的侵权学者Prosser教授,他在隐私侵权主流化和合法化方面发挥了巨大作用。② 1960年,Prosser教授在《加利福尼亚法律评论》上的《论隐私权》(The Right to Privacy)一文成为20世纪隐私权侵权领域最有影响力的论文。③ Prosser教授总结实践中美国的三百多个案例,将隐私侵权区分为四种类型:侵入原告僻居或独处地点,或侵入其私人事务(侵入侵权);公开原告的私人事件(公开私生活侵权);扭曲原告形象的公之于众(扭曲他人形象侵权);为被告私人利益而盗用原告姓名或肖像(盗用侵权)。④ 这四种类型被美国侵权法第二次重述所吸收,分别规定在第652条的第B—E款中。⑤ 重述的编著者强调,这四种类型只是被定型化的类型,除此之外,还可以有其他侵害隐私权的行为。⑥ 隐私侵害和公共利益是美国法院审理隐私侵权案件

---

① Margot E. Kaminski, Carpenter v. United States: Big Data is Different, 02 July, 2018. http://www.gwlr.org/carpenter-v-united-states-big-data-is-different/,最后访问时间2020年3月18日。

② Danielle Keats Citron and Daniel J. Solove, "Privacy Harms", *Boston University Law Review*, 2022, vol. 102.

③ William L. Prosser, "The Right to Privacy", *California Law Review*, 1960, vol. 48, p. 383.

④ William L. Prosser, "The Right to Privacy", *California Law Review*, 1960, vol. 48, p. 389.

⑤ 第652条B"对隐私空间的侵入":一个人故意以有形的方式或其他方式,侵入他人的僻居处或独处地点,或侵入其私人事务或私人关系,如果一个正常的人认为这种侵入是一种高度侮辱,行为人应当就其侵犯他人的隐私权承担责任。第652条C"窃用他人的姓名或肖像":为了自己的利益而窃用他人的姓名或肖像,应当承担侵犯隐私权的责任。第652条D"公开私生活":公开他人的私生活的,应当承担侵犯他人隐私权的责任。(一)如果在一般合理人看来,事项的公开属于高度的侮辱;(二)属于社会大众无须合法关注的事项。第652条E"扭曲原告形象的公之于众":如果有以下情形之一,对外公布的事项扭曲他人形象的,行为人应当对侵犯他人隐私权的行为承担责任。(一)在一般人看来,公开的事项对他人形象的扭曲是对他人的高度侮辱;(二)行为人明知公开事项是虚假的或对公开事项的虚假性漠不关心导致他人形象受到扭曲。

⑥ The American Law Institute, *Restatement of Torts Law (second)* § 652A, 1965.

的法理核心,即当某人公开涉及他人私人生活的事件时,如果该被公开的事件属于下列类型,则要承担侵犯隐私的责任:(1)对一个理性人而言是十分冒犯的;(2)不属于公共利益的范畴,即不在公众合理关心的范围之内。① 在隐私侵权案件中,法院注重衡量是否构成侵权的多元利益,其要素包括信息的种类、损害可能性、损害程度、安全措施的充分性、法定授权、阻却的公共利益等。② 隐私侵权责任中一个重要的问题是损害赔偿的计算。一般而言,隐私权受到侵害,可以获得以下赔偿:由侵权导致在隐私方面的利益损失;被证明的由侵权行为导致的精神损害;由侵权行为导致的特殊性赔偿(受害人的经济损失);一般性赔偿——包括精神痛苦和身体伤害;还可以请求颁布禁令。③ 但是由于美国法上要求"严重损害"的证明标准,或因为不满足法定的"损害"性质要求和数额要求,或因为不能证明受到损害,现实中原告胜诉的概率并不高。④ 在隐私侵权中,被告在两种情况下可以免除侵权责任——原告同意和自担风险,后者是指原告在知道隐私受到侵害的情况下,自愿承担这种风险。⑤ 当然,虽然Prosser教授在隐私侵权类型化上具有重要的贡献,但是面对数字技术发展带来的隐私挑战,将隐私法限制在四种狭隘侵权行为之内的做法,被认为与Warren和Blandies最初提出隐私权概念的精神相违背,这被认为是普通法的倒退。⑥

5.2.2 数字技术与信息隐私

美国隐私权的发展与社会文化、科技进步息息相关,面对快速发展的信息科技,隐私的概念也是动态发展的。20 世纪 60 年代末 70 年代初,由于计算机和信息系统的广泛应用,美国是最早关注个人信息使用和滥用问题

---

① The American Law Institute, *Restatement of Torts Law (second)* § 652D,1965.
② 刘金瑞:《个人信息与权利配置——个人信息自决权的反思和出路》,北京:法律出版社,2017 年,第 101-102 页。
③ [美]阿丽塔·L.艾伦,理查德·C.托克音顿:《美国隐私法:学说、判例与立法》,冯建妹,石宏,郝倩等译,北京:中国民主法制出版社,2004 年,第 262 页。
④ 张璐:《个人网络踪迹信息民法保护研究——兼评中国 cookie 隐私第一案》,载于《河北法学》2019 年第 5 期,第 143-144 页。
⑤ [美]阿丽塔·L.艾伦,理查德·C.托克音顿:《美国隐私法:学说、判例与立法》,冯建妹,石宏,郝倩等译,北京:中国民主法制出版社,2004 年,第 262 页。
⑥ Danielle Keats Citron and Daniel J. Solove, "Privacy Harms", *Boston University Law Review*, 2022, vol. 102.

的国家之一,认识到需要确保某些记录信息的保密性和安全性,限制对于某些记录的访问或被用于初始目的之外,以保护个人信息不被滥用。1967年,Alan Westin 在《隐私与自由》中提出个人信息控制理论,即认为人们有选择在何种环境下、在何种程度上公开自己(信息或行为)的自由。① 为了规范监视和信息公开问题,Alan 最早提出了知情同意制度与隐私控制理论相配套。Alan 认为,制约隐私的一个中心问题是,个人和组织可以自行确定要保密的事项和愿意公开的事项,因此要重视在信息使用的特定目的背景下获得同意,并分析同意的情境和同意的自愿性。② 美国学者 Fried 进一步通过将对人际交往关系的维护与对个人信息的控制相联系,认为隐私和人际交往密切相关,享有隐私就意味着我们有权控制个人信息的获取和利用,使得隐私权的分析视角从对保护独处转换为对个人信息的控制。③ 通过 Fried 的解释,传统隐私权不再仅仅具有单纯的防御权能,更增加了积极的控制权能,正是这种控制性权能成为美国法上个人信息保护的关键。④ 信息隐私是指当个人的信息被以数字或其他信息技术收集、存储以及分享时,本人因此而产生的对隐私的期望。⑤ 此后,美国法上最初由 Warren 和 Blandies 提出"独处权"的隐私理论不断发展出关于隐私的新理论,比如"信息控制理论"(privacy as control)⑥、"人格权理论"(privacy as personhood)⑦、"亲密关系理论"(privacy as intimacy)⑧等。以上不同理论展示了隐私权的

---

① Alan F. Westin, *Privacy and Freedom*, Atheneum Press, 1967, p. 24.
② Alan F. Westin, *Privacy and Freedom*, Atheneum Press, 1967, pp. 245-247.
③ Charles Fried, "Privacy", *Yale Law Journal*, 1968, vol. 77. p. 475, p. 483.
④ 谢远扬:《信息论视角下个人信息的价值》,载于《清华法学》2015 年第 3 期,第 100 页。
⑤ Daniel J. Solove, "A Brief History of Information Privacy Law", *Poskauer On Privacy*, PLI (2006);吴伟光:《从隐私利益的产生和本质来理解中国隐私权制度的特殊性》,载于《当代法学》2017 年第 4 期。
⑥ 信息控制理论由 Alan Westin 提出,即隐私是个人、团体或机构决定什么时候、以什么方式、在哪种程度上关于他们的信息可以和其他人交流。See Alan F. Westin, *Privacy and Freedom*, Atheneum Press, 1967, p. 24.
⑦ 人格权隐私理论的代表学者主要有 Jeffrey Reiman,她认为隐私保护人成为人、成就人、保持人的利益(protect the individual's interest in becoming, being and remaining a person)。see Jeffrey H. Reiman, "Privacy, Intimacy and Personhood", *Philosophy & Public Affairs*, 1976, vol. 6(1), pp. 26-44.
⑧ 亲密关系的隐私理论,包括作为信任的隐私理论,认为隐私的关键是基于特定的信任关系与他人共享信息,并使用信任根据情境来管理我们的信息流,而当信任关系被破坏时,在违反了我们对信息披露的期待情况下,信息流的继续分享将存在隐私受到侵犯的风险。代表观点如 Ari Ezra Waldman, *Privacy As Trust—Information Privacy for an Information Age*, Cambridge: Cambridge University Press, 2018, p. 148。

发展，隐私权从强调个人属性、与人身结合的概念，逐渐转化为强调对个人信息保护的信息隐私。尤其是认为对人际交往关系的维护，实际上就是个人决定如何同他人分享自己个人信息的问题。因此，美国法采取以隐私统一保护个人信息的模式，许多学者将隐私解释为对个人信息的控制，个人信息的本质就是一种隐私。[①]

  个人信息控制理论深深影响了美国的隐私政策和法律。美国政府在医疗、教育与福利部门成立的"关于个人数据自动系统的建议小组"（Advisory Committee on Automated Personal Data Systems）于1973年发布的报告中明确计算机使组织能够扩大其数据处理能力，同时极大地促进对记录数据的访问，计算机在记录保存方面的应用挑战了对记录保存实践的传统限制。[②] 其报告明确个人信息的保护是在"人们越来越担心自动化个人数据系统可能会带来严重的有害后果，包括侵犯基本自由"的背景下产生的。[③] 该报告提出了有影响力的早期公平信息实践的框架，作为第一代个人信息保护理念，公平信息实践以信息自决权为理论基础，通过"通知—同意制度"的应用，赋予政府机构、企业等数据控制者以数据保护的义务，并承担各项职责。[④] 1974年《美国隐私法案》（Privacy of Act, 1974）进一步确定了公平信息实践广为人知的地位、个人信息保护的基本框架和原则，包括通知、选择、获取、准确、数据最小化、安全和可归责性等。[⑤] 隐私法领域的学者认为公平信息实践是隐私权的一种发展，并认为是典型的"美国创造"（an

---

  ① Adam Carlyle Breckenridge, *The Right to Privacy*, Nebraska: University of Nebraska Press, 1970, p.1.

  ② U.S. Department of Health, Education & Welfare, *Records, Computers, and the Rights of Citizens: Report of the Secretary's Advisory Committee on Automated Personal Data Systems*, Cambridge: The MIT Press, 1973.

  ③ U.S. Department of Health, Education & Welfare, *Records, Computers, and the Rights of Citizens: Report of the Secretary's Advisory Committee on Automated Personal Data Systems*, Cambridge: The MIT Press, 1973. Gloria González Fuster, *The Emergence of Personal Data Protection as a Fundamental Right of the EU*, Springer, 2014.

  ④ 美国"关于个人数据自动系统的建议小组"（Advisory Committee on Automated Personal Data Systems）在1973年发布了一份"公平信息实践准则"报告，确立了包括处理个人数据的五项原则。同年，美国健康教育和福利咨询委员会大臣发布了一份白皮书，包含了一个有影响力的早期公平信息实践的框架。See U.S. Department of Health, Education & Welfare, *Records, Computers, and the Rights of Citizens: Report of the Secretary's Advisory Committee on Automated Personal Data Systems*, Cambridge: The MIT Press, 1973.

  ⑤ 丁晓东：《论个人信息法律保护的思想渊源与基本原理——基于"公平信息实践"的分析》，载于《现代法学》2019年第3期。

American creation)。①

5.2.3 信息隐私的定义与分类

美国法上"隐私"一词涵盖信息、身体、财产和决定等多方面的含义,具有不同的用法、语境和意思,很难找到一个统一的定义。② 个人信息控制理论下的信息隐私保护是隐私的重要部分,其"可识别性"是信息隐私保护范围界定中最为重要的概念。只有那些落入了个人可识别信息(Personally Identifiable Information,PII)范畴的信息,才有涉及侵犯个人隐私权益的可能。

美国学者认为隐私是一个"狡猾的概念"(slippery conception)③,并引发了隐私是否可以被概念化(conceptualised)的质疑④。他们主张用一种更加多元化的方式来看待隐私,对隐私的分类研究成为隐私保护的重要途径。最为知名的是上文提到的 Prosser 对隐私侵权的四分法,而后通过司法判例建立了一系列新的隐私权,由此形成了"自治性隐私权"(right to decisional privacy)⑤、"物理性隐私权"(right to physical privacy)⑥、"信息性隐私权"(right to informational privacy)⑦的三分法。著名的分类还包括 Solove 教授基于产生隐私问题的行为作出的分类。他认为,就像具有共同特征但是不完全相同的家庭成员一样,隐私的各个方面在一定程度上重叠,但是又各有特点,即以"家族相似性"(a family-resemblances approach)要素来概括隐私权的各方面(辐射)与共同点(中心)的关联关系。⑧ 如此一来,即使隐私的各个方面功能特定,但是并不会阻止每个方面都涵盖在隐私权的保护伞之下。⑨ 他提出从侵犯隐私行为的角度审视隐私的类别与边

---

① Marc Rotenberg,"Fair Information Practices and the Architecture of Privacy (What Larry Doesn't Get)",*Stanford Technology. Law Review*,2001,vol. 1.
② [美]阿丽塔·L. 艾伦,理查德·C. 托克音顿:《美国隐私法:学说、判例与立法》,冯建妹、石宏,郝倩等译,北京:中国民主法制出版社,2004 年,第 8 页。
③ Ken Gormley,"One Hundred Years of Privacy",*Wisconsin Law Review*,1992,vol. 5,p. 1335.
④ James Q. Whitman,"The Two Western Cultures of Privacy:Dignity versus Liberty",*Yale Law Journal*,2004,vol. 113,p. 1153.
⑤ Griswold v. Connecticut,381 U. S. 479(1965).
⑥ Katz v. United States,389 U. S. 347(1967).
⑦ Whalen v. Roe,429 U. S. 589(1977).
⑧ Daniel Solove,*Understanding Privacy*,Cambridge:Harvard University Press,2009,p. 40.
⑨ Daniel Solove,*Understanding Privacy*,Cambridge:Harvard University Press,2009,p. 38.

界,以此实现对隐私概念的深入理解,即将焦点从含糊不清的"隐私"定义转移至引起隐私问题的具体活动上,试图从侵犯隐私行为的角度审视隐私的类别与边界。四种基本组别分别是信息收集(information collection)、信息处理(information processing)、信息传播(information dissemination)和侵犯(invasion),比如传播行为中的隐私问题包括保密、曝光、扭曲等。①

5.2.4 评析

美国法上隐私权发展充分,一百多年来,不断调整和扩大隐私的内涵,使得个人信息保护被囊括在隐私之内,信息隐私成为重要的隐私分支,这种理论下隐私权具有很大的发展空间,能够涵盖个人信息保护的各个方面。在美国,信息隐私本质上是正当的个人信息使用规则,其重点在于特定场景下公平的信息处理规则。美国试图在遵循"公平信息实践"的前提下,寻求个人对个人数据的控制与信息自由流通的灵活机制,以实现个人利益、社会利益与公共利益的平衡。此外,美国国会至今并没有在联邦层面形成一套全面的、系统的联邦隐私法来统一调整所有个人信息保护行为,而是形成了"特别领域立法+一般领域普通法"的体制。

在公共领域,"公平信息实践"原则已经转化为制定法,如 1974 年《隐私法》。而私人领域是否要制定统一的法律一直存有争议。例如,尽管美国国会在 1997 年、2011 年、2015 年多次提出《消费者隐私保护法案》(法案号 H.R.98),但至今没有通过;2009 年提出《个人数据隐私和安全法案》也一直未通过。在私人领域,企业遵循信息隐私自治,依据准则制定个人信息保护规则,并由法院最终裁决企业行为是否侵害个人信息,"信息隐私自治+司法救济"为个人提供了足够且有弹性的保护。② 美国关于隐私的制定法仅限于特殊领域,采取个别立法的保护方式,在政府与金融银行记录、新闻隐私、电信传播、儿童在线隐私等方面分别制定了《联邦隐私权法》(*The Federal Privacy Act of* 1974)、《隐私权保护法》(*The Right to Privacy Protection Act of* 1980)、《电信传播法》(*The Telecommunications Act of* 1996)、《儿童在线隐私保护法》(*Children's Online Privacy Protection Act of* 1998)等法律。地方立法也是如此,比如美国《加利福尼亚隐私保护法》

---

① Daniel Solove, *Understanding Privacy*, Cambridge: Harvard University Press, 2009, pp.101-103.

② 沈玲:《从 Facebook 事件后续进展看美国互联网平台的数据治理思路》,2018 年 6 月 20 日。https://www.secrss.com/articles/3410,最后访问时间 2021 年 10 月 24 日。

(CCPA & CPRA)①是旨在加强隐私和消费者保护的州法规,其法律名称即直接为"隐私保护法",通过隐私保护法规范个人信息处理行为,是美国典型的个人信息保护法的代表。

但是美国没有颁布一个综合的国家层面的隐私法律,美国的模式是很难被模仿和复制的。"大隐私"理论并不适合所有国家的法律体系,因为该模式是与美国的隐私文化和法律传统紧密联系的,其不成文的隐私保护传统和行业自律文化,使得其他国家很难借鉴。同时,在美国法上,不加区分地将所有可识别的个人信息都看作隐私,需要更加精细化的配套立法和实践成本。尤其在大数据技术的发展下,信息的可识别可能性增强,导致个人信息的边界不断扩张,几乎除了明确的匿名化信息和去标识化信息外,普通与个人相关的信息都可以归入个人信息的范畴,这将再次加剧"隐私"与"个人信息"界分的混乱局限,没有健全的法律制度和规制举措,难免存在无限扩张隐私的风险。

5.3 欧盟模式:"个人数据保护权"下的独立综合立法

欧洲已被证明是数字时代保护个人隐私的先行者。② 欧洲个人信息保护与隐私权的保护历史,可以 2000 年通过的《基本权利宪章》(*EU 2000 Charter of Fundamental Rights*)为界,分为两个阶段:个人信息被视为隐私权的一部分、个人数据保护被视为与隐私权并列的一项基础性权利。

5.3.1 欧洲的隐私文化

欧洲隐私保护的核心是个人尊严被尊重的权利(a right to respect personal dignity),其具有悠久的历史。欧洲对隐私权的关注源于 18 世纪甚至 17 世纪,因为在那时候,只有上层社会的人才可能受到尊敬,比如上层

---

① 2018 年 6 月 28 日签署的 CCPA 是一项旨在增强美国加利福尼亚州居民隐私权和消费者保护的州法规。在其基础上,2020 年 11 月 3 日加州选民投票通过了 CPRA,对 CCPA 的一些重要条款进行了修正,扩展了 CCPA 的范围并制定了新的执行机制。CCPA 和 CPRA 共同构建了加州隐私保护法的主要制度框架,两者均是对《加利福尼亚民法典》(*California Civil Code*)第三章第四部分进行的修改。

② Avner Levin and Mary Jo Nicholson, "Privacy Law in the United States, the EU and Canada: The Allure of the Middle Ground", *University of Ottawa Law & Technology Journal*, 2005, vol.2, p.374.

社会的人被处决时受到的是杀头的惩罚,而下层阶级则是绞死。① 欧洲人一直在为平权作斗争,他们追求个人受到尊重的权利,与阶级革命相连,隐私法是用于调节社会不同阶层人与人之间的手段。再加上经历了二十世纪三四十年代法西斯主义的伤痛,欧洲人对于个人尊严和名誉非常重视,将隐私与人格相联系。② 隐私受到威胁对象的不同影响了隐私的核心价值的不同,也体现在对隐私权的保护上。欧洲人认为,隐私权赋予他们自己决定什么时候以及什么情况下裸露身体,这属于控制自己形象的权利,是个人人格尊严的体现。因此,即使他们在公园里脱光了自己的衣服,也不代表自己放弃了隐私。但是,美国人的隐私利益判断则主要体现为合理隐私期待测试,即认为在公开场合的行为从社会一般理性人的角度来看,必然会减少对隐私利益保护的期待。③ 在社会信用这个问题上,美国人享受良好的信用评级制度推动市场经济发展带来的好处,他们赞同通过交易个人信息,商家能更了解他们的喜好,从而更容易为其提供商品与服务,降低搜索成本,提高市场效率。但是欧洲人认为个人信用是对个人历史信息的反映,也是个人形象的一部分,关乎个人尊严④,因此对社会信用制度和对个人信用信息的采集更加谨慎。虽然欧洲对收集消费者信息是允许的,但是设置了更加严格的限定,比如基于特定目的和征得信息主体的同意,而且要在政府的监督之下进行,等等。所以,比起企业,欧洲更信任政府部门,认为个人信息涉及个人尊严,不可能通过市场机制得以有效的保护。但是在美国,出于对政府的不信任,他们更相信企业能够通过自律实现对个人信息的保护。

很多学者都认为法律上隐私权概念的提出,最早来自于 Warren 和 Blandies 的《论隐私权》,但是也有学者认为欧洲的法国才是世界上最早、最先承认隐私权的国家。⑤ 因为法国学者 Jacobin Jerme Petion 和 Pierre-Paul Royer-Collard 分别在 1791 年和 1819 年主张过隐私权的法律保护。

---

① James Q. Whitman,"The Two Western Cultures of Privacy: Dignity versus Liberty",*Yale Law Journal*,2004,vol. 113,p. 1167.
② Edward J. Eberle,*Dignity and Liberty: Constitutional Visions in Germany and the United States*. Westport: Praeger Publishers,2002,pp. 41-43.
③ James Q. Whitman,"The Two Western Cultures of Privacy: Dignity versus Liberty",*Yale Law Journal*,2004,vol. 113,p. 1205.
④ James Q. Whitman,"The Two Western Cultures of Privacy: Dignity versus Liberty",*Yale Law Journal*,2004,vol. 113,p. 1192.
⑤ 张民安:《法国的隐私权》,载于《隐私权的比较研究——法国、德国、美国及其他国家的隐私权》,广州:中山大学出版社,2014 年,第 117-180 页。

第 5 章 个人私密信息与隐私

1791 年法国宪法第 17 条对他人私人生活的保护作出了明确说明，当行为人诽谤或者侵犯他人的私人生活时，基于他人的起诉，行为人的行为应当受到惩罚。Jacobin Jerme Petion 认为这是新的理论，不同于旧理论（只有贵族或贵族家庭享有隐私权保护），这一条款对普通人隐私权也提供法律保护。1819 年，Pierre-Paul Royer-Collard 发表了著名的演讲，就新闻自由与隐私权之间的关系作出说明，"他人的私人生活必须用围墙隔开"，这成为法官责令行为人就侵犯他人隐私权行为担责的重要依据。[①] 19 世纪中期法官就开始借助 1804 年《法国民法典》第 1382 条和 1383 条规定的一般过错侵权责任制度来保护他人的隐私权。如果从 19 世纪中期算起，法国对隐私权的保护要比美国早 30 多年；而如果从 1791 年算起，法国学者对隐私权的主张要比美国学者早近 100 年。

欧洲委员会（The Council of Europe）于"二战"后的 1949 年由十个欧洲国家号召成立，旨在在成员国内加强民主、人权和法治。1950 年欧洲委员会通过了《欧洲人权公约》（*European Convention for Human Rights*，ECHR），该公约第 8 条第 1 款规定"人人有权享有使自己的私人和家庭生活、住所和通信得到尊重的权利"[②]。该条款被视为欧洲隐私权保护的基础条款。欧洲还通过判例法不断发展私人生活（private life）的概念，创造了一般性的隐私权，包括个人与他人、外界建立和发展关系的权利[③]，甚至还包括公司之间的秘密、商业行为等。[④] 欧洲的隐私法可以看成是在欧盟人权法院（European Court of Human Rights）的判例法基础上形成的，保护四重内容：私人生活、家庭生活、家庭、通信（private life, family life, home and correspondence）。法院认为不可能也没必要以穷尽列举的方式定义私人生活（private life）的内容，"私人生活"是广泛的术语，包括个人的各个方面，身体和社会身份、个人自主权、个人发展权以及与他人、外界建立和发展

---

① Genevieve Viney and Traite De Droit Civil, "Introduction a Law Responsabilite", L. G. D. J. p17. 转引自张明安：《隐私权的比较研究——法国、德国、美国及其他国家的隐私权》，广州：中山大学出版社，2014 年，第 125 页。

② 第 8 条第 2 款同时规定了特定情况下对私生活进行干预的例外。

③ Pretty vs. U. K., 29 April 2002, x 61.

④ P. De Hert and S. Gutwirth, Data Protection in the Case Law of Strasbourg and Luxemburg: Constitutionalisation in Action // Serge Gutwirth and Yves Poullet, *Reinventing Data Protection*, Springer, 2009. p. 17.

关系的权利。① 但是对于私人生活应该限制在"内在圈子"(inner circle)的范围内，即个人可以过自己选择的生活并完全排除外部世界对内在圈子的干扰，尊重私人生活当然也包括一定程度地建立和发展与其他人的关系。② 由于《欧洲人权公约》没有关于数据权利的规定，且隐私权的范围非常宽泛，因此不难理解法院将"私人生活"扩张到"个人数据"方面的做法，第 8 条也就成了欧洲早期处理个人数据相关纠纷的依据。③

5.3.2 欧洲个人数据保护的发展历程

20 世纪 70 年代，考虑到信息技术的使用日益增长，《欧洲人权公约》第 8 条遭到严峻挑战。欧洲委员会总结认为，第 8 条规定的"私人生活"所涵盖的内容不确定，对个人数据提供的保护主要针对"公共当局"数据使用中涉及的私生活利益，缺乏更为积极主动的方法处理私营公司或组织对个人信息的滥用行为。④ 另外，并不是所有处理个人数据的行为都必然影响隐私，由此引发了很多问题。⑤ 1981 年欧洲通过了单独的数据保护公约《个人数据自动处理方面的个人保护公约》(Convention for the Protection of Individuals with Regard to Automatic Processing of Personal Data)，也称《第 108 号公约》，该公约旨在规范个人数据处理行为，保护与数据处理有关的基础权利和基本自由(尤其是隐私权)得到尊重。⑥ 该公约保护的对象特定为和个人数据处理相关的行为，但保护的权利不限于隐私权，还有其他基本权利，比如平等、正当程序等。同年，世界经济合作与发展组织(the Organization of Economic Co-Operation and Development, OECD)同样表现出对隐私保护的关注和重视，通过了《个人隐私保护和个人数据跨境流动

---

① Niemietz vs. Germany of 16 December 1992, x 29 and Pretty vs. U. K., of 29 April 2002, x 61.
② (1993) 16 EHRR 97, para 29, see Jemima Stratford, "Striking the Balance: Privacy v Freedom of Expression under the European Convention on Human Rights" // Madeleine Colvin, *Developing Key Privacy Rights*, Oxford: Hart Publishing, 2002. p. 17.
③ Raphaël Gellert and Serge Gutwirth, "The Legal Construction of Privacy and Data Protection", *Computer Law & Security Review*, 2013, vol. 29, p. 526.
④ Council of Europe, *Explanatory Report to the Convention for the Protection of Individuals with Regard to Automatic Processing of Personal Data*, 1981. para. 4.
⑤ Raphaël Gellert and Serge Gutwirth, "The Legal Construction of Privacy and Data Protection", *Computer Law & Security Review*, 2013, vol. 29, p. 526.
⑥ Convention for the Protection of Individuals with Regard to Automatic Processing of Personal Data 1981, ETS 108, Article 1.

指南》(*Guidelines Governing the Protection of Privacy and Transborder Flows of Personal Data*),它是第一个与隐私保护有关的跨大西洋的协议,该协议旨在协调国家间隐私立法并提供一个框架以促进数据的国际流动。① 该协议有隐私和个人数据保护的八项基本原则,和欧洲公约确立的基本原则比较类似。然而,公约和指南对成员国都没有约束力,这些基本原则不具有法律意义。欧盟委员会非常担心欧盟内部缺乏一致性的数据保护规则可能会阻碍一系列领域内部市场的发展——涉及人员和服务的自由流动,因为在这些领域,个人数据的处理发挥着越来越重要的作用。

1995 年欧盟发布《关于处理和传输个人数据时保护个人隐私指令》(*EU Directive 95/46/EC*,以下简称《95 指令》),指令的初衷不仅是加强欧盟内部的数据隐私保护,而且是作为欧盟政策的一个组成部分,促进贸易自由化并确保实现单一的一体化市场。② 该指令于 1998 年 10 月正式生效,涵盖以任何方式处理所有个人数据,不受业务部门或使用领域的限制,但公共安全、国家安全和刑法上有规定的例外。欧盟通过的指令只有在每个州的立法机构立法(或由其他一些国家行政机构通过)时才能成为成员国的法律,尽管欧盟内各成员国的立法格式有所不同,但该指令自 1998 年以来已被纳入每个成员国的法律。从立法宗旨的表述来看,《95 指令》并没有承认数据保护是一个完全的个人基本权利③,而是采用狭义的方式定义数据保护,认为其只是隐私权的一个部分而已。《95 指令》具有双重规范目标:第一,它要求所有成员国保护个人数据处理行为的基本权利和自由,尤其保护在处理个人数据方面的隐私权(notably the right to privacy);④第二,它要求不得出于与此类保护相关的原因限制或禁止成员国之间个人数据的自由流动。⑤

---

① OECD Recommendation of the Council Concerning Guidelines Governing the Protection of Privacy and Transborder Flows of Personal Data,23 September 1980,Eur. T. S. 108.

② Gregory Shaffer,"Globalization and Social Protection: The Impact of EU and International Rules in the Ratcheting Up of U. S. Privacy Standards",*Yale Journal of International Law*,2000,vol. 25,p. 10.

③ Orla Lynskey,*The Fundations of EU Data Protection Law*,Oxford: Oxford University Press,2016,p. 89.

④ EU Directive 95/46/EC Article 1. 1 In accordance with this Directive,Member States shall protect the fundamental rights and freedoms of natural persons,and in particular their right to privacy with respect to the processing of personal data.

⑤ Directive 95/46/EC of the European Parliament and of the Council of 24 October 1995 on the Protection of Individuals with Regard to the Processing of Personal Data and on the Free Movement of Such Data,OJ 1995 L 281/31.

2000年欧盟颁布《基本权利宪章》(EU Charter for Fundamental Rights, EUCFR,以下简称《宪章》),明确个人数据保护权是一项独立的权利。《宪章》将个人数据与隐私权规定在两个不同条款中。① 第7条规定人人均有权要求尊重其与家庭生活、住居及通信等私生活的权利。第8条将私生活与个人数据相区别,明确人人均有权要求对个人数据的保护(the right to the protection of personal data)。② 第2段和第3段同时规定,必须为特定目的公平处理个人数据,且应在相关人员同意或法律规定的其他合法基础的基础上;每个人都有权访问已收集的有关他或她的数据,并有权对其进行纠正;并且遵守这些规则应独立于当局的控制。《95指令》在单独条款中明确承认保护个人数据的权利,被认为是一种"制衡"系统,目的是在所有个人数据处理方面主动保护个人的权利和自由,无论此类处理是否属于干涉尊重私人生活的权利。③ 至此,欧盟确立个人数据权作为一项独立基本权利的地位,这一理念不仅体现在宪法性质的法律层面,也体现在其他法律中。④ 比如2018年颁布的《欧盟通用数据保护条例》(GDPR),就改变了《95指令》的规定,强调"本条例保护自然人的基本权利与自由,特别是自然人享有的个人数据保护的权利(their right to the protection of personal data)"⑤,再次突出了个人数据保护权和隐私权是两种不同的权利。

---

① Charter for Fundamental Rights Protection of Personal Data(update on 2020), https://eur-lex.europa.eu/legal-content/EN/TXT/?uri=CELEX:12012P/TXT#d1e759-393-1. 2009年因《里斯本条约》(Treaty of Lisbon)生效,《宪章》才产生法律效力,最后访问时间2022年3月21日。

② Article 8 of EU Charter for Fundamental Rights Protection of personal data:
1. Everyone has the right to the protection of personal data concerning him or her.
2. Such data must be processed fairly for specified purposes and on the basis of the consent of the person concerned or some other legitimate basis laid down by law. Everyone has the right of access to data which has been collected concerning him or her, and the right to have it rectified.
3. Compliance with these rules shall be subject to control by an independent authority.

③ Hustinx, P, "EU Data Protection Law: The Review of Directive 95/46/EC and the Proposed General Data Protection Regulation" // Marise Gremona (ed), *New Technologies and EU Law*, Oxford: Oxford University Press, 2017, p.139.

④ P. De Hert and S. Gutwirth, Data Protection in the Case Law of Strasbourg and Luxemburg: Constitutionalisation in Action // Serge Gutwirth and Yves Poullet, *Reinventing Data Protection*, Springer, 2009. p.7.

⑤ Art.1 GDPR 2. This Regulation protects fundamental rights and freedoms of natural persons and in particular their right to the protection of personal data.

5.3.3 隐私权与个人数据保护权

欧盟法上隐私与数据保护有着重要联系,但也存在显著差异。隐私权是尊重私人生活的权利,而数据保护权是保护个人数据的权利,它们都是具有强烈道德维度的普遍观念的表达,蕴含着每个人的尊严、自主权和独特价值。① 但是两者的差异是非常关键的,隐私权是《宪章》第 7 条规定的经典基本权利的典型例子,是关于尊重私人生活的权利,对它的干涉受到严格的限制。而关于保护个人数据的第 8 条遵循《第 108 号公约》、《95 指令》、GDPR 等,提供更为主动的保护系统。欧盟创造"数据保护"的概念是为了向个人提供结构性的法律保护,防止不当使用信息技术处理与其相关的信息,本质上是一个制衡系统,包括实质性条件、个人权利、程序规定和独立监督,是原则上适用于所有个人数据处理的一套保障措施,无论该处理是否属于尊重私人生活的权利范围。②

欧盟基于权利路径对数据权利进行保护具有三个明显的特征。第一,确立数据保护是一项基本的权利,"基于权利"的特征体现在具体条款和解释中。GDPR 第 1 条明确,"本条例保护自然人的基本权利与自由,特别是自然人享有的个人数据保护的权利(their right to the protection of personal data)"③。相比于《95 指令》,数据主体的很多权利都在 GDPR 中得以增强,比如可携带权、被遗忘权等。GDPR 以数据主体的知情同意权、获取权、异议更正权、拒绝权、删除权等为权能形成数据权利体系,目标就是通过明确数据保护权和提供权利的保障措施来实现"使个人更有效地行使数据保护的权利"这一目标。④ 第二,基于权利的数据保护方法以一种普遍性的、预先确定的静态规则来规范和约束数据处理行为。"基于权利"的数据保护方法是一种传统的法律方法,有学者将其命名为"命令和控制的规则"(command and control regulation),其基于预先设定的行为标准,对数

---

① Hustinx,P,"EU Data Protection Law: The Review of Directive 95/46/EC and the Proposed General Data Protection Regulation" // Marise Gremona (ed), *New Technologies and EU Law*, Oxford: Oxford University Press, 2017, p. 171.

② Hustinx,P,"EU Data Protection Law: The Review of Directive 95/46/EC and the Proposed General Data Protection Regulation" // Marise Gremona (ed), *New Technologies and EU Law*, Oxford: Oxford University Press, 2017, p. 171.

③ Art. 1 GDPR 2. This Regulation protects fundamental rights and freedoms of natural persons and in particular their right to the protection of personal data.

④ European Commission, Proposed Regulation: Explanatory Memorandum, p. 4.

据处理行为作出判断。① 规则的可预见性和适用的一致性是"基于权利"方法的两个重要特点,给每个信息主体提供的是"最低且不可协商的保护水平"。② 第三,以控制性为出发点的数据权利保护模式主张通过数据主体对数据处理行为的知情同意规范来实现对相关数据的控制。

学者通过分析欧洲两大最高法院——欧洲人权法院(The European Court of Human Rights in Strasbourg,ECtHR)和欧盟法院(The Court of Justice of the European Union in Luxembourg,CJEU)的相关判例,进一步证实,在实践中隐私权和数据保护权有相当大的重叠部分,但是在某些领域和实质性范围上存在分歧。③ 在很多涉及为特定目的而公平处理个人数据的案件中,都涵盖了需要证明对隐私权干涉的合法情形。尽管《宪章》中规定了隐私和数据保护之间的区别,但判例已经有理由认为隐私是数据保护的核心。④ 两者的区别重点有两个。第一,就范围而言,数据保护比隐私更广,因为"私人生活"并不必然地包括所有已识别和可识别个人的信息,而数据保护的范围准确全面地覆盖了这些信息。当然,对两者范围大小的问题存在不同观点,例如Raphae就认为,隐私和数据保护的范围大小都是相对的。一方面,数据保护范围可能更窄,因为其仅规范处理个人信息的行为;但是隐私范围更广,还包括私人生活、空间、行为等。另一方面,数据保护的范围也可能更广,因为它规范即使并没有侵害到隐私的处理个人数据的行为。⑤ 处理个人数据并非都侵害隐私,有时仅仅引发其他个人风险,比如歧视风险等侵害其他基本权利的行为。⑥ 第二,在允许干预的情形方面,对个

---

① Raphael Gellert. *The Risk-Based Approach to Data Protection*, Oxford: Oxford University Press, 2020, p. 89.

② Working Party on the Protection of Individuals with Regard to the Processing of Personal Data, "Opinion 1/98 Platform for Privacy Preferences (P3P) and the Open Profiling Standard (OPS)", adopted on 16 June 1998 (WP11) 2.

③ Juliane Kokott and Christoph Sobotta, "The Distinction between Privacy and Data Protection in the Jurisprudence of the CJEU and the ECtHR", *International Data Privacy Law*, 2013, vol. 3, p. 228.

④ Juliane Kokott and Christoph Sobotta, "The Distinction between Privacy and Data Protection in the Jurisprudence of the CJEU and the ECtHR", *International Data Privacy Law*, 2013, vol. 3, p. 223.

⑤ Raphaël Gellert and Serge Gutwirth, "The Legal Construction of Privacy and Data Protection", *Computer Law & Security Review*, 2013, vol. 29, p. 526.

⑥ Raphaël Gellert and Serge Gutwirth, "The Legal Construction of Privacy and Data Protection", *Computer Law & Security Review*, 2013, vol. 29, p. 530.

人数据处理行为的限制源于《宪章》第 8 条第 2 款：基于特定的目的和合法性基础，可以处理个人信息。即只需要满足一定的条件，就可以对个人信息进行处理。而且在大多数情况下，这种情况也很容易判断，通过判断是否满足授权的条件即可。而关于隐私权的合法干预则基于《宪章》第 52 条第 1 款对基本权利的限制，要求必须符合法律和相称性原则，必要地和真正地满足被欧盟认可的一般利益的客体或保护他人权利自由的需要。[①] 隐私权纠纷需要考虑具体案件中是否存在合理隐私期待，并检验与隐私权竞争的其他价值的平衡问题。

5.3.4 欧盟新近案例简析

在比较法上，欧洲法律制度一直是我国个人信息保护制度中重要的研究借鉴对象，理论和实务都非常重视对欧盟 GDPR 及其实践的分析。欧盟 GDPR 中关于数据保护的权利来源于《宪章》第 8 条"数据受保护权"，《宪章》第 7 条同时规定了"尊重私人的和家庭的生活"（以下简称隐私权），其隐私权与数据受保护权的区分与我国隐私权与个人信息保护的区分具有类似的结构、定位。本书观察欧盟法院近年来的案例，并梳理域外审理的实践和特征。在欧盟法院公开案件中，本书以 data protection 为关键词，共搜索到 2010 年至 2021 年欧盟法院作出的与个人数据受保护权相关的 168 个裁判结果。[②] 除去相同案件不同阶段的审理判决书、无英文版判决书的案件等，共得到 69 个案例研究对象（截至 2021 年 12 月）。分析这些案例有如下发现。

第一，欧盟法院多主动将数据保护权和隐私权相关联，即同时讨论数据处理行为是否侵犯个人数据受保护权和隐私权，只在极少情况下单独分析个人数据受保护权。比如在 TK v. Asociaţia de Proprietari bloc M5A-

---

① Article 52 (1) The Charter of Fundamental Rights of the European Union.
② 《欧盟基本权利宪章》于 2009 年《里斯本条约》生效，具有了法律效力，并对欧盟法院形成约束力，因而本书选择时间为 2010 年至 2021 年。搜索案例结果页面：https://curia.europa.eu/juris/documents.jsf?oqp=&for=&mat=PDON%252Cor&lgrec=en&jge=&td=%3B%3BPUB%3BPUB1%2CPUB2%2CPUB4%2CPUB7%2CPUB3%2CPUB8%2CPUB5%2CPUB6%3B%3B%3BBORDALL&jur=C%2CT%2CF&page=1&dates=%2524type%253Dpro%2524mode%253DfromTo%2524from%253D2010.01.01%2524to%253D2021.11.01&pcs=Oor&lg=&pro=&nat=or&cit=none%252CC%252CCJ%252CR%252C2008E%252C%252C%252C%252C%252C%252C%252C%252C%252Ctrue%252Cfalse%252Cfalse&language=en&avg=&cid=32352557. 最后访问时间 2021 年 12 月 20 日。

ScaraA 案中,法院明确数据主体的权利来自《宪章》第 7 条(对隐私生活的尊重)和第 8 条(个人数据受保护的权利),不能孤立地适用《宪章》第 8 条和第 52 条。① 类似地,Latvijas Republikas Saeima 案中,法院认为本案的焦点在于公开披露因道路交通违规而对车辆司机处以罚分的个人数据的行为,是否违反了《宪章》第 7 条的私生活受尊重权和第 8 条的数据被保护权。② 2010 年的 Volker 案中,欧盟法院主动提出,欧盟《宪章》第 8 条规定的个人数据受保护权与第 7 条规定的私生活受尊重的权利紧密联系。③ 法院还将这两个权利合二为一,创造了"在个人数据处理方面私生活受尊重的权利"(the right to respect for private life with regard to the processing of personal data)这一融合性权利。④

第二,对隐私权和个人数据受保护权侵犯的判断,依据《宪章》第 52 条第 1 款与其他基本权利进行权衡,判断是否符合相称性原则(porpotionality principle)。《宪章》第 52 条第 1 款规定,仅在"基于法律"(in accordance with the law)和"民主社会所必需"(necessary in a democratic society)的情况下对基本权利的干预才可能是合理的。对基本权利的限制要遵守相称性原则,只有在必要且真正满足欧盟承认的普遍利益目标或保护他人权利和自由的需要时,才可以进行限制;同时考察数据处理者为数据处理行为所采取技术等保障措施的强度等。在 Latvijas Republikas Saeima 案中,法院指出本案焦点是:为公共利益或行使官方权力而执行任务并公开披露这些数据的行为,是否满足数据最小化原则?是否被认为是必要的且满足相称性原则?法院认为,鉴于所涉数据的敏感性以及干扰数据主体尊重私人生活和保护个人数据的基本权利的严重性,改善道路安全的目标可以通过其他限制性较小的手段同样有效地合理实现,即为了实现该目标,披露道路交通违法行为征收的罚分相关数据,这种行为的必要性不是确定的。⑤ 此外,出于同样的原因,GDPR 第 85 条对信息处理与言论自由的规定等,不能为披露与道路交通违法行为处罚点相关的个人数据提供正当理由。法院最终

---

① TK v. Asociaţia de Proprietari bloc M5A-ScaraA,ECLI:EU:C:2019:1064.
② Latvijas Republikas Saeima,ECLI:EU:C:2021:504.
③ Volker und Markus Schecke GbR (C92/09) and Hartmut Eifert (C93/09) v. Land HessenECLI:EU:C:2010:662.
④ Volker und Markus Schecke GbR (C92/09) and Hartmut Eifert (C93/09) v. Land HessenECLI:EU:C:2010:662.
⑤ Latvijas Republikas Saeima,ECLI:EU:C:2021:504,para 113.

判决认为，公开披露因道路交通违规而对车辆司机处以罚分的个人数据的行为，违反了《宪章》第 7 条尊重私生活权利和第 8 条数据被保护权。① 在 TK v. Asociaţia de Proprietari bloc M5A-ScaraA 案中，核心问题是：在公共部门安装为追求保障个人人身和财产安全合法利益的视频监控系统，在未经数据主体同意的情况下，该行为是否与所追求的目的相称？是否符合《宪章》第 52 条对权利的限制和比例原则，满足"必要性"且符合一般利益或保护他人权利和自由的需要？控制者能够采取其他措施保护相关合法利益吗？法院认为本案中视频监控所追求的合法利益包括财产、人身安全、预防犯罪等，这些利益的实现无法合理地以其他方式减少对数据主体基本权利和自由的限制。但是这些监控应当受到约束，比如必须控制在夜间和公共区域内等。②

比较欧盟司法实践，有学者通过分析欧盟案例指出，个人数据的类型（是否具有私密性）不是界分隐私权和个人数据受保护权的标准，两者最关键的差异在于适用范围，即隐私权保护的是数据处理的对象，而个人数据受保护权是规范数据处理这一过程性行为。③ 与中国法院审理结果不同的是，欧盟法院隐私权和数据保护权总是同时被侵犯或未被侵犯，尚未出现只侵犯个人数据权而明确不侵犯隐私权的情形。④ 但是在我国法院，更多的案件判决结果是侵犯了个人信息权益，而没有侵害隐私权。⑤

5.3.5 评析

在欧洲，个人数据保护的历史经历了前后两个阶段，其发源于隐私权制度但是又超越隐私权，其与隐私权相互交织又彼此独立，个人数据保护权日益发展为独立且更现代的法律制度。隐私利益是基于个人尊严的价值，因此不可能像美国基于自由的隐私权那样被无限放大，隐私权无法涵盖信息技术发展下个人信息的保护问题，隐私与个人信息需要分开。但两者同时又是高度重叠的，且从欧洲人权法院的判例法来看，这两项权利的重叠区域

---

① Latvijas Republikas Saeima，ECLI：EU：C：2021：504.
② TK v. Asociaţia de Proprietari bloc M5A-ScaraA，ECLI：EU：C：2019：1064.
③ 蔡培如：《欧盟法上的个人数据受保护权研究——兼议对我国个人信息权利构建的启示》，载于《法学家》2021 年第 5 期，第 20-21 页.
④ 蔡培如：《欧盟法上的个人数据受保护权研究——兼议对我国个人信息权利构建的启示》，载于《法学家》2021 年第 5 期，第 18 页.
⑤ 比如北京互联网法院(2019)京 0491 民初 16142 号；北京互联网法院(2019)京 0491 民初 6694 号等.

正在增加。① 基于个人数据保护权，欧盟构建起了"基于权利"的数据保护行为规范体系，一方面赋予个人十余项数据权利，既包括知情权、查询权、转移权、修改权、被遗忘权等积极权利，也包括限制使用范围、拒绝权等消极权利，通过完善和细化个人信息权利，全面保障个人对信息的控制，旨在打造秩序井然的网络社会。② 另一方面，从数据处理者和控制者角度提出一系列义务和责任，保证数据主体权利的实现，通过提供权利的保障措施来实现"使个人更有效地行使数据保护的权利"这一目标③，包括设立数据保护官制度、通过技术保护措施加强信息保护、信息泄露通知义务、提高法律责任后果等。欧盟以 GDPR 为代表的统一个人数据保护立法模式，因移植立法的成本低，很容易成为本土法律问题解决方法的试错路径，欧盟"个人数据保护权"的独立立法模式影响了很多商业实践和第三国家的立法，日益成为"全球标准"。④

虽然欧洲法律明确区分隐私和数据保护，但是它们在内容和形式上相互交叉，且实践中仍存在混同。数据保护应用于每一次自动化处理数据的过程，而法院将隐私权主要用于处理基于《宪章》第 7 条规定的对隐私权侵害的场景。⑤ 依据隐私权与个人数据保护权相区分的立场，涉及个人数据的处理不应与自然人基本权利是否受到干扰的问题相混淆。但在实践中，法院对《宪章》第 7 条和第 8 条"综合解读"的趋势仍然存在，这被认为没有考虑两个条文的本质区别，可能会妨碍第 8 条发挥全部作用。⑥ 如果个人信息保护源于隐私权制度，那么对于个人信息使用的合法克减性就被限制在有限的情况下，比如根据《宪章》第 8 条第 2 款解释《宪章》第 52 条第 1

---

① Orla Lynskey, *The Fundations of EU Data Protection Law*, Oxford: Oxford University Press, 2016, p. 130.

② 刘云：《欧洲个人信息保护法的发展历程及其改革创新》，载于《暨南学报（哲学社会科学版）》2017 年第 2 期，第 79 页。

③ European Commission, Proposed Regulation: Explanatory Memorandum, p. 4.

④ Mark Scott and Laurens Cerulus, Europe's New Data Protection Rules Export Privacy Standards Worldwide, POLITICO, Jan. 31, 2018, https://www.politico.eu/article/europe-data-protection-privacy-standards-gdpr-general.protection-data-regulation, last visited on January, 19, 2022.

⑤ Raphaël Gellert and Serge Gutwirth, "The Legal Construction of Privacy and Data Protection", *Computer Law & Security Review*, 2013, vol. 29, p. 526.

⑥ Hustinx, P, "EU Data Protection Law: The Review of Directive 95/46/EC and the Proposed General Data Protection Regulation" // Marise Gremona (ed), *New Technologies and EU Law*, Oxford: Oxford University Press, 2017, p. 173.

款,仅在"基于法律"和"民主社会所必需"的情况下对隐私权的干预才可能是合理的。而出于其他社会目的的个人信息使用,还是需要重新平衡个案中的权利和减损规则。当前,欧盟虽然强调了隐私权与个人数据保护权的不同,但是并没有对两者的联系予以更多说明,两者的区别在实践中的意义和作用尚不清楚。事实上,由于欧盟相关的立法解释性备忘录中没有进一步声明引入个人数据保护权的原因以及其与隐私权之间的关系①,因此有学者指出"隐私与个人数据保护或信息隐私之间的本质区别并未得到普遍理解"②。隐私权与个人数据保护权的关系因此存在多种理论,且远未达成共识。③

5.4 英国模式:违反保密信息制度与隐私权

当今世界仍存在拒绝承认隐私权而通过其他制度保护个人秘密信息的国家,其中英国的违反保密信息制度即为典型。本部分通过简要回顾和梳理英国通过调整古老的保密信息制度来保护隐私权的历史,为隐私和个人信息保护的关系研究提供另一种视角和启发。

5.4.1 英国法上违反保密信息制度的历史

在普通法系中,通过保密制度(confidentiality)保护个人信息免于公开具有很悠久的历史。保密(confidentiality,confidence 是其早期术语),是一个起源于英美普通法(Anglo-American common law)的古老概念。例如,在医患关系方面,大约公元前 400 年的希波克拉底在其誓言(Hippocratic Oath)中声明:"无论我看到或听到的与我的专业服务有关或与我的专业服务无关,在人们的生活中不应该在外被谈论的,我都不会透露,因为我认为所有这些都应该保密(keep secret)。"④

---

① Orla Lynskey, *The Fundations of EU Data Protection Law*. Oxford: Oxford University Press, 2016, p. 90.

② David H Flaherty, "On the Utility of Constitutional Rights to Privacy and Data Protection", *Case Western Reserve Law Review*, 1990, vol. 41, pp. 831-834.

③ European Commission, *Directorate-General for Employment, Social Affairs and Inclusion, Affirming Fundamental Rights in the European Union: Time to Act: Report of the Expert Group on Fundamental Rights*, Publications Office, 1999.

④ Daniel J. Solove, Marc Potenberg and Paul M. Schwarz, *Information Privacy Law*, Cambridge: Aspen Law & Business, 2006, p. 350.

英国违反保密信息制度的总体发展历史是比较模糊的,在20世纪之前专门讨论该主题的书籍很少。① 保密不被认为是一个独立的法律领域,对这一制度的完整历史研究仍不充分,但英美成文法和普通法(Anglo-American statutory and common law)保护多种保密关系和各种通信中的保密性。比如约束特定关系中的保密义务,最为古老的是证据特权,它禁止一方在法庭上透露另一方的秘密,包括律师、医生和神职人员的"秘密通信"等。再比如现代信托法体系的先驱,保护一方将其利益委托给另一方的各种特殊关系,因为如果另一方滥用这种信任,他对另一方的信任和信心极易造成伤害,所以法律介入以保护这种依赖保密的关系。另外,勒索法也通过防止仆人、情人和其他人泄露与富裕精英的关系来保护秘密;人口普查案中发展出了对政府信息保密的要求和义务;法律同时也保护保密的通信内容(不论是信件还是电报等),这种保护不限于特定的职业和合同关系中的信息交流行为。

英国普通法上现代保密信息制度的起源可以追溯到1849年的Prince Albert v. Strange案(以下简称Prince案)。尽管此前也有相关的案例,但该案被认为建立了现代判例法中违反保密信息制度的基础,是确立侵权行为的最明确和最著名的先例。② 部分原因在于其著名的原告和有趣的事实,还因为其在确立侵权行为方面的法律重要性,该案将财产的概念扩展到包括个人隐私利益,同时将保密义务扩张至不处于保密关系的第三方。③ 在Campbell案中,霍夫曼法官将Prince案称为"开创性决定"(a seminal decision)。④ Prince案的原告阿尔伯特亲王和维多利亚女王将创造版画作为业余爱好,并委托印刷商制作副本。但是印刷商的一个员工将额外的副本卖给了一位作家,作家提议公开展览这些版画并为此制作了目录,由作家的出版商Strange公司负责印刷和展览。原告试图阻止被告Strange公司公开展览和出版未经他们许可而额外制作的皇室蚀刻版画及其描述性雕刻目录。法院判决认为,原告对未发表的雕刻版画享有普通法上的财产权,王

---

① Tanya Aplin, Lionel Bently, Phillip Johnson, Simon Malynicz, *Gurry on Breach of Confidence: the Protection of Confidential Information* (2nd ed.), Oxford: Oxford University Press, 2012, p.242.

② Brian C. Reid, *Confidentiality and the Law*, London: Waterlow, 1986, p.9.

③ Prince Albert v. Strange, (1849) 2 De G & Sm 652, 697, 64 ER 293, 312.

④ Campbell v. Mirror Groups Newspapers Ltd [2004] UKHL Civ 22, [2004] 2 AC 457 (HL).

室因财产权受到侵害可以获得救济。同时,法院还增加了第二个依据,即保密和信任的关系遭到违反本身也有权获得禁令的救济。法院指出,虽然财产权是救济的基础,但是事实上王室在本案中被侵犯的是隐私利益。① 本案的关键是确立了不论合同是否约定了保密义务,信息的接受者均有义务不能进一步使用或披露该保密信息。② 英国法上的保密制度得以发展,出于有限的目的而明示或暗示地传递信息时,保密义务不仅适用于那些收到保密信息的密友,也适用于密友违反义务向其披露信息的任何第三方。③

在英国违反保密信息制度的判例法历史上,1969 年的 Coco v. A N Clark (Engineers) Ltd④ 案(以下简称 Coco 案)是另一起著名的案件,该案确立了违反保密信息侵权的构成要件。本案中,原告和被告本为商业合作伙伴,原告研发的引擎(moped engine)是双方合作的基础。合作终止后,被告继续使用原告之前提供的商业秘密,并设计出了与原告产品非常类似的产品,原告因此以破坏保密信息为由起诉被告。法院在审理中,确定了破坏保密信息制度的三个构成要件。

第一,所涉的信息必须具有必要的保密性质(the necessary quality of confidence)。⑤ 这里的信息类型包括个人信息、商业秘密、文学艺术作品、政府信息等,商业秘密和文学艺术作品的保护还可以通过知识产权等制度予以保护,这里重点判断的是个人信息中的保密信息。保密性测试排除处于公共领域的和无关紧要的琐碎信息,被认为具有保密性的信息包括健康医疗信息、性生活信息、亲密关系信息、财务信息、私人信件等。法院同时提出认定"保密质量"因素包括保密合同的存在、当事人间的亲密程度、采取保护保密的措施、因信息披露而造成的可预见性损害等。第二,一方具有明示或暗示的保密义务(an obligation of confidence)。⑥ 当一个人出于特定目的向另一个人提供信息时,通常会产生保密义务。英国法院保护涉及保密

---

① Mac & G at 47,41 Eng Rep at 1179.
② Tanya Aplin, Lionel Bently, Phillip Johnson, Simon Malynicz, *Gurry on Breach of Confidence: The Protection of Confidential Information* (2nd edition), Oxford: Oxford University Press,2012,p. 242.
③ FRANCIS GURRY,BREACH OF CONFIDENCE 278 (1984). p. 4.
④ [1969] RPC 41 (Ch) 47 (Megarry J).
⑤ Saltman Engineering Co. Ltd v. Campbell Engineering Co. Ltd (1948)65 RPC 203,215 per Lord Green MR.
⑥ Raymond Wacks, *Privacy and Press Freedom*, London: Blackstone Press Limited,1995, p. 50.

义务的各种亲密关系,比如保护合同、商业秘密、婚姻关系,也保护具有保密义务的各种职业关系(律师、医生、雇员、银行家等与其客户间的关系)。此外,只要第三方知道或应当知道他收到的信息是保密的,即使他是无辜地收到材料,那么第三方也将被置于保密的义务之下。① 第三,要求对保密信息进行"有害使用"(a "detrimental use" of the confidential information),比如负有保密义务的一方未经合法授权使用(unauthorised use)或披露该信息,这种合法的授权包括原告明示或默示的同意等。法院同时在其他案件中指出,很可能违反保密原则本身就是有害的,无论是否具有损害的证明。②

在满足 Coco 案的三个要素之后,法院还提出了两点例外。首先,违反"公共利益"的保密信息将不被保护。比如用于侵权或犯罪目的的保密措施将不能被保护,即一个人不能成为"罪犯或欺诈者的密友"。③ 其次,公有领域(public domain)的信息通常不能成为被保密的对象,即涉案信息不得为公知常识。在确定某信息是否属于公有领域时,有一个程度性判断的问题。法院指出,不能简单认为其他人知道就是属于公共领域,因为信息的本质是共享,总会有其他人知道该信息。问题不在于信息是否为他人知道,而是当信息被很多人知道、具有可访问性时,它才失去了获得保密的机会。最后,即使个别数据来自公共领域,英国保密法还是会保护作为数据的集合体,这类似于新颖性取决于事务本身而不是其组成部分的性质一样。通过 Coco 案,英国保密信息制度演变成了一套强大且灵活的法律体系,这与美国隐私法是截然不同的。④

5.4.2 英国违反保密信息制度与隐私权保护

英国法通过扩张既有的侵权行为以达到保护隐私的目的,维护着法律的秩序,促进法律的进步。其中,破坏保密信息制度起源于衡平法上的救济方式,受害人可以请求法院发布禁令或损害赔偿,这发展成了英国保护隐私的重要机制。⑤ 与美国法上发展隐私权制度、忽略保密信息制度正好相反,

---

① Raymond Wacks, *Privacy and Press Freedom*, London: Blackstone Press Limited, 1995, p. 50.
② Attorney Gen. v. Guardian Newspapers, (1990) 1 A. C. 109, 265.
③ Gartside v. Outram, (1857) 26 L. J. Ch. (n. s.) 113, 114.
④ Daniel J. Solove and Neil M. Richards, "Privacy's Other Path: Recovering the Law of Confidentiality", *Georgetown Law Journal*, 2007, vol. 96, p. 166.
⑤ 王泽鉴:《人格权的具体化及其保护范围·隐私权篇(上)》,载于《比较法研究》2008 年第 6 期,第 13 页。

英国法上保密信息制度的灵活性与始终不承认美国法上的隐私权制度是相平行的。一个世纪以来,英国法官、评论员、法律委员会曾多次试图创造一个一般性的隐私权,但是议会始终拒绝制定法定的隐私权侵权。英国历史上曾有三次著名的关于隐私权的议案,但是都以失败告终。①

英国法院也一直拒绝承认美国法上的隐私侵权行为。其最为著名的案件是 Kaye v. Sunday Sport②。本案中,原告 Kaye 是一位名人,他由于车祸住进了医院,并禁止访客探望。但是被告 Sunday Sport 还是在未经原告同意的情况下进入了病房并拍照,公开了对原告的采访。原告向法院提起诉讼,共有四个诉讼理由:诽谤(libel)、非法入侵(trespass to the person)、仿冒(passing-off)、恶意谎言(malicious falsehood)。初审法院支持了原告的诉讼请求,但是上诉法院并没有支持,上诉法院的结论是"原告的诉状是侵犯了他的隐私,然而仅凭这一点,无论多么严重,都不能使他获得英国法律的救济"。③ 由于缺乏保护隐私权的法律,法院最后勉强认为成立恶意谎言的侵权行为,并发布了禁令。④ 英国法上拒绝承认隐私权的原因有很多,除了上文提到的其他制度可以保护隐私权外,还包括英国不愿将隐私等重要事情委托给公共当局、媒体游说议会、英国对隐私的独特认同感等⑤。

受到欧洲大陆隐私权保护的压力和美国隐私权制度的影响,英国法上保密信息制度并非一成不变,灵活调整后的违反保密信息制度已成为英国法上保护隐私权最为重要的手段。欧洲在 1950 年颁布《欧洲人权公约》(*European Convention for Human Rights*,ECHR)(以下简称《公约》),第 8 条第 1 款规定"人人有权享有使自己的私人和家庭生活、住所和通信得到尊重的权利"。⑥ 该条被视为欧洲隐私权保护的基础条款,并通过判例法不断发展私人生活(private life)的概念,创造了一般性的隐私权,包括个人与他人、外界建立和发展关系的权利⑦,这给英国法上保护隐私施加了很多

---

① Committee on Privacy, Report of the Committee on Privacy, Cmnd 5012, 1972, para 653.
② [1991] FSR 62.
③ Tom Bingham, *Opinion: Should There Be a Law to Protect Rights of Personal Privacy?* Oxford: Oxford University Press, 2012, p. 148.
④ 王泽鉴:《人格权的具体化及其保护范围·隐私权篇(上)》,载于《比较法研究》2008 年第 6 期,第 12 页。
⑤ Walter F. Pratt, *Privacy in Britain*, (1979), p. 16.
⑥ 第 8 条第 2 款同时规定了特定情况下对私生活进行干预的例外。
⑦ Pretty v. U. K., of 29 April 2002, x61.

压力。

英国于1951年批准《公约》,将《公约》的权利纳入英国法律是工党政府"将权利带回家"(bring rights home)政策承诺的核心。① 英国直到1998年才颁布了《人权法案》(Human Rights Act 1998, HRA),《人权法案》要求必须以"符合《公约》赋予的权利和以自由方式行事"②,要求英国法院保护《公约》所保障的权利。尤其是《公约》第8条"尊重私人生活的权利"和第10条"人人有言论自由的权利"。《人权法案》引发了一系列名人起诉媒体的案件,尽管如此,英国法院对第8条的回应不是支持新的隐私权诉讼,仍然没有给予个人一种直接采取行动对抗隐私侵权的权利,而是坚持保密信息制度用于对私人信息的保护。③ 但是《人权法案》的生效推动了英国法院在各方面修改违反保密信息制度,这使得保密信息制度的重心发生了变化——从保护关系到保护信息本身,便于使其能够保护信息隐私。④ 对《公约》第10条的回应则是确立公共利益是判断言论自由侵权行为中需要考虑的一个因素。同时,根据2000年的《基本权利宪章》,英国于2006年通过了《数据保护法》(Data Protection Act),并在2009年、2012年、2018年分别修订了该法,建立起了保护私人生活和个人数据的双重路径,在没有一般隐私权侵权案由的情形下仍通过违反保密信息制度保护隐私。

5.4.3 违反保密信息制度的发展

最早的"后《人权法案》"(Post-HRA)时代的案件是发生在2000年的Michael Douglas, Catherine Zeta-Jones, Northern & Shell Plc v. Hello! Ltd(以下简称 Hello! 案)。⑤ 前两个原告是一对明星夫妻,第三个原告是OK! 杂志,两原告同意授予OK! 杂志9个月独家公开两人在纽约婚礼照片的权利。尽管原告让参会的嘉宾都签署了保密协议,并尽力强调OK! 杂志的排他公开权,但是OK! 杂志的竞争对手Hello! 杂志还是从狗仔队那里获得了婚礼照片,并于OK! 杂志前公开了这些照片,OK! 杂志因

---

① Rosemary Jay, *Data Protection Law and Practice*(4th ed.), London: Sweet & Maxwell, 2012, p. 74.
② HRA section3(1)primary and subordinate legislation must be"read and given effect in a way which is compatible with the Convention rights".
③ Rosemary Jay, *Data Protection Law and Practice*(4th ed.), London: Sweet & Maxwell, 2012, p. 96.
④ Campbell v. Mirror Group Newspapers Ltd[2004] 2AC457(HL),473[51] (LordHoffmann).
⑤ No.1[2001] 2 W. L. R. 992.

此起诉到法院,要求被告停止公开这些照片。OK!杂志最初成功获得了法院的禁令,但是随后 Hello!杂志上诉。本案经过初级法院、上诉法院,一直到高级法院(The High Court),最终回到了初审法院,2003 年 Hello!杂志被裁定承担损害赔偿责任,依据是其违反了保密信息侵权。法院认为,本案满足 Coco 案中的所有三个因素:一般人无法获得婚礼的照片,具有保密性;客人们都知道或应当知道新婚夫妇不希望照片被公开的愿望,具有保密的义务;这对夫妇因为照片被公开而遭受情感和经济上的双重痛苦,属于有害使用。尽管违反保密信息制度也受到《人权公约》的影响,但是根据英国法律,没有独立的隐私侵权,衡平法上保密信息制度可以保护第 8 条隐私权和第 10 条新闻自由,法院最终支持了前两位原告关于保密的诉求(their confidentiality claiming),同时也成功支持了第三位原告 OK!杂志商业秘密(commercial confidentiality)的诉求。在这个案子中,法院指出了"私人信息"(private information)和"保密信息"(confidential information)的一个重要区别:如果信息已经公开了,则该信息不再是保密信息,但是重新公开行为(re-publication)仍然有可能侵害隐私权,因为这些信息是私人的。[①] 尽管滥用私人信息的行为被嵌入了保密法的保护中[②],但是法院已经开始区分个人信息中的两种利益,即隐私利益和保密利益。[③]

违反保密信息制度的构成要素此后也发生了一些变化,最为明显的改变是对信息性质的审查从保密性(confidence)转变为私人性(privateness)。违反保密信息的诉求不再要求具有在先的保密关系,只要信息是私人的,即使没有在先的保密关系存在,仍然具有保密的义务,即 Coco 案中确立的第二个要素就不是必要的了。[④] A v. B plc 案[⑤]被认为是这种转变的开端[⑥],而 Campbell v. Mirror Groups Newspapers Ltd 案[⑦](以下简称 Campbell 案)则是典型。A v. B plc 案中,A 是一个足球俱乐部的已婚运动员,但是婚内和 C 有染。C 希望将此事曝光给媒体 B,而 A 则希望寻求临时禁令的救

---

① Pre Lord Phillips at para. 105.
② Imerman v. Tchenguiz,[2010] EWCA Civ 908.
③ Imerman v. Tchenguiz,[2010] EWCA Civ 908.
④ Douglas etc. v. *Hello*! (No 3) (n 14) 157 [83].
⑤ [2002] EWCA Civ337,[2003]QB195.
⑥ Tanya Aplin,Lionel Bently,Phillip Johnson,Simon Malynicz,*Gurry on Breach of Confidence:The Protection of Confidential Information* (2nd ed.),Oxford:Oxford University Press,2012,p. 242.
⑦ [2004] UKHL Civ 22,[2004] 2 AC 457 (HL).

济,禁止 B 发布相关报道。本案中法院通过扩大违反保密信息侵权的范围,将美国式的隐私侵权行为囊括在内,认为当一方处于知道或应当知道另一人可以合理地期望其隐私受到保护的情况下,就会产生保密义务。在通过保密制度保护隐私时,要注意平衡言论自由与隐私利益,授予禁令将是对新闻自由的无理干涉。因此法官指出,法院不应试图充当"审查者或仲裁者",并判决 A 无法获得禁令。

  Campbell 案是一起以保密制度为幌子暗示保护隐私的案件。[①] 该案是将保密信息制度发展出保护"私人信息"的关键案例,本案提出了"滥用私人信息"(the action for misuse of private information)侵权,一改此前"违反保密信息"(the breach of confidence)侵权主要保护保密信息的传统。违反保密信息制度因此也成为英国法院履行国际"尊重私生活权利"(respect of private life)的主要手段。在 Campbell 案中,原告 Naomi Campbell 是一位名人,被告报道了原告是一名毒瘾者而且正在接受戒毒治疗,报纸还公开了原告戒毒的细节。法院在审理中主要审查公开的信息是不是私人的(private)而非保密的(confidential),这一审查的主要依据是《公约》第 8 条创造的一般性隐私权,其目的是尊重和保护个人的私人生活和家庭生活、通信自由并排除他人干扰的权利,重视在司法实践中对个人私生活利益的保护。[②] 在破坏保密信息制度中,如果涉案信息被认为是具有合理隐私期待的私人信息,即可能会干扰到私人生活,就会产生保密义务。法院同时确立了通过合理隐私期待(reasonable expectation of privacy)来证明信息私人性,其需要考虑的多重因素包括信息的性质本身、告知或获取的环境、相关个人和主体间的关系等。[③]

  Campbell 案后发生了很多名人起诉媒体的案件,由于英国法律中没有独立的隐私权,这些案件都试图按照《人权法案》的要求扩大违反保密信息的范围,这表明英国保密信息法正朝着承认隐私权的方向发展,尽管使用的术语并不同。[④] 这些案例标志着违反保密信息制度在普通法上的扩大,不

  [①] Daniel J. Solove and Neil M. Richards,"Privacy's Other Path: Recovering the Law of Confidentiality",*Georgetown Law Journal*,2007,vol. 96,p. 171.

  [②] P. De Hert and S. Gutwrith, Data Protection in the Case Law of Strasbourg and Luxemburg: Constitutionalisation in Action // Serge Gutwirth and Yves Poullet,*Reinventing Data Protection*,Springer,2009. p. 17.

  [③] Lord Browne of Madingley v. Associated Newspapers Ltd [2007] EWCA Civ 295,[2007] 3 WLR 289,298.

  [④] [2002] EWCA(Civ) 1373,[2003] Q. B. 661 (U. K.).

再要求预先存在的信任关系。只要一方处于知道或应该知道另一方可以合理地期望其隐私受到保护的情形下,就会产生保密义务。①《人权法案》导致了英国保密信息制度这种古老的制度产生了隐含的新隐私法,这种变革和经验被认为很具有启发性,因为它展示了保密的概念发展成为对个人信息有利保护的过程,美国学者甚至认为,美国法上的隐私权制度相对而言过于狭窄了。②

当前,英国在没有隐私权的情况下,发展出了滥用私人信息侵权类型,仍然通过违反保密信息制度加以保护,同时通过《数据保护法》(*Data Protection Act*,DPA)保护一般个人数据处理行为。Google Inc v. Vidal-Hall & Ors③案是近年来英国法院作出的具有影响力的案例。原告是三名使用苹果电脑的人,他们使用 safari 浏览器访问互联网;被告是苹果公司。原告认为被告在其不知情或未经同意的情况下,通过 cookie 收集浏览互联网的私人信息并发送给广告服务商,使之获得定向的广告推送。原告以滥用私人信息(misuse of private information)、违反保密规定(breach of confidence)和违反《数据保护法》为由向被告提出索赔。对于滥用私人信息和/或违反保密义务的索赔,索赔人声称其个人尊严、自主权和完整性受到损害,并因焦虑和痛苦而要求损害赔偿。对于基于 DPA 的索赔,他们根据 DPA 第 13 条要求赔偿损失和困扰,没有对金钱损失提出索赔。本案的核心争议之一,是滥用私人信息是否可以被确定为一种侵权行为的诉求(the cause of action for misuse private information)。法院对这个问题作出了肯定回答。法院指出,保密诉讼和滥用私人信息诉讼基于不同的法律基础,保护不同的法律利益:一方面是秘密或机密信息(secret),另一方面是隐私(privacy)。后者保护个人尊严和自治,有权控制关于个人私生活信息的发布和传播。法院再次强调,英国国内法没有隐私权的侵权法,保护私人信息的法律一般通过执行《公约》第 8 条和第 10 条,通过发展违反保密信息制度将其嵌入。法院指出,他们承认"滥用私人信息"是一种独立的侵权行为,但是这并不是创造了一个新的诉讼请求,在他们看来,这只是给已经存在的法

---

① Raymond Wacks,"Private Facts: Is Naomi Campbell a Good Model?",*SCRIP-ed*,2004,vol. 1.

② Daniel J. Solove and Neil M. Richards,"Privacy's Other Path: Recovering the Law of Confidentiality",*Georgetown Law Journal*,2007,vol. 96,pp. 172-173.

③ [2015]EWCA Civ 311 (27 March 2015).

律一个正确的法律标签(the correct legal label to one that already exists)。①

2021年11月,英国最高法院对Lloyd v. Google LLC案作出终审判决,驳回了消费者权益活动家Lloyd先生的个人信息集体诉讼索赔申请。②该案成为继Google Inc v. Vidal-Hall & Ors案之后又一开创性案件,被视为英国对个人信息保护的最新发展。该案法院判决认为,对英国《数据保护法》第13(1)条的违反而获得损害赔偿需要经济损失或精神痛苦的证明,个人数据的"失去控制"(loss of control)是不够的。同时,区分滥用私人信息(misuse of private information)的侵权损害赔偿和数据保护违约索赔的损害赔偿,前者属于严格责任侵权,侵权行为本身就可取得损害赔偿,后者则需要提供损害的证明。法院强调,隐私侵权和数据保护立法之间存在显著差异,将隐私侵权与数据保护立法进行类比是"不恰当的"(positively inappropriate)。③

5.4.4 评析

尽管破坏保密信息制度在英国保护隐私中发挥了重要的作用,但是否需要发展隐私权在英国一直以来都存在争议。支持发展隐私权侵权来保护隐私权的理由主要是:私人和保密是两种性质的利益,用"保密"(confidential)一词来形容私人生活(private life)是让人不舒服的事情,更确切的形容应该是私有的(private)而非保密的,这样可以有效防止破坏保密信息制度的变形。虽然通过破坏保密信息可以实现保护隐私权的实质性结果,但是隐私保护侧重的是维护人格尊严等价值不受到侵犯,违反保密信息制度则是倾向于维护保密关系,两者虽然存在重叠,但是本质是不同的。反对发展隐私侵权法的一方,主要是担心发展隐私权会大大削弱言论自由

---

① [2015]EWCA Civ 311 (27 March 2015).
② Lloyd (Respondent) v. Google LLC (Appellant), UKSC 2019/0213, 10 Nov 2021. 案情简介:Lloyd先生声称,谷歌在2011年至2012年的几个月内违反英国1998年颁布的《数据保护法》规定的数据处理者职责,涉嫌绕过Apply iPhone的隐私默认设置中的cookie条款,在用户不知情或不同意的情况下,不仅收集或推断与用户的上网习惯和位置有关的信息,还收集或推断与用户的兴趣和消遣、种族或民族、社会阶层、政治或宗教信仰或从属关系、健康、性兴趣、年龄、性别和财务状况。另外,谷歌根据聚合信息创建带有"足球爱好者""时事爱好者"等标签的群主,然后将这些信息发给订阅广告商,以便精准广告投放。2017年,Lloyd先生代表超过400万的苹果用户向谷歌提出索赔。
③ Lloyd (Respondent) v. Google LLC (Appellant), UKSC 2019/0213, 10 Nov. 2021.

的基础。① 在他们看来,言论自由不仅是个人基本权利的基础,也是健康发展的民主社会的源泉,不容被侵犯。其次就是因为隐私是难以确定的概念,隐私权如此难懂以至于任何切实可行的定义都不能实现,更别提证明侵害隐私权的边界了。② 谁有权划定隐私的边界是一个难题。还有学者提出,应该改良破坏保密信息制度,让新的制度与其他滥用私人信息的侵权行为一道发挥保护隐私权的作用。③

5.5 中国路径:私密信息在隐私中的识别

我国《民法典》第九百九十条确认了隐私权是一项具体人格权,个人信息属于个人信息权益,这与比较法上德国一般人格权具体化形成的隐私权和个人信息自决权、美国法上"大隐私权"、英国法上不承认隐私权制度存在明显的不同。《民法典》第一千零三十二条第二款规定:"隐私是自然人的私人生活安宁和不愿为他人知晓的私密空间、私密活动、私密信息。"在隐私中识别私密信息,需要研究其与其他隐私类型之间的关系。

5.5.1 隐私权保护范围界定的主要学说

在我国隐私权的发展中,界定隐私的范畴并实现隐私的类型化研究,一直是构建隐私权保护体系的重要内容,学界对于这个问题也存在不同的观点。有学者总结,对于隐私权的内容体系,存在二元体系、三元体系、四元体系的不同认识。④

(1)二元体系。张新宝教授和王利明教授曾主张隐私权的保护范围可以分为私人信息秘密和私生活安宁这两种类型。⑤ 生活安宁是指自然人对

---

① Tom Bingham, *Opinion: Should There Be a Law to Protect Rights of Personal Privacy?* Oxford: Oxford University Press, 2012, pp. 149-153.
② Tom Bingham, *Opinion: Should There Be a Law to Protect Rights of Personal Privacy?* Oxford: Oxford University Press, 2012, pp. 149-153.
③ Tanya Aplin, "The Future of the Breach of Confidence and the Protection of Privacy", *Oxford University Commonwealth Law Journal*, 2007, vol. 7, p. 172.
④ 王毅纯:《论隐私权保护范围的界定》,载于《苏州大学学报(法学版)》2016 年第 2 期,第 95-97 页。
⑤ 张新宝:《隐私权的法律保护法》(第二版),北京:群众出版社,2004 年,第 12 页;王利明:《隐私权概念的再界定》,载于《法学家》2012 年第 1 期。

于自己的正常生活所享有的不受他人打扰、妨碍的状态。① 生活安宁的内容包括排除对私人正常生活的骚扰、禁止非法侵入私人空间、对个人自主决定的妨碍等。私人信息秘密的范围则非常广,指代凡是与公共利益和他人利益无关的个人信息。在二元体系中,生活秘密与生活安宁是同一逻辑层次上的并列关系,是隐私的两项基本内容,可以概括为隐私最为核心的要素。但是有学者指出这种二分体系存在明显的问题,最主要的是逻辑不清晰,因为私人生活安宁和私生活秘密信息两者并不完全是并列关系。从一定程度上来看,所有对私生活秘密的侵害都会造成对私人生活安宁的影响,且由于私人生活安宁的界定标准不确定,存在主观性的倾向,进一步加剧了二元体系下隐私范围界定的模糊性和不易操作性。② 鉴于此,有学者提出构建信息隐私权和空间隐私权的"新二元模式",前者的客体是私人信息,后者的客体是空间隐私,并据此划分两种不同的侵权行为——"公开型"和"侵入型"。③

（2）三元体系。杨立新教授主张隐私的"三元体系",即将隐私的保护范围划分为私人信息、私人活动和私人空间,性质分别为"信息型隐私""自治型隐私"和"领地型隐私"。④ 在三元体系之下,私人信息、私人活动和私人空间三者是并列的关系,有形和无形、动态和静态的隐私都涵盖在内,内容上比较全面,因而也被2002年《民法典（草案）》（第一稿）第二十五条所采纳。

（3）四元体系。在"三元体系"的基础上,再增加私人生活安宁,从而构成隐私保护范围的四元组合。2002年《民法典（草案）》（第一稿）在第二十五条之后的第二十七条,规定了"自然人的生活安宁受法律保护"。"四元体系"下,私人生活安宁与私密信息、私密活动、私密空间的关系存在两种不同的认识。一种观点认为私人生活安宁是兜底性条款,私密信息、私密活动、私密空间之外的隐私都可以纳入私人生活安宁的范畴。另一种观点则将私人生活安宁与私密信息、私密活动、私密空间并列为隐私的客体,甚至建议

---

① 王利明：《隐私权概念的再界定》,载于《法学家》2012年第1期,第116页。
② 王毅纯：《论隐私权保护范围的界定》,载于《苏州大学学报（法学版）》2016年第2期,第95-96页。
③ 王毅纯：《论隐私权保护范围的界定》,载于《苏州大学学报（法学版）》2016年第2期,第97-101页。
④ 杨立新：《人格权法》,北京：法律出版社,2011年,第599页；杨立新主编：《中国人格权法立法报告》,北京：知识产权出版社,2005年,第426-438页。

应在人格权中对生活安宁权单独作出规定,其权利客体的具体类型包括私人住宅安宁、个人住宅以外其他私人空间安宁、日常生活安宁、通信安宁。[1]

对隐私的定义在《民法典》编纂过程中经历了几次变化而不断完善。《民法典人格权编(草案)》室内稿、一审稿、二审稿都规定,隐私是指具有私密性的私人空间、私人活动和私人信息等。[2] 之后,有专家学者提出要突出隐私"不愿意为他人知晓"这一特点[3],《民法典人格权编(草案)》(三审稿)用"私密"代替"私人",将隐私的定义修改为"自然人不愿为他人知晓的私密空间、私密活动和私密信息等"。有的专家学者提出:"维护私人生活安宁、排除他人非法侵扰是隐私权的一项重要内容。"因而自2019年12月的四审稿开始增加了"私人生活安宁"这一概括性内容,并将"等"字删去,规定隐私就是私人生活安宁和私密空间、私密活动、私密信息"1+3"模式的完全列举。

5.5.2 私密信息与私密空间、私密活动的关系

私密信息和私密空间、私密活动的关系与数字社会的发展有很大的关系。当前,我们的生活和社会正在被数字化逐步全面"侵蚀",有学者指出,数字社会的隐私因而呈现出两个新特点——隐私信息化和信息隐私化。[4] 前者强调隐私在信息时代的典型表现是信息和数据,这使得传统隐私的边界得以扩展,呈现出数字化的形态。后者强调信息的性质在收集、存储、加工中发生改变,一些原本不属于隐私的个人信息与其他信息结合成了私密信息,从而具有隐私利益。传统的隐私更多体现为对私密空间和私密活动的保护。私密空间,是指由私人所支配的、处于隐秘状态不为他人所知的空间和场所[5],既包括物理三维空间,也包括无形的虚拟空间,比如私人邮箱、私人存储空间等。私密活动的概念较为广泛,任何私人进行的与公共利益和他人利益无关的、处于隐秘状态下不为他人所知的活动,都可以视为私密

---

[1] 王利明:《生活安宁权:一种特殊的隐私权》,载于《中州学刊》2019年第7期。
[2] 王利明顾问,石冠彬:《中华人民共和国民法典立法演进与新旧法对照》,北京:法律出版社,2020年,第385页。
[3] 全国人民代表大会宪法和法律委员会关于《民法典人格权编(草案)》修改情况的汇报,2019年8月28日,http://www.dffyw.com/fazhixinwen/lifa/201908/46518.html. 最后访问时间为2022年1月19日。
[4] 王俊秀:《数字社会中的隐私重塑——以"人脸识别"为例》,载于《探索与争鸣》2020年第2期。
[5] 陈甦,谢鸿飞:《民法典评注·人格权编》,北京:中国法制出版社,2020年,第339页。

活动。典型的私密活动包括通信秘密、私人的秘密谈话、私生活秘密等。①私密活动包括一切个人的、与公共利益无关的活动,其性质也被称为"自治型隐私权"。②

在"隐私信息化"之下,私密信息可以涵盖私密空间、私密活动的范围。《民法典》两处将私密信息与私密空间、私密活动同时规定在一个法条中,分别为第一千零三十二条"隐私的内涵"和第一千零三十三条"侵害隐私的行为"。第一千零三十二条规定,隐私是自然人的私人生活安宁和不愿为他人知晓的私密空间、私密活动、私密信息。大数据时代,私人信息和私人活动在客观上都是私人信息的不同表现形式,尽管表现形式有所不同,但是对外呈现的都是个人的信息。因此王秀哲教授总结认为,私人信息在静态上表现为私人事务,在动态上表现为私人活动。③私密活动本质上也是一种不固定的、正在变化中的私密信息。④《民法典》第一千零三十三条第二项到第五项分别规定了不同的侵害隐私的行为:(二)进入、拍摄、窥视他人的住宅、宾馆房间等私密空间;(三)拍摄、窥视、窃听、公开他人的私密活动;(四)拍摄、窥视他人身体的私密部位;(五)处理他人的私密信息。在本条的适用上,学者们倾向于第五项私密信息侵权行为的适用范围更广。其具体理由存在两种观点。第一种观点认为,作为个人信息类型之一的私密信息,其范围十分广泛,除了私人生活安宁之外,私密空间、私密活动以及私密部位都可以成为私密信息的具体内容,为私密信息的概念所涵盖。⑤ 具体而言,私密信息是对私密空间、私密活动、私密部位等隐私事实的信息化表达。⑥ 私密信息较之于私密空间、私密活动,范围更为广泛,可以涵盖前两者,如果无法适用第一千零三十三条第二项至第四项时,可以适用私密信息这一项的规定。第二种观点则认为,《民法典》第一千零三十三条第五项"处理他人的私密信息"属于一般性的条款,几乎可以包括本条第二项至第四项的内容。按照特殊优于一般的规则,在具体适用上,应当优先适用本条第一

---

① 陈甦、谢鸿飞:《民法典评注·人格权编》,北京:中国法制出版社,2020 年,第 339-340 页。
② 最高人民法院民法典贯彻实施工作领导小组:《中华人民共和国民法典人格权编理解与适用》,北京:人民法院出版社,2020 年,第 341 页。
③ 王秀哲:《隐私权的宪法保护》,北京:社会科学文献出版社,2007 年,第 43-46 页。
④ 王秀哲:《隐私权的宪法保护》,北京:社会科学文献出版社,2007 年,第 43-46 页。
⑤ 陈甦、谢鸿飞:《民法典评注·人格权编》,北京:中国法制出版社,2020 年,第 356 页。
⑥ 申卫星:《数字权利体系再造:迈向隐私、信息与数据的差序格局》,载于《政法论坛》2022 年第 3 期,第 96 页。

项到第四项的内容,如果第一项到第四项无法适用,但仍需要通过隐私权保护的,可以适用本项条款。① 比如合法获得权利人裸照但是未经同意非法公开的侵权类型,即属于第五项处理他人的私密信息。

本书赞同对私密信息范围和适用更具有包容性的解读,也认同实体性的私密空间和私密活动可以抽象为数字化的私密信息。以隐私是否存在物理性载体为标准,私密信息与私密活动或私密空间的关系呈现并列或合并的区别。若隐私存在物理性载体,那么私密信息与私密活动或私密空间仅为同一客体的不同形式而已,权利人可以提起两项隐私的侵害主张;而如果不存在物理形态的隐私,即仅以数字化形式呈现的信息,则仅适用私密信息的规则。

5.5.3 私密信息与私人生活安宁的关系

所谓私人生活安宁是指自然人可以排除他人对自己生活安宁和宁静的不当打扰和妨碍的状态,包括了日常生活安宁、住宅安宁、通信安宁等。② 通过私人生活安宁对隐私进行定义,很明显受到了美国法的影响,体现出隐私明显的抽象状态特征。③《民法典》中,直到2019年12月的四审稿才开始增加了"私人生活安宁"这一概括性内容,此前多次审议稿都只规定了私密空间、私密活动和私密信息。

对于私人生活安宁与私密空间、私密活动和私密信息的关系,存在两种观点。一种观点是"并列说",认为隐私的四种类型是并列关系,《民法典》第一千零三十二条和第一千零三十三条都将私人生活安宁的位置和侵权行为样态排在其他隐私类型之前,不符合一般兜底条款的立法技术,意味着私人生活安宁和其他三项内容处于并列状态。个人安宁利益是与其他隐私利益存在区别的特殊利益,是隐私的重要组成部分。④ "并列说"将私人生活安宁与不愿为他人所知的私密空间、私密活动、私密信息并列,私人生活安宁采用限缩解释,是限定在"独处权"上的狭义概念,侵犯私人生活安宁的行为主要指《民法典》第一千零三十三条规定的"以电话、短信、即时通信工具、电子邮件、传单等方式侵扰他人的私人生活安宁"的行为。⑤ 侵害私密信息的

---

① 陈甦,谢鸿飞:《民法典评注·人格权编》,北京:中国法制出版社,2020年,第356页。
② 陈甦,谢鸿飞:《民法典评注·人格权编》,北京:中国法制出版社,2020年,第336页。
③ 陈甦,谢鸿飞:《民法典评注·人格权编》,北京:中国法制出版社,2020年,第336页。
④ 王利明:《生活安宁权:一种特殊的隐私权》,载于《中州学刊》2019年第7期。
⑤ 黄薇:《中华人民共和国民法典人格权编解读》,北京:中国法制出版社,2020年,第196页。

行为与侵害私人生活安宁的行为不重合,权利人可以针对侵权行为分别主张私密信息侵害和私人生活安宁侵害。① 另一种观点是"兜底说",即认为私人生活安宁是兜底性条款,即除了私密空间、私密活动、私密信息之外的隐私都可以纳入私人生活安宁的范畴,私人生活安宁因而是私密信息的上位概念。私人生活安宁具有兜底条款作用,因为所有对个人信息的侵害都最终会造成对受害人生活安宁的破坏,本质上都会对隐私权造成影响。② 侵害隐私的行为不仅局限于人们熟知的各种非法侵入、获取、泄露个人私密空间、私密活动和私密信息的行为,其他任何可能滋扰、破坏私人生活安宁的社会现象都可以被认定为侵害隐私。这种并列关系类似于美国法上隐私权的四分法,即生育自主、家庭自主、个人自主、信息隐私。③

本书支持私人生活安宁与私密信息、私密活动、私密空间是并列关系,对此有几点需要明晰。

第一,隐私权的对象包括明确的四项内容:私人生活安宁、不愿为他人知晓的私密空间、私密活动和私密信息。《民法典》两处将隐私权对象的四项内容并列:第一千零三十二条是穷尽式定义,即隐私是私人生活安宁和不愿为他人知晓的私密空间、私密活动和私密信息;第一千零三十三条对侵害隐私权的行为作出规定时存在兜底条款(第六款规定"以其他方式侵害他人的隐私权")。但是此兜底条款是对侵害隐私权行为的兜底,而非对隐私权保护对象的兜底。两者的区别在于,侵害隐私权的行为允许存在多种样式,可以是不属于前面列举的五项常见的隐私侵权行为,但是隐私权的对象仅仅是第一千零三十二条规定的四种。

第二,"并列说"和"兜底说"区别的关键在于隐私利益是否等同于私人生活安宁利益。如果采用"兜底说",即主张隐私利益等同于私人生活安宁,所有的隐私利益都是私人生活安宁利益的体现,因此私密信息、私密活动、私密空间保护的隐私利益自然也属于私人生活安宁利益。研究《民法典》中其他的兜底条款例子,我们可以进一步明晰兜底条款的构成要件和法律效果。比如《民法典》第九百九十条第二款规定了除第一款规定的具体人格权

---

① 朱晶晶:《论〈民法典〉中私密信息保护的双重结构》,载于《科技与法律(中英文)》2022年第1期,第48-49页。
② 廉霄:《从民法视角看隐私与个人信息保护的制度安排》,载于《黑龙江省政法管理干部学院学报》2010年第8期。
③ 王泽鉴:《人格权法:法释义学、比较法、案例研究》,北京:北京大学出版社,2012年,第187、209页。

外,自然人享有的基于人身自由、人格尊严产生的其他人格权益。这被认为是人格权益的一般条款,即在人格权类型的具体列举之外,将可能不断出现的新的人格权益纳入法律保护范围,以防止可能出现的列举漏洞和封闭性,以回应社会发展所产生的新型人格权益的保护需求。因为所有的人格权都是以人身自由和人格尊严为价值基础的,是这两种价值的具体表现,是以维护和实现人身自由和人格尊严为目的的。① 因此,如果采用"兜底说",首先需要证明所有隐私利益都是以私人生活安宁利益为基础的,其他隐私都是为了维护私人生活安宁利益。但事实上,私人生活安宁利益和一般隐私的秘密性利益不同。一般隐私(私密空间、私密活动、私密信息)强调不愿为他人知晓的非公开性或隐秘性,但是私人生活安宁强调的是安宁性,是一种内心宁静、不受骚扰的生活状态。② 比如实践中有一种典型的侵害私人生活安宁的行为,即利用窃听器、摄像头等手段偷听、偷窥他人的谈话或生活,此种情形下由于没有公开所获取的信息,并没有侵害秘密性利益,而只存在对私人生活安宁利益的影响。其次,"兜底说"还需要证明秘密性利益是否可以为私人生活安宁利益所囊括,或者说,保护秘密性利益的目的是否就是为了保护私人生活安宁利益。事实上,秘密性利益和私人生活安宁利益之间存在差距,已有多位学者就此问题展开论证,证明安宁利益与保密利益不能等同。③ 并不是所有的非公开性都是为了生活安宁,比如某一位公众人物不愿自己的丑闻被公开,背后的原因不只是为了生活安宁,更为重要的是为了其他利益,比如担心负面影响对他的商业价值带来的损失等。如此一来,可以清晰地看出秘密性利益的保护并不完全等同于私人生活安宁,秘密性的隐私利益的侵害行为表现为禁止公开或披露,而私人生活安宁利益的侵害行为常表现为对私生活的不尊重、未经本人允许而对私人生活造成干扰。尽管两者在很多情况下存在重叠,比如曝光私人活动,既非法公开了他人的隐私,也侵扰了他人的生活安宁。但是两者的区别也是非常明确的,只要实施了窥视、刺探等行为,即使没有获取他人行为人想要获得的私密信息,也已经构成了对私人生活的干扰,构成对隐私权的侵害。

---

① 黄薇:《中华人民共和国民法典人格权编解读》,北京:中国法制出版社,2020年,第15-17页。
② 王利明:《生活安宁权:一种特殊的隐私权》,载于《中州学刊》2019年第7期,第50-51页。
③ 比如方乐坤:《安宁利益的类型和权利化》,载于《法学评论》2018年第6期;张红:《侵害生活安宁利益之侵权责任》,载于《财经法学》2018年第6期,第48页;李一鸣:《论生活安宁权》,载于《法制博览》2020年4月(中)。

因此,本书认为私人生活安宁与私密信息之间是并列的关系,即隐私利益包括私人生活安宁利益和非公开利益(也可称之为保密利益),且根据《民法典》关于隐私的定义,私人生活安宁,不愿为他人知晓的私密空间、私密活动和私密信息这四项内容可以囊括所有隐私利益的保护对象。隐私权的保护对象不需要兜底条款,因为这四项内容已经足够全面,可以囊括当下和未来不可预见的各种隐私利益。对个人私密信息的侵害行为,如果同时涉及私密信息利益和私人生活安宁利益,则可以同时以侵害个人私密信息和侵扰私人生活安宁为由提起隐私权侵权诉讼。

5.6 本章小结

考察世界上典型国家和地区关于隐私信息的保护理论和实践,有助于加深对我国语境下个人私密信息与隐私关系的理解。德国法上,个人信息保护与隐私是独立但互补的两种权利,但是都体现为一般人格权的具体化,它们共同服务于尊重人类尊严的最终目标。美国隐私权具有一般性、宽泛性的特点,包括物理隐私、信息隐私、自决隐私等多方面的内容,个人信息因此被纳入隐私权的保护范围,是隐私权的一个重要方面。欧盟采取基于权利路径的个人数据综合立法模式,个人数据保护从隐私权的一部分,逐渐发展为与隐私权并列的一项基本权利。英国则成为世界上拒绝承认隐私权的典型国家,英国通过调整古老的保密信息制度来保护隐私权,为隐私权和个人信息保护的关系研究提供了另一种视角。没有哪一种模式对个人信息保护与隐私如何作用提供明确的解释或堪称典范,但是每种理论和路径都提供了未来解决相关问题可资借鉴的元素。我国《民法典》第九百九十条确认了隐私权是一项具体人格权、个人信息属于个人信息权益,这与比较法上德国一般人格权具体化形成的隐私权和个人信息自决、美国法上"大隐私权"、英国法上不承认隐私权存在明显的不同。我国《民法典》规定,隐私是自然人的私人生活安宁和不愿为他人知晓的私密空间、私密活动、私密信息。随着隐私信息化的趋势,私密信息的范围广泛且包容性强,实体性的私密空间和私密活动可以抽象为数字化的私密信息。私人生活安宁与私密信息之间是并列关系而非包含关系,对个人私密信息的侵害行为,如果同时涉及私密利益和私人生活安宁利益,则可以同时以侵害个人私密信息和侵扰私人生活安宁为由提起隐私权侵权诉讼。

第 6 章　个人私密信息与个人敏感信息

对某些特殊种类的个人信息给予更高程度的保护一直是个人信息保护立法和研究中的一个重要领域。① 个人信息有多重分类方法,但在个人信息保护法中最重要的分类是敏感信息与非敏感信息的区分,该分类在个人信息处理规则的构建中具有无可替代的作用。② 私密信息是随着《民法典》的颁布才日益走进大众视野的,在此之前我国最常见的特殊信息类型是敏感个人信息,域外对特殊信息类型的立法和研究也主要集中于敏感信息。个人私密信息与个人敏感信息的关系是个人私密信息研究中的一个重要部分。在对敏感信息的保护上,已有成熟的在保护个人人格尊严与促进技术创新之间寻求最大公约数的经验,可以借鉴敏感信息的已有研究成果展开对于私密信息的研究。

6.1　个人敏感信息的概念及界分

6.1.1　个人敏感信息概述

敏感信息的提出源于对个人信息分类的保护,敏感信息与一般信息的区分是最为常见的个人信息分类方法,具有很高的参考价值。敏感一词原指(生理上或心理上)对外界事物反应迅速。③ 这种迅速的反应也表现为高度的反应性,在个人信息保护中,这种敏感即指对信息表现出的高反应度。早在 20 世纪初,便有外国学者对信息的敏感度进行了专门研究,指出"信息

---

① 周汉华:《中华人民共和国个人信息保护法(专家建议稿)及立法研究报告》,北京:法律出版社,2006 年,第 76 页。
② 程啸:《论我国个人信息保护法中的个人信息处理规则》,载于《清华法学》2021 年第 3 期,第 68 页。
③ 陶然等:《现代汉语形容词辞典》,北京:中国国际广播出版社,1995 年,第 152 页。

的敏感度是在某一特定情形下个人对提供某一类信息所受到的顾虑水平"。① 1970 年德国黑森邦的《个人信息保护法》是较早出现敏感数据概念的法律,其被德国学者概括为具有极高个人属性的、对识别个人身份十分重要的、有受损害或者歧视风险的信息。② 与其他类型的信息不同,敏感信息需要额外保护的想法在欧盟最早的数据保护法中就有所体现。③ 相比于非敏感信息,敏感信息的泄露和非法使用更容易对相关权益产生侵害,因此国内外的立法均对个人敏感信息作出了特别规定,这类信息被定义为敏感信息或特别类型的信息(sensitive data, sensitive information, special categories of information)。对敏感信息的高反应主要通过风险水平来体现,一类信息的使用造成危害的可能性和严重性(the likelihood and severity of the harms)是影响个人信息敏感性的关键因素。④ 敏感信息因而被定义为可能导致重大形式的伤害,且受到这种伤害的可能性很高的信息。⑤

欧盟最早对特殊信息类型作出规定的是 1981 年通过的《个人数据自动处理方面的个人保护公约》(Convention for the Protection of Individuals with Regard to Automatic Processing of Personal Data),该公约禁止在缺乏合法保护的基础上处理关于个人种族、政治倾向、宗教信仰、健康、性生活或犯罪记录的个人信息⑥,且应采取与所面临的风险以及要保护的利益、权利和自由相适应的保障措施。⑦ 合法保障的基础包括:数据主体的明确同意、涵盖预期目的和处理方式或指明允许处理此类数据的特殊情况的法律、职业保密义务、风险分析后的措施,以及特定且合格的组织或技术安全措施(如数据加密)等。这一公约对各国和各地区保护敏感信息具有重要指

---

① Ricky J W, *Privacy and Data: An Empirical Study of the Influence and Types and Data and Situational Context upon Privacy Perceptions*, Starkville: Mississippi State University, 1993.

② Vgl. Paal/Pauly/Frenzel DS-GVO Art. 9 Rn. 6-8,转引自王利明:《敏感个人信息保护的基本问题——以〈民法典〉和〈个人信息保护法〉的解释为背景》,载于《当代法学》2022 年第 1 期,第 3 页。

③ Art. 29 Data Protection Working Party, *Advice Paper on Special Categories of Data* ("Sensitive Data"), Ref. Ares, 2011, April 8, 2011, p. 8.

④ Muge Fazlioglu, "Decrypting Information Sensitivity: Risk, Privacy and Data Protection Law in The United States and The EU", 2017, p. 103.

⑤ Paul Ohm, "Sensitive Information", *California Law Review*, 2015, vol. 88, p. 1131.

⑥ Council of Europe, "Explanatory Report to the Convention for the Protection of Individuals with Regard to Automatic Processing of Personal Data", Art. 6, Jan. 28, 1981.

⑦ Explanatory Memorandum to Modernised Convention 108, p. 10.

第 6 章 个人私密信息与个人敏感信息

导意义,欧盟 2018 年的 GDPR 第 9 条规定:禁止处理显示种族或民族背景、政治观念、宗教或哲学信仰或工会成员的个人数据、基因数据、为了特定识别自然人的生物性识别数据,以及和自然人健康、个人性生活或性取向相关的特殊类型个人数据(special categories of personal data)。根据 GDPR,鉴于条款第 51 条,此处的特殊类型个人数据即为敏感信息(sensitive data),就其性质而言,这些数据与基本权利和自由相关,因而特别敏感,值得特别保护,处理这些数据可能会对基本权利和自由造成重大风险。与欧盟综合立法同时规制公共部门和私人部门的举措不同,美国对数据保护和隐私法采取了"部门的"(sectoral)方法——不同的法律规范特定行业或技术对个人敏感信息的使用。① 美国联邦隐私立法将敏感个人信息定义为"个人可识别信息,其公开可能会给个人带来高风险,例如与健康相关的信息、遗传和生物识别信息、关于 13 岁以下儿童的信息以及个人精确的地理位置信息等"。② 美国的"部门法律"是狭义的、针对特定行业的,确定哪些信息符合美国法律的敏感数据的条件只能通过审查各种部门法律以迂回的方式完成。③

相比于"私密信息",我国对个人敏感信息的保护由来已久。在《个人信息保护法》颁布之前,我国的个人敏感信息保护尚停留在国家标准、司法解释和行业规范层面。自我国首部个人信息保护国家标准《个人信息保护指南》使用"个人敏感信息"的概念以来,其后发布的个人信息保护国家标准和相关规范性文件都是沿用"个人敏感信息"的概念。比如 2017 年《个人信息安全规范》第 3.2 条、2019 年《App 违法违规收集使用个人信息自评估指南》第 8 条、2019 年《数据安全管理办法(征求意见稿)》第 17 条、2019 年《个人信息出境安全评估办法(征求意见稿)》第 16 条,使用的都是"个人敏感信息"。在规范内容上,《信息安全技术公共及商用服务信息系统个人信息保护指南》《信息安全技术 个人信息安全规范》直接对个人敏感信息进行了界定,《征信业管理条例》《App 违法违规收集使用个人信息行为认定方法》

---

① Paul M. Schwartz and Daniel J. Solove, "Reconciling Personal Information in the United States and European Union", *California Law Review*, 2014, vol. 102, pp. 879-908.

② Information Technology and Innovation Foundation, A Grand Bargain on Data Privacy Legislation for America, https://www2. itif. org/2019-grand-bargain-privacy. pdf, last visited on March 13, 2023.

③ Muge Fazlioglu, "Beyond the Nature of Data: Obstacles to Protecting Sensitive Information in the European Union and the United States", *Fordham Urban Law Journal*, 2019, p. 283.

《自然资源部办公厅关于完善信息平台网络运维环境推进不动产登记信息共享集成有关工作的通知》《国务院办公厅关于促进"互联网+医疗健康"发展的意见》等均体现了对个人敏感信息严格保护的理念和规则。相比私密信息,我国学者对个人敏感信息的研究已有不少成果,包括个人敏感信息的界定[①]、个人敏感信息的法律保护[②]、特别领域的敏感个人信息判断等(比如征信行业、金融领域)。

我国《个人信息保护法》对个人敏感信息保护规定的具体化主要体现为两点。第一,该法第 28 条采用"概括+列举"的方式对个人敏感信息作出界定。该条明确"敏感个人信息"是一旦泄露或者非法使用,容易导致自然人的人格尊严受到侵害或者人身、财产安全受到危害的个人信息,从敏感个人信息受到侵害时的认定标准出发对敏感个人信息作出界定。[③] 同时通过具体列举生物识别、宗教信仰、特定身份、医疗健康、金融账户、行踪轨迹等信息,以及不满十四周岁未成年人的个人信息,提升敏感信息界定范围的可操作性。第二,明确了个人信息"敏感性"的核心标准。其确立了我国个人敏感信息采客观权益侵害风险标准,风险内容指向除个人信息权益之外的人身、财产权利和以人格尊严为价值基础的其他人格权益,并不局限于隐私权和所谓的"重大权利"。[④] 此外《个人信息保护法》第二章第二节"敏感个人信息的处理规则"共 5 个条文,从处理基础、同意规则等角度对敏感个人信息的保护作出了特别规定,构建起了敏感个人信息保护的完善体系。

6.1.2 个人敏感信息的界分

个人敏感信息保护的前提是完成对个人信息敏感性的界定,域内外都对此问题有丰富的研究和实践。个人敏感信息之所以值得特别保护,从性质来说,其因与基本权利和自由紧密相关而特别敏感,处理这些数据可能会对基本权利和自由造成重大风险。[⑤] 在对信息敏感性进行识别时存在两种基本思路:一种是根据数据性质本身的"原发型敏感",强调不同类型数据

---

① 胡文涛:《我国个人敏感信息界定之构想》,载于《中国法学》2018 年第 5 期。
② 田野、张晨辉:《论敏感个人信息的法律保护》,载于《河南社会科学》2019 年第 4 期。
③ 王利明:《敏感个人信息保护的基本问题——以〈民法典〉和〈个人信息保护法〉的解释为背景》,载于《当代法学》2022 年第 1 期,第 4 页。
④ 宁园:《敏感个人信息的法律基准与范畴界定——以〈信息保护法〉第 28 条第 1 款为中心》,载于《比较法研究》2021 年第 5 期。
⑤ GDPR,Recital 51.

本身存在的安全等级差异(数据原发敏感);另一种是同一类数据在不同应用场景下的安全等级差异(数据应用敏感),也可以称为"应用型敏感",主要包括数据处理者身份、处理目的等因素的影响。前者比如 GDPR 第 9 条,不完全列举了敏感信息的类型,即可能会揭示一个人"种族或民族血统、政治观点、宗教或哲学信仰或工会成员身份、基因数据、为了特定识别自然人的生物性识别数据,以及和自然人健康、个人性生活或性取向相关"的个人数据。① "揭示"(revealing)一词表明,本条款不仅涵盖了本质上包含种族、民族、政治观点、宗教等敏感信息的数据,也包括可以推断出与这些敏感信息相关的数据。② 比如在剑桥丑闻中,英国信息官(UK Information Commissioner, ICO)指出,从公司处理的来自 Facebook 用户的个人信息,可以推断出用户的政治倾向和工会信息,因此这些信息也应认为在那个情境中构成了敏感信息。③ 当然,第 9 条敏感信息的范围受到限制,不能过于广泛。比如图片可能揭露个人的宗教(比如皮肤颜色)或信仰(穿着特别的衣服等),但是如果将所有这些都纳入第 9 条的范围,就过于宽泛了。所以 GDPR 鉴于条款第 51 条指出,仅当图片揭示生物识别信息时才属于第 9 条的范围。EDPB 也表示,有关戴眼镜和使用轮椅的人的视频镜头并不属于特别类型的信息,但是如果这些镜头的处理可以被推断出敏感性,那么第 9 条将被适用。④ 比如,如果视频揭示出数据主体正在参加什么活动,从而可以体现他的政治倾向,医院安装的摄像头可以体现被监视病人的健康状态,那么这些就属于敏感信息。

数据应用下的敏感性认为数据处理是高度场景化的,在场景理论下,重要的不是在给定场景中处理信息是否合理,而是数据的流动和分布是否尊重数据流动的场景化标准,对场景参数的设置更为丰富和复杂。对数据进行规制的必要性和合理性往往取决于不同的场景和对象,因此敏感数据的判断应结合数据处理的目的、范围、方法等综合考量。⑤ 比如,美国关于信

---

① GDPR, Art. 9(1).

② WP29 2011: Article 29 Working Party, *Advice Paper on Special Categories of Data*, 4 April 2011, p. 6.

③ Information Commissioner's Office, *Investigation into the Use of Data Analytics in Political Campaigns*, 6 November 2018, p. 36.

④ European Data Protection Board, *Guidelines 3/2019 on the Processing of Personal Data through Video Devices (version for public consultation)*, 10 July 2019, p. 14.

⑤ Helen Nissenbaum, "Privacy as Contextual Integrity", *Washington Law Review*, 2004, vol. 79.

息隐私保护的制定法仅限于特殊领域,对敏感信息的保护就是通过区分不同行业予以规范的。1970年,《公平信用报告法案》(Fair Credit Reporting Act)首次在联邦隐私法层面回应了计算机化和数据时代的变革,主要集中规范对消费者信用数据的收集和使用行为。《家庭教育权利和隐私法案》(Family Educational Rights and Privacy Act)针对学生的隐私权,并第一次提到个人可识别信息(personally identifiable information,PII)的概念。1974年,《隐私法案》(Privacy Act)颁布,规范联邦政府对个人信息的收集和公开行为。1978年,美国议会颁布了《财政隐私权法案》(Right to Financial Privacy Act),保护个人免受财务领域个人信息的收集和使用。美国1986年颁布的《电信法案》(Cable Communications Policy Act)、1998年颁布的《视频隐私保护法案》(Video Privacy Act)、2001年颁布的《金融服务现代化法案》(Gramm Leach Bliley Act)等,不断丰富具体领域的部门法以规范个人信息处理行为。关于信息敏感性的考量,Paul教授研究确立个人敏感信息的四大因素,即是否引发伤害、引发伤害的概率、信任关系的存在、是否属多数人关心的风险,并提出了"多重因素检测"的观点,不断扩展敏感信息的理论和实践。[1]

个人敏感信息保护的前提是完成对个人信息敏感性的界定,信息的敏感性通常与其处理行为可能引发的风险大小和严重程度有关。在其他领域中,同样存在对风险的评估方法,这些方法可供借鉴。一种是毒理学(Toxicology)上用的方法,即关注风险本身的水平,这是一种评估产品或事件质量的方法,基础思路在于确定产品/事件本身的严重程度。[2] 另一种是流行病学(Epidemiology)上常用的方法,关注其影响和导致的结果危害,不是预先确定产品是否安全,而是评估它可能产生的有害影响。[3] 这两种风险判断方法也可以应用在数据保护领域。前者将数据处理过程本身视为风险,因为数据的性质和类型、处理的类型、情境、控制者的状态等,数据处理本身成为危害的来源;后者主要评估影响数据主体的损害或结果,包括带

---

[1] Paul Ohm,"Sensitive Information",*California Law Review*,2015,vol.88,p.1125.

[2] Royal Society (ed). *Risk:Analysis,Perception and Management—A Report of a Royal Society Study Group*. The Royal Society,1992.

[3] David Demortain. *Scientists and the Regulation of Risk—Standardising Control*. Edward Elgar Publishing,2011.

来的歧视、困扰、诽谤、恐惧等。① 这两种评估风险的方法正是 GDPR 第 75 条的思路,该条款对数据处理中可能对权利和自由造成风险的类型作出不完全列举。这些类型可以分为两种。第一种风险体现为数据处理带来的不希望的结果(unwanted result),包括物质和精神的损害。这些物质和精神损害包括歧视、身份盗用或欺诈、经济损失、名誉损害、机密性丧失、未经授权撤销假名或任何其他重大的经济或社会劣势。第二种风险则是处理活动的目的(比如刑事定罪等)、性质(比如处理基因数据、儿童信息等)、范围(比如影响大量数据主体)可能有风险,而不涉及损害结果。

何为"高风险"涉及对风险程度的判断,第 29 条工作组在相关指南中认为,风险是"根据严重性和可能性进行估计后描述事件及其后果的情景"。② 一般认为高风险包括两个方面:一方面是发生风险的可能性高(high likelihood),另一方面是风险后果的严重程度高(high severity)。包括 GDPR 在内的法律法规并没有对高风险的标准作出明确界定,但是都对特别的高风险情形予以了列举。GDPR 第 35 条第 3 款规定了三种可能引发高风险的例子:对与自然人相关的个人因素进行系统性与全面性的评价,此类评价是建立在自动化处理——包括用户画像——基础上的,并且其决策对自然人产生法律影响或类似重大影响;以大规模处理的方式处理特定类型的数据(敏感数据)和第 10 条规定的定罪与违法相关的个人数据;或者以大规模的方式系统性地监控某个公众可以访问的空间。第 3 款中有"特别地"(in particular)一词,因此对于高风险情形的列举是不完全的。鉴于第 89 条和第 91 条也补充了高风险的例子,包括使用新技术、对个人作出系统广泛的评估、大规模监视公共可访问区域、医疗行业患者信息等情形。第 29 条列举了 9 种可能导致高风险的情形,包括评估或打分、自动化决策、系统性监控、关于个人属性的敏感数据、大规模的数据处理、匹配或组合数据库、特殊易受到侵害主体的数据、使用新技术、阻止数据主体获得权利或

---

① Raphael Gellert. *The Risk-Based Approach to Data Protection*. Oxford: Oxford University Press, 2020.
② Art 29 WP, *Guidelines on Data Protection Impact Assessment (DPIA) and Determining Whether Processing Is "Likely to Result in a High Risk" for the Purposes of Regulation 2016/679*, 2017, p. 6.

使用服务等。[1] 类似地,2024年欧盟颁布了世界上首部人工智能法案,基本思路也是基于风险的方法(risk-based approach)监管AI的使用,其将风险区分为不可接受的风险(unacceptable risk)、高风险(high risk)、有限制的风险(limited risk)、最小的风险(minimal risk)。不可接受的风险主要包括对他人身体或心理造成伤害等四种明确列举的情况,而"高风险"则是该草案重点规制的对象。虽然该草案并未明确定义高风险,但在附件2列举的例子中包括了自然人的生物识别信息、关键基础设施的管理和运作、教育和职业培训、就业、执法、移民、庇护和边境管制以及司法和民主程序等。

6.1.3 我国个人敏感信息界分标准

早在2013年,中国首个个人信息保护国家标准《信息安全技术公共及商用服务信息系统个人信息保护指南》就指出,各行业可以根据信息主体的意愿和各自特定行业来自行确定分行业的个人敏感信息,赋予了电信、金融、医疗等行业较大的自我决定权,此后很多行业都针对敏感信息出台了规定,以约束特定行业的数据处理行为。比如在个人金融信息领域,根据《个人金融信息保护技术规范》(JR/T 0171—2020)按敏感程度从高到低分为C3、C2、C1三个类别。C3类别信息主要为用户鉴别信息,包括银行卡密码、交易密码、用于用户鉴别的个人生物识别信息等鉴别信息;C2类别信息主要为可识别特定个人金融信息主体身份与金融状况的个人金融信息,以及用于金融产品与服务的关键信息,包括但不限于支付账号及其等效信息、家庭地址等能够识别出特定主体的信息;而C2和C3类别信息中未包含的其他个人金融信息将被划为C1类别信息。而在《工业数据分类分级指南(试行)》中,则是根据数据发生"篡改、破坏、泄露或非法利用后"造成的后果,将工业数据分为三级数据(特别巨大、严重影响)、二级数据(损失较大)、一级数据(影响较小)等。在健康医疗数据领域,我国颁布的《健康医疗数据安全指南》将健康医疗数据划分为个人属性数据、健康状况数据、医疗应用数据、医疗支付数据、卫生资源数据、公共卫生数据6大类,并根据数据重要程度、风险级别以及对个人健康医疗数据主体可能造成的损害和影响级别划分为5个等级,并细化了6类数据流通使用的场景,明确相应安全措

---

[1] Art 29 WP, *Guidelines on Data Protection Impact Assessment (DPIA) and Determining Whether Processing Is "Likely to Result in a High Risk" for the Purposes of Regulation* 2016/679, 2017, p.10.

施要点；还列举了8个典型场景中的重点数据安全措施，分别为医生调阅、患者查询、临床研究、二次利用、健康传感、移动应用、商业保险对接、医疗器械。

地方政府也不断探索。在公共数据领域，浙江省发布了《数字化改革公共数据分类分级指南》省级地方标准，从数据管理、业务应用、安全保护、数据对象等6大维度，将公共数据分成30余个子项。根据公共数据遭泄露、破坏后，对国家安全、社会秩序、公共利益以及对公民、法人和其他组织合法权益（受侵害客体）的危害程度，确定了公共数据的安全级别，由高至低分别为：敏感数据（L4级）、较敏感数据（L3级）、低敏感数据（L2级）、不敏感数据（L1级）等。

我国学界对于个人敏感信息的法律基准存在个体主观反应还是客观权益侵害风险基准之争。[①] 2021年通过的《个人信息保护法》第二章第二节对个人敏感信息的处理规则进行专门规定，根据第二十八条第一款，个人敏感信息是一旦泄露或非法使用，容易导致自然人的人格尊严受到侵害或者人身、财产安全受到危险的个人信息，包括生物识别、宗教信仰、特定身份、医疗健康、金融账户、行踪轨迹等信息，以及不满十四周岁未成年人的个人信息。宁园老师认为该条款确立了我国敏感个人信息采客观权益侵害风险标准，风险内容指向除个人信息权益之外的人身、财产权利和以人格尊严为价值基础的其他人格权益，并不局限于隐私权和所谓的"重大权利"。[②] 类似地，韩旭至老师也总结认为，我国个人敏感信息的判断具有客观性，关注的风险内容具有广泛性，判断前提具有确定性，且须达到"高概率的权益受侵害可能＋一般的权益受影响程度"标准。[③] 另参考《信息安全技术 个人信息安全影响评估指南》（GB/T 39335—2020）的规定，对个人信息主体权益影响的程度可以通过"影响个人自主决定权""引发差别性待遇""个人名誉受损和遭受精神压力""个人财产受损"四个维度评价。

[①] 持主观基准观点的学者参见吴标兵，许和隆：《个人信息的边界、敏感度与中心度研究——基于专家和公众认知的数据分析》，载于《南京邮电大学学报（社会科学版）》2018年第5期，第46-51页。持客观基准观点的参见胡文涛：《我国个人敏感信息界定之构想》，载于《中国法学》2018年第5期，第241页。兼采主客观基准观点的参见谢琳，王潆：《我国个人敏感信息的内涵与外延》，载于《电子知识产权》2020年第9期，第7-8页。

[②] 宁园：《敏感个人信息的法律基准与范畴界定——以〈信息保护法〉第28条第1款为中心》，载于《比较法研究》2021年第5期。

[③] 韩旭至：《敏感个人信息的界定及其处理前提——以〈个人信息保护法〉第28条为中心》，载于《求是学刊》2022年第5期。

6.2 个人敏感信息处理的特殊规则

各国法律对敏感信息界定的关键目的是对该类特殊信息设置特殊的处理规则,总结来说主要体现为三点:以禁止处理敏感信息为原则、以特定情形允许处理个人敏感信息为例外、对信息处理者苛以更严格的义务。

6.2.1 禁止处理原则

在讨论隐私与个人信息的关系时,本书强调个人信息处理"使用逻辑",敏感信息则是个人信息中的例外,即以禁止处理为原则。"禁止处理原则"体现在立法上,是指法律明确规定通常情况下禁止处理个人敏感信息,仅在有限且法定的例外情形下信息处理才被允许。① 禁止处理个人敏感信息的范围和程度各国、各地区规定不一,总体上分为两种规范模式:一种是"全过程禁止处理",另一种则是"部分环节禁止处理"。② 前者比如我国《个人信息保护法》第二十八条第二款规定,只有在具有特定的目的和充分的必要性,并采取严格保护措施的情形下,个人信息处理者方可处理敏感个人信息。我国台湾地区《个人资料保护法》第 6 条规定,禁止搜集、处理或利用敏感个人信息。欧盟 GDPR 第 9 条第 1 款规定,对于特别类型个人数据,应当禁止处理。后者比如日本《个人信息保护法》规定,禁止组织"收集"敏感信息,除非符合法律规定的例外或得到个人的明确同意。类似的还有澳大利亚,仅将禁止处理限制在信息获取环节,保护力度相对于"全过程禁止"更弱。

6.2.2 严格限定的例外情形

对敏感信息保护的重点在于"禁止处理例外"的规定上。GDPR 第 9 条第 1 款规定了禁止处理敏感信息,第 2 款规定了禁止处理的例外,包括数据主体的明确同意,为确立、行使或捍卫法律主张所必需的情况,为保护对另一自然人的生命或数据主体的至关重要的利益所必需的处理,等等。因此,

---

① 田野,张晨辉:《论敏感个人信息的法律保护》,载于《河南社会科学》2019 年第 4 期,第 46-47 页。

② 田野,张晨辉:《论敏感个人信息的法律保护》,载于《河南社会科学》2019 年第 4 期,第 46-47 页。

如果需要处理敏感信息,则需要同时证明两个前提:第一,属于第9条第2款的例外;第二,符合第6条关于处理的合法性基础,即敏感信息的处理必须被合法基础所涵盖。① 第一个例外处理的规则是数据主体对敏感信息处理的"明确同意"(explicit consent),这比第6条1(a)下合法性基础的"同意"(consent)更为严格,标准更高。另一个在GDPR里规定"明确同意"的情形是将数据转移至欧洲之外。GDPR一般意义上的同意,根据第4条第11款的规定,有效同意是自愿作出的、明确的、被告知的、无歧义的(freely given、specific、informed、ambiguously)。② 明示同意(explicit consent)一词为了避免与"无歧义"相混淆,强调保证单一且统一的同意定义,确保数据主体意识到他或她同意以及同意的内容。③ 无歧义的同意标准本质上是指数据主体的行为必须毫无疑问地表明他们已经同意,而"明确"标准意味着请求和提供同意的过程必须作为一个正式独立于同意所附加的其他交易,并且该过程必须要求控制者请求数据主体允许处理相关数据特定的请求,然后给出明确的肯定答复。④ "明确同意"也意味着不能默示同意,而是需要高度的精确性同意,是对处理目的明确性的声明。同时数据处理者需要提供基于同意处理数据情况下,任何时候同意被撤回的可能性。

其他敏感信息处理的例外也体现了这种"更严格性"。比如"为保护对另一个自然人的生命或数据主体至关重要的利益所必需的处理",根据GDPR第112条,"重要利益"是"包括身体完整性或生命利益",必须涉及个人的健康和安全。还比如可以为统计教会税而了解雇员的宗教信仰信息,这属于数据控制者履行特定职责或权利所必要的情形。

与此类似,我国《个人信息保护法》专门(第二章第二节)规定敏感信息的特殊处理规则,重点放在同意规则的严格要求上。有学者总结,我国对个

---

① European Data Protection Board,"Guidelines 3/2019 on the processing of personal data through video devices (version for public consultation)"(10 July 2019),p. 14.

② Christopher Kuner,*The EU General Data Protection Regulation (GDPR): A Commentary*,Oxford University Press,2020,p. 181.

③ Proposal for a Regulation of the European Parliament and of the Council on the Protection of Individuals with Regard to the Processing of Personal Data and on the Free Movement of Such Data (General Data Protection Regulation),COM,2012,p. 8.

④ Lee Andrew Bygrave,*Data Privacy Law: An International Perspective*,Oxford University Press,2014,p. 161.

人敏感信息的处理围绕着"特定目的＋单独同意"规则展开。① 《个人信息保护法》第二十八条明确敏感信息的处理原则,只有在具有特定的目的和充分的必要性,并采取严格保护措施的情形下,个人信息处理者方可处理个人敏感信息。根据第十三条,个人信息处理的合法性基础之一,是取得个人的同意,而第二十九条规定"处理敏感个人信息应当取得个人的单独同意;法律、行政法规规定处理敏感个人信息应当取得书面同意的,从其规定"。同时要求,个人信息处理者处理敏感个人信息的,除本法第十七条第一款规定的事项外,还应当向个人告知处理敏感个人信息的必要性以及对个人权益的影响(第三十条)。

6.2.3 加重敏感信息处理者的责任

除了处理的特殊规则外,关于敏感信息的处理还要求信息处理者提供更为严格的保障措施。比如我国《个人信息保护法》第五十五条规定,个人信息处理者处理敏感个人信息应当事前进行个人信息保护影响评估,并对处理情况进行记录等。个人信息保护影响评估应当包括下列内容:个人信息的处理目的、处理方式等是否合法、正当、必要;对个人权益的影响及安全风险;所采取的保护措施是否合法、有效并与风险程度相适应,且个人信息保护影响评估报告和处理情况记录应当至少保存三年(第五十六条)。法律、行政法规对处理敏感个人信息规定应当取得相关行政许可或者作出其他限制的,从其规定(第三十二条)。欧盟 GDPR 要求数据处理者处理敏感信息时要采取合适的保障措施(appropriate safeguards)。虽然 GDPR 没有明确"合适的保障措施"是指什么,但是根据 GDPR 下的其他条款和规定,这里的"合适的保障措施"包括加密、最小化处理、保密义务等。② 第 29 条规定,可以引入信息安全管理系统,强调处理的严格相关性或引入其他特定保护措施。③ 数据保护影响评估也是需要的,当大规模处理个人敏感数据时,数据保护官必须被任命。就执行来看,违反 GDPR 第 9 条会遭到更高

---

① 王利明:《敏感个人信息保护的基本问题——以〈民法典〉和〈个人信息保护法〉的解释为背景》,载于《当代法学》2022 年第 1 期,第 11 页。

② Christopher Kuner, *The EU General Data Protection Regulation (GDPR): A Commentary*, Oxford University Press, 2020, p. 377.

③ Article 29 Working Party, *Advice Paper on Special Categories of Data*, 4 April 2011, available at https://ec.europa.eu/justice/article-29/documentation/other-document/.files/2011/2011_04_20_letter_artwp_mme_le_bail_directive_9546ec_annex1_en.pdf, p. 11.

程度的罚款[Article 83(5)(a)],即 2000 万欧元或其上一财政年度全球总营业额的 4%,以较高者为准。美国 CPRA 也采取了对敏感信息处理课以特殊义务的方式加强保护,例如特殊的披露、告知义务,以及消费者的选择退出权、限制处理权等。①

6.3 个人私密信息与个人敏感信息关系的既有理论

一方面,尽管对敏感信息的特别保护很普遍,但是我国《民法典》并没有采纳个人敏感信息的概念。另一方面,晚于《民法典》颁布的《个人信息保护法》仅规定了个人敏感信息,未对私密信息作出回应。怎样区分敏感信息与私密信息及两者的关系一时成为讨论的热点。关于个人敏感信息与个人私密信息之间的关系,有两种不同的观点:一种是不区分敏感信息和私密信息的"私密信息覆盖说",认为敏感信息能为私密信息所完全覆盖;另一种观点区分敏感信息和私密信息,认为两者在范围上呈现交叉重合的关系。

第一种观点是不区分敏感信息和私密信息,可以被概括为"私密信息覆盖说",即认为个人敏感信息在内容上能为隐私(私密信息)所完全覆盖。②张新宝教授认为,"敏感信息""私密信息""具有秘密性的私人信息"这三个不同的概念都是指代个人信息中比较特殊的部分,都涉及个人隐私,是信息主体不愿意为他人知晓的信息,尽管概念可能不统一,但实际上表达的意思都是一致的。③ 对于个人敏感信息的界定应考虑我国文化传统、社会普遍价值观、法律传统、风俗习惯等因素,应将个人敏感信息限缩为"个人敏感隐私信息"。④ 他进而提出"敏感隐私信息"的概念,用以指代关涉个人隐私核

---

① 2018 年 6 月 28 日签署的 CCPA 是一项旨在增强美国加利福尼亚州居民隐私权和消费者保护的州法规。在其基础上,2020 年 11 月 3 日加州选民投票通过了 CPRA,对 CCPA 的一些重要条款进行了修正,扩展了 CCPA 的范围并制定了新的执行机制。CCPA 和 CPRA 共同构建了加州隐私保护法的主要制度框架,两者均是对《加利福尼亚民法典》(*California Civil Code*)第 3 章第 4 部分进行的修改,因此下文加州隐私法(CCPA & CPRA)引用的条文均是《加利福尼亚民法典》(以下简称《加州民法典》)的相关条款(第 1798.100 条、1798.121 条)。
② 房绍坤,曹相见:《论个人信息人格权益的隐私本质》,载于《法制与社会发展》2019 年第 4 期,第 108 页;张里安,韩旭至:《大数据时代下个人信息权的私法属性》,载于《法学论坛》2016 年第 3 期,第 128 页。
③ 张新宝:《个人信息收集:告知同意原则适用的限制》,载于《比较法研究》2019 年第 6 期,第 9 页。
④ 张新宝:《从隐私权到个人信息——利益再衡量的理论与制度安排》,载于《中国法学》2015 年第 3 期,第 51 页。

心领域、具有高度私密性、对其公开或利用将会对个人造成重大影响的个人信息,如性生活、基因信息、遗传信息、医疗记录、财务信息等。[①] 同时,他认为我国个人信息保护法应当使用"个人敏感隐私信息"概念对个人信息进行类型化区分,该概念极具本土化色彩。[②]

有一些《民法典》相关释义书也将两种信息混同。虽然认为从法律适用的角度讲,较有意义的分类是以信息敏感程度为标准所进行的分类,但是最高人民法院版本的释义书还是认为敏感信息往往属于隐私的范畴,可以适用隐私权的保护方法。[③] 自然人的个人生物识别信息、病历资料、健康检查资料、犯罪记录、住址、私人活动等敏感信息受到侵害,可以依法主张侵权人承担侵害隐私权的侵权责任。[④] 法律上区分一般个人信息和敏感个人信息的意义在于,因为敏感个人信息直接和人格尊严相联系,对敏感个人信息的处理对自然人来说风险更大,一旦相关信息出现泄露会造成严重影响,损害个人社会形象,严重影响个人的人格发展,甚至损害自然人的基本权利和自由。相关敏感个人信息在西方历史上往往涉及系统的社会歧视,对这些敏感信息类型的选择,有着深刻的社会和历史原因。[⑤] 释义书进一步认为,在鉴别侵害个人信息所带来的损害时,除了要考虑个人信息是否为不愿意为他人知晓的私密信息,还要考虑是否为敏感信息。[⑥] 国外也有学者认为,"敏感个人信息关注的就是隐私问题"。[⑦]

另一种观点是"区分说",即从规范目的与规范意义的角度严格区分私密信息与敏感信息。刘德良、郭瑜、孔令杰等学者指出,敏感与否并不取决

[①] 张新宝:《从隐私权到个人信息——利益再衡量的理论与制度安排》,载于《中国法学》2015年第3期,第51页。

[②] 张新宝:《从隐私权到个人信息——利益再衡量的理论与制度安排》,载于《中国法学》2015年第3期,第51页。

[③] 最高人民法院民法典贯彻实施工作领导小组:《中华人民共和国民法典人格权编理解与适用》,北京:人民法院出版社,2020年,第365页;房绍坤,曹相见:《论个人信息人格权益的隐私本质》,载于《法制与社会发展》2019年第4期,第108页。

[④] 最高人民法院民法典贯彻实施工作领导小组:《中华人民共和国民法典人格权编理解与适用》,北京:人民法院出版社,2020年,第365页。

[⑤] 陈甦,谢鸿飞:《民法典评注·人格权编》,北京:中国法制出版社,2020年,第365页。

[⑥] 最高人民法院民法典贯彻实施工作领导小组:《中华人民共和国民法典人格权编理解与适用》,北京:人民法院出版社,2020年,第370-371页。

[⑦] B. Van Der Sloot, "Do Privacy and Data Protection Rules Apple to Legal Persons and Should They? A Proposal for a Two-tiered System", *Computer Law & Security Review*, 2015, vol. 31, p. 28.

于是否关涉隐私,即便隐私与敏感信息有重合之处,也不能将两者等同。①
"区分说"之下,一些学者主张"交叉重合说"。程啸教授认为在《民法典》和《个人信息保护法》分别规定"私密信息"和"敏感信息"的现实下,敏感信息是从规范个人信息处理行为的角度进行的重要分类,针对敏感信息提出了不同的处理规则要求;②而个人私密信息则是从民事权益保护的角度正确区分隐私权和个人信息权益的保护方法。前者主要用于判断是否存在侵害个人信息的行为,即个人信息处理行为的非法性判断阶段;后者用于确定行为非法性之后,认定非法个人信息处理行为侵害的民事权益对象类型。③在范围上,王利明教授也认为两者存在交叉,有些私密信息属于敏感信息,有些私密信息不属于敏感信息;有些敏感信息属于私密信息,有些敏感信息不属于私密信息。④ 私密信息主要从是否影响私人生活安宁角度认定,敏感信息则遵循更客观明确的标准,从非法处理可能产生的危害后果认定。⑤ 还有学者指出,私密信息与敏感信息在内涵和外延上的关系是并列但交叉的,存在两者重叠的"敏感私密信息"。⑥ 对于《民法典》与《个人信息保护法》分别规定"私密信息"和"敏感信息"的不同,有学者指出,域外立法的敏感个人信息所包含的范围非常广泛,其中很多不适合我国国情。⑦ 王洪亮教授也认为这是我国《民法典》没有采纳个人敏感信息的概念,而是使用"个人信息中的私密信息"的原因。⑧

---

① 参见刘德良:《个人信息保护与中国立法的选择》,载于陈海帆、赵国强:《个人资料的法律保护——放眼中国内地、香港、澳门及台湾》,北京:社会科学文献出版社,2014年,第27页;孔令杰:《个人资料隐私的法律保护》,武汉:武汉大学出版社,2009年,第203页;郭瑜:《个人数据保护法研究》,北京:北京大学出版社,2012年,第201页。
② 程啸:《论我国个人信息保护法中的个人信息处理规则》,载于《清华法学》2021年第3期,第69-71页。
③ 程啸:《论我国个人信息保护法中的个人信息处理规则》,载于《清华法学》2021年第3期,第69-71页。
④ 王利明:《敏感个人信息保护的基本问题——以〈民法典〉和〈个人信息保护法〉的解释为背景》,载于《当代法学》2022年第1期,第6-7页。
⑤ 程啸:《论我国个人信息保护法中的个人信息处理规则》,载于《清华法学》2021年第3期,第69-71页。
⑥ 朱晓峰、黎泓玥:《私密信息与敏感个人信息区分保护论》,载于《经贸法律评论》2023年第1期。
⑦ 周汉华:《中华人民共和国个人信息保护法(专家建议稿)及立法研究报告》,北京:法律出版社,2006年,第79页。
⑧ 王洪亮:《〈民法典〉与信息社会》,载于《政法论坛》2020年第4期,第7页。

6.4 "敏感信息覆盖说"下两者关系的三重视角

本书赞同个人私密信息和个人敏感信息是两种不同的信息类型的观点,但是认为应从保护法益、保护对象、保护规则三方面进一步细化两者的关系,从而切实区分两者,又在法律适用上做好衔接,这方为兼具理论价值和实践价值的可行思路。本书提出"敏感信息覆盖说",即认为所有的私密信息都是敏感信息,敏感信息进而可以分为敏感的私密信息和敏感的非私密信息两种类型,据此适用不同的保护规则。"敏感信息覆盖说"目前也得到了一些学者的认可。①

6.4.1 保护法益

从保护法益来看,个人私密信息高于个人敏感信息。法律在设立权利和利益时,总是要根据不同的价值需求来确定其界限,并依据不同的利益位阶确定其保护强度。所谓利益位阶,是指各种(民事)利益的顺位排列。② 就个体而言,在各项利益之中,最为重要的是生命、健康和人格尊严,它始终处于法律保护的核心。③ 人格尊严是法律体系的基石,决定了个人在社会生活中的价值。个人私密信息属于隐私,是人格尊严的核心领域,享有绝对的保护,任何对私密领域的侵害都被认为是对当事人人格尊严的侵害,应当予以排除。因而,个人私密信息位于个人信息最核心的领域,由此构建的私人领域是人类自由最不可侵犯的领域,所有侵入都应该被禁止。保护私密信息就是保护隐私权,隐私权被认为是"最为全面的权利也是文明人所最为重要的权利"。④ 个人敏感信息的"敏感性"以信息处理的权益侵害风险为法律基准,指信息的泄露或非法使用导致人格尊严和人身、财产安全受到风险的危害程度和兑换概率高于一般信息。⑤ 敏感信息中个人的人格尊严、人身权益、财产权益等更容易受到侵害,从被列举的敏感信息的常见类型来

---

① 比如申卫星教授认为,私密信息应落入敏感信息的范围,《个人信息保护法》关于敏感信息的规定将对私密信息的规范适用产生重要影响。参考申卫星:《数字权利体系再造:迈向隐私、信息与数据的差序格局》,载于《政法论坛》2022年第3期,第96页。
② 王利明:《民法上的利益位阶及其考量》,载于《法学家》2014年第1期,第79页。
③ 王利明:《民法上的利益位阶及其考量》,载于《法学家》2014年第1期,第81页。
④ Olmstead v. United States, 277 U.S. 438 (1928).
⑤ 宁园:《敏感个人信息的法律基准与范畴界定——以〈个人信息保护法〉第28条第1款为中心》,载于《比较法研究》2021年第5期。

看,包括种族或民族背景、政治观念、宗教或哲学信仰、基因数据、生物性识别数据、健康信息、个人性生活或性取向、金融信息等。从历史上看,这些信息的滥用往往造成大规模"差别化对待"的歧视后果。在域外,敏感信息的司法实践和损害后果也往往和歧视法相联系,进而对基本权利和自由造成重要影响,比如种族歧视等。[1] 通过比较可以看出,个人私密信息保护对人格尊严利益的保护更为直接、更为严重。"更为直接"体现在处理个人私密信息直接就影响了人格尊严利益,而处理敏感信息对人格尊严利益的风险不如私密信息直接,可能仅侵害其他人身权益、财产权益等。"更为严重"则体现为,个人私密信息本就是隐私,直接体现了隐私利益,是人格权的一种具体类型,具有很强的人身属性,享有绝对的保护;而个人敏感信息侵害的权益可能是人格尊严、人身权益、平等权益等,也可能是财产权益。如果侵害的是平等权益,则严重程度低于人格尊严属性更强的隐私利益。如果仅为财产权益损害,那么根据人身利益优先保护的原则,更难以和隐私利益相比较。

另外,根据确立利益位阶的规则,权利优先于权益。个人私密信息是隐私,是《民法典》明确规定的具体人格权的一种类型。而个人敏感信息属于个人信息,由于我国《民法典》没有明确使用"个人信息权",根据《民法典》的文义解释和体系解释,以及第四编第六章的标题"隐私权和个人信息保护",将个人信息定位为一种人格权益,而非一种具体人格权,更为妥当,其是属于《民法典》第九百九十条规定的自然人基于人身自由、人格尊严而产生的其他人格权益。两者价值位阶的差别也体现在立法中。我国对个人私密信息的保护体现在《民法典》对隐私权(具体人格权)保护的规定中,而敏感信息的特殊规则是个人信息保护体系中的一个部分。在欧盟,虽然没有私密信息的概念,但是对隐私信息所代表的隐私权的保护规定在《基本权利宪章》第 7 条中,而敏感信息的保护仅体现在数据保护法的相关规定中。

6.4.2 保护对象

从保护对象来看,个人私密信息小于个人敏感信息(结合本书第 4 章的研究,个人信息、敏感信息、私密信息的范围详见图 6-1)。第一,从个人信息的私密性和敏感性判断标准来看,私密性检验比敏感性检验更为严格。

---

[1] Christopher Kuner, *The EU General Data Protection Regulation* (GDPR): *A Commentary*, Oxford University Press, 2020, p. 369.

私密信息需要同时满足可识别性、隐秘性、私人性,本书构建的私密性检验模型表明,私密信息的判断需要结合主观和客观两个方面:主观方面主要考察信息的可获取性和私人性程度;客观方面包括对风险性和可识别性程度的权衡。而个人信息的敏感与否,主要是从该信息被非法处理可能产生的危害后果这一客观的角度来认定的,应遵循更客观、明确的标准,否则信息处理者将无所适从。① 从此看来,私密信息的标准是在客观的敏感性之上再叠加主观性要素,范围自然受到限缩。

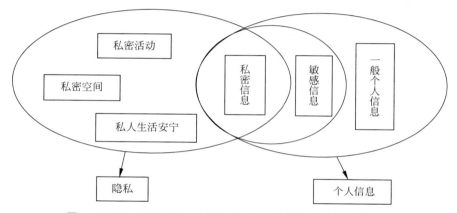

图 6-1 隐私、私密信息、敏感信息、个人信息规范对象上的关系

第二,敏感信息存在多重检验标准,可以囊括个人私密信息。敏感信息的"敏感"一词在法律语境中指法律规制的高反应程度,集中体现在对风险性的判断中。风险的内容有三种标准:隐私权受侵害标准、平等权受侵害标准(歧视标准)、人身和财产权受侵害标准。② 这三种标准的争议没有定论,本书认为敏感的判断应综合此三个标准。因此,在隐私权标准下,个人敏感信息就等同于私密信息,两者存在重合。而在歧视标准和人身、财产受侵害标准下,敏感信息的范围大于个人私密信息。而且因私密信息仅采用隐私权标准,全部的个人私密信息都属于敏感信息,即存在属于敏感信息而不属于私密信息的个人信息,比如面部识别信息、宗教信仰、民族或种族等。

---

① 程啸:《论我国个人信息保护法中的个人信息处理规则》,载于《清华法学》2021年第3期,第69-71页。
② 宁园:《敏感个人信息的法律基准与范畴界定——以〈个人信息保护法〉第28条第1款为中心》,载于《比较法研究》2021年第5期;田野,张晨辉:《论敏感个人信息的法律保护》,载于《河南社会科学》2019年第4期,第45-46页。

但是并不存在属于个人私密信息而不属于敏感信息的个人信息,因为私密信息的隐秘性和私人性背后的关键原因在于被他人知晓后带来的不利影响,这点也属于敏感信息规范的对象。程啸教授认为有些个人信息虽然是私密信息,却并不是个人敏感信息,如个人的嗜好、被他人性骚扰的个人信息。本书对此并不认同,因为个人嗜好和被他人性骚扰的信息属于一旦滥用和非法使用,很容易导致自然人的人格尊严受到侵害或者人身、财产安全受到危害的个人信息类型,因而也属于敏感信息。同时,程啸教授还指出,敏感信息与非敏感信息的区分属于判断个人信息处理行为非法性的阶段;确认个人信息究竟是私密信息还是非私密信息,主要是在确定行为非法性之后,需要认定非法的个人信息处理行为即侵害行为所侵害的民事权益的类型究竟是什么。① 本书认为该逻辑也间接承认了,在保护对象上,敏感信息的范围大于私密信息,私密信息作用的发挥比敏感信息作用更进一步,进而也可以支持本书所持的"敏感信息覆盖说"。

另外,根据我国《个人信息保护法》第二十八条的规定,未满 14 周岁的未成年人的个人信息是敏感信息,这被认为是敏感信息标准之"未成年人标准"。② 也就是说,不满 14 周岁的未成年人的所有个人信息均是敏感个人信息,比较法上一般没有将此类信息纳入敏感信息的立法例,这点被视为我国立法强化对未成年人保护的一大亮点。在本条的规定下,未成年人的姓名、性别等普通信息可能并非属于泄露就会导致人格尊严受到侵害或人身、财产安全受到危害的敏感信息,但是由于《个人信息保护法》的明确规定,未成年人的这类个人信息也是敏感信息。事实上,通过一般常识很容易判断的是,未成年人的姓名、性别等普通信息肯定不是私密信息,因而再次有利反驳了"私密信息覆盖说"。王利明教授也明确表示赞同敏感信息与私密信息的"交叉重合说",且将敏感个人信息分为敏感的私密信息和敏感的非私密信息两种类型。③ 这在一定程度上也支持了本书的"敏感信息覆盖说"。

---

① 程啸:《论我国个人信息保护法中的个人信息处理规则》,载于《清华法学》2021 年第 3 期,第 69-71 页。
② 王利明:《敏感个人信息保护的基本问题——以〈民法典〉和〈个人信息保护法〉的解释为背景》,载于《当代法学》2022 年第 1 期,第 9 页。
③ 王利明:《敏感个人信息保护的基本问题——以〈民法典〉和〈个人信息保护法〉的解释为背景》,载于《当代法学》2022 年第 1 期,第 7-8 页。

6.4.3 保护规则

在"敏感信息覆盖说"下,所有的私密信息都是敏感信息,敏感信息进而可以分为敏感的私密信息和敏感的非私密信息两种类型,据此适用不同的保护规则。具体在保护规则上,敏感的私密信息在隐私权保护规则、敏感信息保护规则、个人信息保护规则的适用上存在竞合,从加强对私密信息保护出发,应选择三者中更强保护程度的规则。本书进一步概括了三个层次:第一,敏感信息保护的同意规则适用于个人私密信息;第二,个人敏感信息的例外规则并不能直接适用于个人私密信息;第三,隐私权的特别规则不适用于敏感信息的保护。

6.4.3.1 敏感信息保护的同意规则适用于私密信息

因私密信息都属于敏感信息,所以《个人信息保护法》中对敏感信息的特别保护规则,尤其是同意规则,都可以适用于私密信息。世界各国对特殊类型个人信息保护的手段主要体现为原则上禁止处理、处理的例外情形(包括更为严格的同意规则、必要性证明等)、合理的保障措施予以补充。较之一般个人信息以使用为原则的规范逻辑,敏感信息是以禁止为逻辑,在具有特定的目的和充分必要性并采取严格保护措施的情形下,才可以处理敏感信息。例外处理的典型情形是征得信息主体同意,这种同意比一般信息的同意更为严格。我国规定了"单独同意"和"书面同意";GDPR规定"明确同意",即要求信息处理者对处理行为发出独立单独的请求,并征得信息主体明确肯定的答复,而不能是默认的、与其他交易行为一起发出的答复。我国当前个人信息保护制度中,欠缺对个人私密信息保护的特殊规则,仅体现为《民法典》第一千零三十四条第三款"优先适用隐私权"的二阶梯规范。但是对敏感信息的保护则具有成熟的规范体系,规范层级包括法律法规、规范性文件、行业准则等,规范内容既有原则性的规则(《个人信息保护法》第二章第二节),也有各行业和领域的特别规定。在此背景下,敏感信息保护规则可以作为私密信息保护的一道屏障,有利于为个人私密信息的保护提供具体化规则。同时,根据仅有的《民法典》第一千零三十四条第三款,隐私权与个人信息保护的差别主要体现在两点:同意规则和免责情形。就同意规则而言,处理私密信息需要"明确同意",此处的"明确"有三点需要注意:此同意的意思表示具体、明确,没有歧义;此同意的意思表示应是真实自愿的,不存在欺诈胁迫、乘人之危的情形;包括了对方当事人的告知义务,且该告知也要明确具体。① 敏感信息要求"单独同意",与"明确同意"并不矛盾,"单独同意"可以成为确保同意明确性的重要手段。

6.4.3.2 个人敏感信息的例外规则并不能直接适用于个人私密信息

隐私权以禁止为原则,仅在"法律另有规定或权利人明确同意"这两种情形下可以免责。而个人信息以使用为原则,法律规定了七种处理个人信息的合法性基础(《个人信息保护法》第十三条),包括个人同意、订立履行合同所必需、履行法定义务所必需等。我国法律规定敏感信息处理的例外是"在具有特定的目的和充分必要性并采取严格保护措施的情形",该条款以"特定的目的""充分必要性""严格保护措施"为处理个人敏感信息的前提,为审查个人敏感信息处理行为的合法性提供了具体指引。"特定的目的"指具体确定的目的,与处理一般个人信息的"必要原则"相比,敏感信息的处理强调"充分必要性""严格保护措施",包括事前进行个人信息保护影响评估、制定相应内部管理制度和操作规程,以及对个人敏感信息作去标识化、匿名化处理等。相比于《民法典》第一千零三十三条对私密信息处理的例外——"权利人明确同意和法律另有规定",敏感信息的例外情形仍比私密信息处理的合法性基础更为宽泛和不特定。类似地,GDPR 规定敏感信息处理的例外情形包括数据主体明确同意、履行责任或特定权利所必要、已经明显公开行使或辩护法律性主张所必要等 10 种[GDPR Article 9(2)]。而对隐私权保护的例外条件仅为《欧盟基本权利宪章》第 52 条"依法"且"民主社会所必要"。可见隐私权保护的例外比敏感信息例外的情形更少,因而,敏感信息的例外不能直接适用于个人私密信息。

6.4.3.3 隐私权保护规则不适用于敏感信息保护

因个人私密信息属于隐私,在判断上增加了"隐私利益"要素的考量,因而在适用上比敏感信息有更多的要求,比敏感信息的适用条件更为严格,将隐私权保护的规则完全套用在敏感信息上将与敏感信息的保护不协调。以人格权禁令制度为例,《民法典》设置了人格权请求权,除停止侵害、排除妨碍、消除危险等责任承担方式外,还有诉前禁令、更正删除权等非责任形式,

---

① 最高人民法院民法典贯彻实施工作领导小组:《中华人民共和国民法典人格权编理解与适用》,北京:人民法院出版社,2020 年,第 365 页。

这些都是人格权请求权效力的体现,可满足人格权事前预防保护之需。[①]《民法典》第九百九十七条规定,如果他人能够证明"行为人正在实施或者即将实施侵害其人格权的违法行为",则在一定的条件下,他人就能够主张停止侵害请求权。[②] 对人格权领域的停止侵害请求权作出一般性的规定,目的在于通过这一侵权请求权事先预防损害并阻止损害持续扩大。人格权禁令是人格权的自我防卫功能的外化,其正当性则来自人格权自我保护的必要性,以恢复权利主体对人身自由、人格尊严的自我控制为目的。[③] 个人私密信息属于隐私,是人格权编明确列举的具体人格权之一,适用该制度具有当然性。但是,敏感信息保护本质上属于个人信息制度,是否使用人格权编的有关规定存在争议。

我国《民法典》人格权编调整因人格权的享有和保护所产生的民事关系,第九百九十条对具体人格权作出例示性的"列举",并对基于人身自由、人格尊严的一般人格权益作出"兜底"规定,确立了具体人格权和一般人格权的区分理论。[④]《民法典》并没有明确人格权和人格权益的区别,也没有对具体人格权和一般人格权益作出界定,而是将两者都规定于人格权编之下。问题在于,对于个人信息这类尚未上升为有名"权利"的民事权益,是否也能够使用人格权编的一般性人格权保护规则。一种观点认为,《民法典》第九百九十条第一款列举了人格权的具体类型,第二款规定了人格权益的一般条款,因此人格权编第一章关于人格权的一般规定中所出现的"人格权"包括具体列举的人格权,也包括基于人身自由、人格尊严产生的其他人格权益。[⑤] 在侵权行为的后果还没有出现时,赋予被侵权人一定的请求权以发挥预防性的功能,防止损害后果的扩大,维护被侵权人的合法权益,能够更加及时、充分地发挥法律的功能,获得更好的社会和法律效果。[⑥] 王利明教授也认为,无论是人格权还是人格权益,除了法律明确规定不宜适用某种权益的规则之外(比如《民法典》第九百九十三条关于许可使用并没有明

[①] 张红:《民法典(人格权编)一般规定的体系构建》,载于《武汉大学学报(哲学社会科学版)》2020年第5期,第163页。
[②] 陈甦,谢鸿飞:《民法典评注·人格权编》,北京:中国法制出版社,2020年,第58页。
[③] 吴英姿:《人格权禁令程序研究》,载于《法律科学(西北政法大学学报)》2021年第2期,第136页。
[④] 陈甦,谢鸿飞:《民法典评注·人格权编》,北京:中国法制出版社,2020年,第6页。
[⑤] 黄薇:《中华人民共和国民法典人格权编解读》,北京:中国法制出版社,2020年,第18页。
[⑥] 黄薇:《中华人民共和国民法典侵权责任编解读》,北京:中国法制出版社,2020年,第18页。

确规定隐私),应当统一适用人格权编中的一般性保护规则。① 另一种观点则认为,不应直接将人格权禁令适用于那些保护强度较弱的人格利益(比如个人信息权益、死者的人格权益),因为从文义解释出发,"人格权"不等于"人格权益",且如果将人格权禁令的适用范围扩大到个人信息、死者的人格权益等其他人格权益,会混淆人格权与受保护的人格权益,过分强化人格利益的法律保护强度,可能对人们的行为自由构成不当限制。② 因而在人格权禁令制度的适用上,敏感信息是否适用存在争议且无定论,还需进一步论证。本书倾向于相对保守的态度,不赞同人格权禁令等人格权下的制度直接适用于个人敏感信息。

再比如,在是否需要损害证明的要求上,隐私权侵权的认定不需要证明损害,适用"风险即损害"规则,但是"风险即损害"不能扩张适用于敏感信息。数字时代,非物质性损害成为个人信息侵权中最为重要的损害形式,其不确定性特征与传统损害存在矛盾。风险社会的发展引发现代损害观念的变革,承认"风险即损害"符合信息风险分配理论。谢鸿飞教授因而提出应修正传统侵权损害观点,重视救济和安全作为现代侵权法的作用,强调权益侵害即构成损害,降低对损害确定性的要求,承认损害的观念化与抽象化和"风险即损害"理论。③ 这一理论可以适用于隐私权侵权,即非经授权处理个人私密信息行为本身,在无须证明损害的情形下,即可根据"风险即损害"获得赔偿,即只要权利人没有明确同意并且没有法律的例外规定,即可认定处理私密信息行为的非法性。④ 但是"风险即损害"不能当然地扩大到适用于个人敏感信息。敏感信息的保护源于个人信息保护制度。表面上看,私密信息适用"风险即损害",和其他个人信息相比只是证明责任的区别;然而从深层次上看,其中折射了隐私权和个人信息保护制度的不同。在进行敏感信息和非敏感信息处理行为的非法性判断时,应当用《个人信息保护法》中处理敏感信息的规范来确定处理者的义务,并据此判断信息处理行为

---

① 王利明:《和而不同:隐私权与个人信息的规则界分和适用》,载于《法学评论》2021年第2期,第21页。
② 程啸:《论我国民法典中的人格权禁令制度》,载于《比较法研究》2021年第3期。
③ 谢鸿飞:《个人信息泄露侵权责任构成中的"损害"——兼论风险社会中损害的观念化》,载于《国家检察官学院学报》2021年第5期,第35页。
④ 程啸:《论我国个人信息保护法中的个人信息处理规则》,载于《清华法学》2021年第3期,第69-71页。

是否非法。①

6.5 本章小结

　　敏感信息与一般信息的区分是最为常见的个人信息分类方法,且具有很高的参考价值。相比于非敏感信息,敏感信息的泄露和非法使用更容易对相关权益产生侵害,国内外的立法均对个人敏感信息作出了特别规定。研究个人敏感信息与个人私密信息的关系,借鉴敏感信息的已有研究成果和实践,对于理解个人私密信息具有重要价值。我国《个人信息保护法》规定个人敏感信息采用客观权益侵害风险标准,风险内容指向除个人信息权益之外的人身、财产权利和以人格尊严为价值基础的其他人格权益,并不局限于隐私权和所谓的"重大权利"。其风险可以从"不希望的结果"和"处理活动本身有风险"两种角度予以评估,"对个人权益侵害高风险"的判断包括"发生概率高"和"侵害程度高"两个方面。世界各国对特殊类型个人信息保护的手段主要体现为以禁止处理为原则、严格限定的例外情形、信息处理者责任的加重三个方面。本书在对私密信息与敏感信息关系的讨论上提出"敏感信息覆盖说",即所有的私密信息都是敏感信息,敏感信息进而可以区分为敏感的私密信息和敏感的非私密信息两种类型,据此适用不同的保护规则。从保护法益来看,个人私密信息高于个人敏感信息;从保护对象来看,个人私密信息小于个人敏感信息;从保护规则来看,敏感的私密信息可以适用隐私权保护规则、敏感信息保护规则、个人信息保护规则,且根据《民法典》第一千零三十四条第三款,优先适用隐私权规则。而敏感的非私密信息的保护仅适用敏感个人信息保护规则。如此理解两者的关系,既承认了两者规范目的、保护法益等基本问题的区别,也有利于在个人私密信息保护规则欠缺的当下,实现对个人私密信息的具体保护,是兼具理论价值和实践价值的可行思路。

---

　　① 程啸:《论我国个人信息保护法中的个人信息处理规则》,载于《清华法学》2021年第3期,第69-71页。

第 7 章　权利客体：隐私权和个人信息权益及其构造

7.1　个人私密信息之上权利客体的双重结构

民事法律关系的客体，是与民事法律关系的主体相对应的概念。依据权利本质的通说，权利由特定利益与法律上之力两要素构成，本质上是受法律保护的特定利益。① 此特定利益为本体，即权利的客体。② 人格权的客体是人格利益，私密信息是隐私权和个人信息权益在保护对象上的重叠部分，个人私密信息权利保护的客体同时包括了隐私权和个人信息权益。

7.1.1　个人私密信息之上的隐私权和个人信息权益

从《民法总则》到《民法典》，我国确立了隐私权与个人信息权益区分保护的模式，并通过私密信息的提出建构两者交叠的关系。虽然隐私和个人信息都属于人格权保护的对象，但是从《民法典》人格权编第六章的标题"隐私权和个人信息保护"可以看出，立法者对两者进行了不同的法益位阶排序。《民法典》人格权编共六章，立法者将具有相似性的人身权利合为一章，比如姓名权和名称权、名誉权和荣誉权等。《民法典》第九百九十条列明隐私权与生命权、身体权、健康权等并列，是一项具体人格权。隐私权与个人信息权益在我国法律上的规定虽有不同，但是两者存在关联，个人私密信息兼具隐私与个人信息的双重属性，是两种制度之间的桥梁。法律将个人信息区分为私密信息与非私密信息，私密信息是隐私权和个人信息权益在保护对象上的重叠部分，但是由于隐私权与个人信息权益是位于权利和权益两个不同位阶的人格利益，因而个人私密信息也可以视为隐私权投射到个

---

① 梁慧星：《民法总论（第五版）》，北京：法律出版社，2017 年，第 60 页。
② 梁慧星：《民法总论（第五版）》，北京：法律出版社，2017 年，第 60 页。

人信息的部分。① 因此私密信息比一般个人信息享有更高的位阶，保护的客体同时包括了隐私利益和防范因信息不合理使用所可能带来的危险利益。

7.1.2 隐私权：一种具体人格权

隐私权是一个现代性的概念，随着个人意识日益从传统的家族、团体中解放出来，合理划分公共领域与私人生活，保障私生活自由成为隐私权的底蕴。② 隐私并不是具体的事物，而是一种抽象的存在，隐私权保护当事人独处的生活状态，为这种生活状态画出界限。③《民法典》第一千零三十二条表明，隐私权制度保护不愿为他人知晓的私密利益和保障个人安定宁静、不受干扰的生活状态和精神安宁。隐私中蕴含的自我决定的自由被誉为个体完整性的基础。④ 隐私权的价值理念在于维护人格尊严、个人主体性之维护及人格发展自由。⑤ 隐私权是从排除侵入私生活或公开私事的"个人不受干预的权利"发展而来的，是个人人格意义上的生存所不可或缺的基本权利。⑥ 将隐私利益上升为一种人格权利并与法律相联系源于1890年美国学者 Warren 和 Brandeis 的《论隐私权》一文，文中将隐私权视为个人生活不受干扰、保持独处的权利，这种权利是不受侵犯的人格权。⑦ 一百多年来，传统隐私权不断发展，由保护静态的保密、安宁、排除外界干扰，趋向于动态权能的发挥，隐私权所保护的法益也不断扩大，逐渐演化为私生活的自由权、对私生活领域的自我控制权、保护个人从公共生活和公众视线中退出的自由、对私生活领域事务的自我决定的自由等。

《民法典》第九百九十条列明隐私权与生命权、身体权、健康权等并列，是一项具体人格权。人格权编第六章"隐私权和个人信息保护"中强调："自然人享有隐私权。任何组织或者个人不得以刺探、侵扰、泄露、公开等方式

---

① 申卫星：《数字权利体系再造：迈向隐私、信息与数据的差序格局》，载于《政法论坛》2022年第3期。
② 马特：《隐私权研究——以体系构建为中心》，北京：中国人民大学出版社，2014年，第3页。
③ 谢远扬：《个人信息的私法保护》，北京：中国法制出版社，2016年，第24页。
④ Charles Fried, "Privacy", *Yale Law Journal*, 1968, vol. 77, p. 475, p. 477.
⑤ 王泽鉴：《人格权法：法释义学、比较法、案例研究》，北京：北京大学出版社，2012年，208页。
⑥ [日]芦部信喜著，高桥和之增订，林来梵、凌维慈、龙绚丽译：《宪法（第三版）》，北京：北京大学出版社，2006年，109页。
⑦ Samuel D. Warren and Louis D. Brandeis, "The Right to Privacy", *Harvard Law Review*, 1890, vol. 4, p. 193.

侵害他人的隐私权。"结合隐私的定义,我们认为隐私权是自然人对私密信息、私密事务及私人生活安宁自主决定和控制的一种人格权。隐私权的权利客体包括隐私享有权益、隐私维护权益、隐私利用权益、隐私公开权益等。① 隐私权作为一种重要的人格权,被广泛地意指那些与个人人格意义上的生存密切相关的重要私人事项,是可由个人自律地加以决定的自由。② 隐私权旨在维护人性尊严与尊重人格自由发展,是一种人格利益而为人格权在私人领域的具体化。③

隐私权的本质是对自己的私生活依照自己意志的支配。④ 美国学者 Alan Westin 在专著《隐私与自由》(*Privacy and Freedom*)中将隐私的功能概括为四点:个人自治(personal autonomy)、情绪释放(emotional release)、自我评估(self-evaluation)、限制和保护交流(limited and protected communication)。⑤ Neil Richards 在最新论著中总结了隐私的三个重要性:身份(indentity)、自由(freedom)和保护(protection)。他强调,隐私能帮助我们认清自己是谁,隐私保障民主自由,隐私为我们提供保护对抗信息社会中权力的不对称。⑥ 隐私强调权利人的主观感受,突出不为他人知晓的私密利益和生活安宁利益,隐私保护主要在于防范他人干预私生活领域。《民法典》第一千零三十三条规定,对隐私权侵害的行为包括刺探、侵扰、泄露、公开等,除权利人明确同意和法律另有规定外,任何组织或个人不得实施这些行为。今后对隐私权的规范,仍应将其定位为一种相对消极且防御性的权利,突出对权利人生活安宁状况的保护,注重通过事后手段对权利人的救济,当隐私权受到侵害时,权利人可以请求行为人承担民事责任。

7.1.3 个人信息权益:一种受法律保护的人格利益

个人信息权益作为一种民事权益,关于其保护客体存在多种理论,其中有四种代表性的观点。其一,个人信息权保护的客体是与特定个人相关联

---

① 王利明:《人格权重大疑难问题研究》,北京:法律出版社,2019 年,第 603-605 页。
② [日]芦部信喜著,高桥和之增订,林来梵、凌维慈、龙绚丽译:《宪法(第三版)》,北京:北京大学出版社,2006 年,第 107 页。
③ 王泽鉴:《人格权法:法释义学、比较法、案例研究》,北京:北京大学出版社,2012 年,第 207 页。
④ 王利明:《中国民法典学者建议稿及立法理由·人格权编、婚姻家庭编、继承编》,北京:法律出版社,2005 年,第 147 页。
⑤ Alan Westin, *Privacy and Freedom*, New York Press, 1967, pp. 40-44.
⑥ Neil Richards, *Why Privacy Matters*, Oxford University Press, 2021.

的、反映个体特征的、具有可识别性的符号系统;①个人信息本身就是民事权利客体,因为个人信息保护的规定出现在《民法典》总则编"民事权利"章中。② 其二,《个人信息保护法》保护的客体和规范对象是信息处理行为,同时个人信息处理应限缩在以识别分析为核心的处理行为上。③ 其三,《个人信息保护法》保护的是个人信息自决权,自决权事实上是一种行为自由,是信息主体自由决定自己的个人信息的权利。④ 其四,《个人信息保护法》旨在保护多重利益,包括:隐私利益与信息自决利益;⑤知悉个人信息被处理的利益、个人信息正确和完整的利益、个人信息处理须符合特定目的的利益、隐私利益;⑥"控制个人信息传播"的利益;等等。⑦

结合数字时代个人信息的特征,本书赞同个人信息权益保护的客体是防范因个人信息不合理使用而使得其他人身或财产权益受到侵害的危险的观点。⑧ 随着信息技术的发展,社会的信息化过程深刻改变了人们的生活方式和交往方式,具有可识别性的个人信息,成为正常社会活动和社会交往的基础,处理个人信息行为因而成为信息社会不可避免的重要环节。同时,信息处理者在信息收集、传播、分析使用等能力上的完全优势、个人信息脱离信息主体的使用现实,急剧增加了信息主体权益被伤害的风险。个人信息保护制度的规范目的是通过控制和引导信息合理使用的权利,使得个人免受信息过度处理和过度使用带来的(可能)侵害。信息处理行为需要得到正当化的理由,处理个人信息的权利应当受到法律法规的限制,从而防范因

---

① 杨立新:《个人信息:法益抑或民事权利——对〈民法总则〉第111条规定的"个人信息"之解读》,载于《法学论坛》2018年第1期,第41页。
② 程啸:《论我国民法典中个人信息权益的性质》,载于《政治与法律》2020年第8期,第3-4页。
③ 高富平:《个人信息处理:我国个人信息保护法的规范对象》,载于《法商研究》2021年第2期;周汉华:《个人信息保护法专家建议稿及立法研究报告》,北京:法律出版社,2006年,第29页;王苑:《个人信息保护在民法中的表达——兼论民法与个人信息保护法之关系》,载于《华东政法大学学报》2021年第2期,第71页。
④ 王利明:《论个人信息权的法律保护——以个人信息权与隐私权的界分为中心》,载于《现代法学》2013年第4期,第70页;邱文聪:《从资讯自决与资讯隐私的概念区分——评"电脑处理个人资料保护法修正草案"的结构性问题》,载于《月旦法学杂志》2009年第5期,第177页。
⑤ 商希雪:《个人信息隐私利益与自决利益的权利实现路径》,载于《法律科学》2020年第3期。
⑥ 杨芳:《个人信息保护法保护客体之辨》,载于《比较法研究》2017年第5期,第81页。
⑦ 于柏华:《处理个人信息行为的合法性判准——从〈民法典〉第111条的规范目的出发》,载于《华东政法大学学报》2020年第3期,第81页。
⑧ 杨芳:《个人信息自决权理论及其检讨——兼论个人信息保护法之保护客体》,载于《比较法研究》2015年第6期,第32页。

个人信息不当处理而造成的个人权利受到侵害的风险。①

具体而言,防范个人信息处理与利用活动可能产生的侵害风险有四点理由:

第一,个人信息制度防范的风险不限于个人层面,更体现为社会层面的广泛利益群体,这不是个人信息本身所能涵盖的。数字时代个人信息的滥用和不合理使用引发的问题,被认为是类似于环境污染的"数据污染"(data pollution),这种侵害后果往往超越个人,带来社会大规模的侵害危险。比如Facebook在选举中发布带有政治倾向的广告、因算法黑箱而带来的就业歧视等现象,凸显的都是对社会某个群体或不特定个人的整体利益的影响和破坏。② 仅将个人信息权益的客体限定于个人信息本身的观点,不能解释更广意义上的个人信息制度应保护的利益。

第二,将个人信息制度保护的权益界定为防范可能产生的风险,可以同时包括个人信息制度下"本权权益"和"保护本权权益的权利"的构造。③ 张新宝教授指出,个人信息权益在构造方面存在特殊,包括"本权权益"和保护"本权权益"的权利构成两个方面,前者承载着人格尊严、人身财产安全、通信自由和通信秘密等多重利益,后者包括作为支配性权利的同意和作为救济性权利的删除、查阅、复制等。④ 作为个人信息保护制度的基础和关键,个人信息权益的性质内涵将决定个人信息处理行为被保护的程度和范围,规制个人信息处理的风险能有效涵盖个人信息保护的全面举措和价值取向,符合中国既有的个人信息保护的法律体系。

第三,个人信息制度旨在防范个人权益因信息处理行为而受到侵害的风险,是一种前置性的保护规范。这一观点已成为德国关于个人信息保护法性质的通说。⑤ 就像违反交通规则并不必然导致生命、身体、健康或财产损害一样,不能认为违反了个人信息保护规则就必然侵犯一般人格权,个人信息保护法规范的是一种权利受到侵害的危险,个人信息保护规则是一般人格权(比如生命权、健康权等)的前置性保护规范。滥用个人信息行为产

---

① 彭诚信:《论个人信息的双重法律属性》,载于《清华法学》2021年第6期,第84页。
② Omri Ben-Shahar, "Data Pollution", *Journal of Legal Analysis*, 2019, vol. 11, pp. 110-115.
③ 张新宝:《论个人信息权益的构造》,载于《中外法学》2021年第5期,第1144页。
④ 张新宝:《论个人信息权益的构造》,载于《中外法学》2021年第5期。
⑤ Vgl. Gola/Schomerus (Fn. 48),§ 1, Rn. 3. 转引自杨芳:《个人信息自决权理论及其检讨——兼论个人信息保护法之保护客体》,载于《比较法研究》2015年第6期,第32页。

生的侵害不是针对个人信息权益本身,不直接等同于个人信息权益受损,而是针对因个人信息被滥用而可能产生的抽象危险,这一危险可能现实化为包括生命、身体、隐私、名誉、财产等权益在内的受损,遵守个人信息保护规则有助于避免这种危险。[1]

第四,我国《民法典》和《个人信息保护法》没有明确将个人信息定位为一种民事权利,这为将个人信息权益性质解释为防范因信息的不合理使用而引发的风险提供了空间。另外,随着信息技术的不断发展,这种风险的内容日益丰富且不断发展。当前学界的讨论中出现了正确知悉利益、控制信息传播利益等多种学说,正是个人信息权益不断被丰富和发展的体现。将个人信息权益的性质定义为防范可能引发的风险,能够适应数字时代当下和未来的新挑战,为今后信息技术发展所引发的新问题留有余地。

7.2 《民法典》第一千零三十四条的法律适用

理论上,个人私密信息因具有了隐私属性而获得更严格的保护,因此我国《民法典》第一千零三十四条第三款规定"隐私权优先的二阶梯适用"模式。但是实际上,最新通过的《个人信息保护法》不再规定"私密信息",且《民法典》中关于个人信息的规定在《个人信息保护法》中均有体现,个人信息保护体系随着《个人信息保护法》的出台日趋成熟和健全,"优先适用隐私权"的法律适用和实践价值值得探讨。

7.2.1 隐私权规则优先的理论依据

私密信息保护规则的立法过程,经历了从"同时适用"到"首先适用"的变化。最早在《民法典各分编(草案)》中没有出现关于个人私密信息特别保护的规定,比如《民法典人格权编(草案)(民法室室内稿)》(2017年11月)、《民法典各分编(草案)》(2018年9月)、《人格权编(草案二次审议稿)》(2019年4月)和《人格权编(草案三次审议稿)》(2019年9月),直到2019年12月的《民法典(草案)》才第一次在第一千零三十四条下新增了第三款。[2] 最初,第三款仅规定保护"个人信息中的私密信息,同时适用隐私权

---

[1] 杨芳:《个人信息自决权理论及其检讨——兼论个人信息保护法之保护客体》,载于《比较法研究》2015年第6期,第32页。

[2] 参见石冠彬:《中华人民共和国民法典立法演进与新旧法对照》,北京:法律出版社,2020年,第386页。

保护的有关规定"。但是最终《民法典（草案）》提交审议时，修改为"个人信息中的私密信息，适用有关隐私权的规定；没有规定的，适用有关个人信息保护的规定"，强调隐私权规则适用于私密信息保护上的优先性。

对于隐私权优先性的理由，存在不同的理解。第一种观点认为，法律对隐私权的保护程度要高于个人信息，所以私密信息优先适用隐私权的保护。① 私密信息是个人信息与隐私保护的重合之处，隐私权中的私密信息与信息主体的人格尊严联系更为紧密，所以《民法典》对隐私权的保护程度更高一些，对私密信息的处理要求自然也更高一些。② 第二种观点认为，"二阶梯"模式强调首先适用隐私权规则，是因为隐私权被视为特别法，而个人信息规则是普通法，仅具有补充适用的地位。③ 石佳友教授进一步指出，我国关于隐私权和个人信息保护这种特别—普通关系的规定与比较法上是不同的。从比较法上的经验看，个人信息是从隐私权的框架内发展起来的，它被视为隐私权的一个维度，是隐私权在信息化时代的应用和逻辑延伸，因此个人信息规则属于特别法，具有直接针对性，因而应当得到优先适用；隐私权制度属于普通法，处于补充性渊源的地位。④ 第三种观点认为，优先适用隐私保护主要基于两个原因：权利不得减损原则和人格尊严高于私法自治。⑤ 王利明教授认为，前者指隐私权是一种人格权，个人信息是一种人格权益，对权利的保护应该高于权益；而权利不得减损，则是指法律不应当减损一般主体对于权利的保护要求，这样才能实现对权利主体的完全保护。"人格尊严高于司法自治"强调隐私体现的是一种人格尊严，但是个人信息体现的是个人对自己信息的自决权，彰显的是私法自治，从法律保护的价值导向来看，人格尊严的保护要高于私法自治。⑥ 当然，还存在另一种观点，

---

① 黄薇：《中华人民共和国民法典人格权编解读》，北京：中国法制出版社，2020年，第211页；申卫星：《数字权利体系再造：迈向隐私、信息与数据的差序格局》，载于《政法论坛》2022年第3期，第99-100页。
② 黄薇：《中华人民共和国民法典人格权编解读》，北京：中国法制出版社，2020年，第212页。
③ 石佳友：《隐私权与个人信息关系的再思考——兼论私密信息的法律适用》，载于《上海政法学院学报（法治论丛）》2021年第4期，第17页。
④ 石佳友：《隐私权与个人信息关系的再思考——兼论私密信息的法律适用》，载于《上海政法学院学报（法治论丛）》2021年第4期，第17页。
⑤ 王利明：《和而不同：隐私权与个人信息的规则界分和适用》，载于《法学评论》2021年第2期，第19页。
⑥ 王利明：《和而不同：隐私权与个人信息的规则界分和适用》，载于《法学评论》2021年第2期，第19页。

认为从我国的法律规范体系,尤其是结合《个人信息保护法》的规定来看,无法得出《民法典》《个人信息保护法》等我国现行法对隐私权的保护要强于对个人信息权益保护的结论。①

从理论上讲,本书认同第一种观点,即隐私权因与人格尊严的联系更为紧密而获得更高程度的、更为严格的法律保护。隐私并不是具体的事物,而是一种抽象的存在,其目的在于保护当事人独处的生活状态,为这种生活状态划出界限。② 隐私权被认为是人类文明中最有价值的权利(the right most valued by civilized men)③,其蕴含的自我决定的自由被誉为个体完整性的基础。④ 隐私权是从作为排除侵入私生活或公开私事的"个人不受干预的权利"发展而来的,是个人人格意义上的生存所不可或缺的基本权利。⑤ 我国语境下的私密信息,是隐私的一个重要方面,虽然对个人信息的保护也是通过约束信息处理行为进行的,但是两者的目的不同。隐私权之下对收集使用个人信息进行必要制衡的原因是,其处理行为能分析产出与人格密切相关的形象,进而会对人格内在形成的空间造成影响。⑥ 相比之下,个人信息保护制度确保个人对其个人信息进行有效控制,其制度设计的目的是防止个人信息在他人合理利用之外被非法泄露和滥用。⑦《个人信息保护法》防范的是一种因个人信息被滥用而可能产生的抽象的危险,这一危险可能现实化为隐私受侵害、名誉受损或者财产受损,遵守个人信息保护规则有助于避免这种危险。⑧ 个人信息的自我决定权是个人信息保护的主要手段,这样的自决权事实上是一种行为自由,用以对抗个人处分使用其个人信息之行为自由的外在妨碍。概括而言,即个人信息制度保障个人外在行动的自由,而信息隐私则维护个人人格内在形成的单行空间,信息自决与

---

① 程啸:《论个人信息权益与隐私权的关系》,载于《当代法学》2022 年第 4 期,第 63 页。
② 谢远扬:《个人信息的私法保护》,北京:中国法制出版社,2016 年,第 24 页。
③ Olmstead v. United States, 277 U. S. 438, 478 (1928) (Brandeis. J. dissenting). See also Daniel Solove, *Understanding privacy*, Cambridge: Harvard University Press, 2008, p. 3.
④ Charles Fried, "Privacy", *Yale Law Journal*, 1968, vol. 77, p. 475, p. 477.
⑤ [日]芦部信喜著,高桥和之增订,林来梵、凌维慈、龙绚丽译:《宪法(第三版)》,北京:北京大学出版社,2006 年,109 页。
⑥ 邱文聪:《从资讯自决与资讯隐私的概念区分——评"电脑处理个人资料保护法修正草案"的结构性问题》,载于《月旦法学杂志》2009 年第 5 期,第 177 页。
⑦ 梅夏英:《信息和数据概念区分的法律意义》,载于《比较法研究》2020 年第 6 期,第 12 页。
⑧ 杨芳:《个人信息自决权理论及其检讨——兼论个人信息保护法之保护客体》,载于《比较法研究》2015 年第 6 期,第 32 页。

信息隐私的不同内涵与性质形成了各自不完全相同的保护范围。①

因此，虽然从表面上看，私密信息的法条规范和体系位置正好位于隐私和个人信息重合之处，但是背后折射的却是完全不同的两种制度和规范目的。正如申卫星教授指出，私密信息不仅仅是隐私与个人信息的重合部分，而是处于事实层的隐私在信息层上的投射。② 隐私权制度旨在划定公共领域与私人领域的界限，防止对个人自由和自主进行未授权的干预；而个人信息制度的设计旨在引导和规范信息处理权利的行使，矫正个人信息不当处理行为，防范由此可能引发的风险。《民法典》第一千零三十四条将个人信息区分为私密的个人信息以及一般的个人信息，并对私密的个人信息进行特别保护，实质上是将这类个人信息处于双重保护的地位。③ 对个人私密信息的保护同时兼具划定权利界限和规范权利行使的作用。个人信息相较于隐私权是一种弱保护，可以通过告知同意来收集，有些甚至不需要告知同意也可能收集。隐私权作为一种具有排他性的人格权，适用隐私权保护，不能仅通过告知同意攫取私密信息。④ 因而《民法典》第一千零三十四条第三款就是通过确立隐私权规则的优先适用提高对私密信息的保护力度的。试想一下，如果没有第一千零三十四条第三款的规定，由于个人私密信息也是个人信息，则所有个人信息保护规则都将直接适用于个人私密信息，这样将降低对私密信息的保护，也将降低对隐私权的保护。相比之下，从"普通法与特别法"角度解读"隐私的优先适用性"，或认为隐私权体现的人格尊严高于个人信息体现的私法自治的理由显得有些费解，需要进一步明晰。

7.2.2 "没有规定"的法律适用

参考《民法典》其他"没有规定的"法律适用问题，第一千零三十四条为私密信息全面适用个人信息保护制度作出指引。《民法典》中共有 14 处法条规定了"没有规定"的情形，比如第十条、第一百九十八条、第四百六十八

---

① 邱文聪：《从资讯自决与资讯隐私的概念区分——评"电脑处理个人资料保护法修正草案"的结构性问题》，载于《月旦法学杂志》2009 年第 5 期，第 177 页。
② 申卫星：《数字权利体系再造：迈向隐私、信息与数据的差序格局》，载于《政法论坛》2022 年第 3 期，第 96 页。
③ 王洪亮：《〈民法典〉与信息社会——以个人信息为例》，载于《政法论丛》2020 年第 4 期，第 7 页。
④ 张新宝：《个人信息收集：告知同意原则适用的限制》，载于《比较法研究》2019 年第 6 期，第 6-7 页。

条等。"没有规定的"法律适用有三点值得强调。第一,"普通法与特别法"关系中适用"没有规定"的情形,在私密信息上不适用。一般而言,"没有规定的"适用于特殊法与普通法关系的情形,比如第一百九十八条规定,"法律对仲裁时效有规定的,依照其规定;没有规定的,适用诉讼时效的规定",既为特别法对仲裁时效作规定留有接口,也为仲裁时效准用诉讼时效的规定提供了依据。① 根据上文的分析,隐私与个人信息之间不应理解为普通法与特殊法的关系,因此从这个角度解读第一千零三十四条的"优先适用"没有太多参考价值。第二,注意"适用"与"参考适用"的区别。《民法典》第四百六十八条规定,"非因合同产生的债权债务关系,适用有关该债权债务关系的法律规定;没有规定的,适用本编通则的有关规定,但是根据其性质不能适用的除外"。"非合同之债的法律适用方法"这一条文的相关法律评注指出,本条规定的是"适用",而不是"参照适用",即可以直接适用于侵权之债、无因管理之债和不当得利之债等其他债权债务关系,而不是再由裁判者斟酌具体情况"参照适用"。② 且"适用"在法学方法论上属于法律拟制,如果没有例外理由,法官不得拒绝适用。即在第四百六十九条的情况下,如果没有其他具体规定,应当直接适用合同编通则,不得拒绝适用。③ 同理,在《民法典》第一千零三十四条第三款中,若隐私权没有规定,则私密信息可以直接适用个人信息保护的规定,而不是"参照适用",法官不得拒绝适用个人信息规则予以裁判。第三,第一千零三十四条第三款是"适用有关个人信息保护的规定",而不是"适用个人信息保护的有关规定"。前者强调个人信息保护的所有规定都可以适用于私密信息,而后者则是指个人信息制度中部分与私密信息有关的制度才能被适用。两者细微的差别再次表明,本款为私密信息全面适用个人信息保护制度铺平了道路。

《民法典》第一千零三十四条第三款之下,可能出现四种情形需要具体分析(见表7-1)。其中需要说明的有三点。第一,隐私权和个人信息保护制度均有规定,即两者对个人私密信息的规定存在重合,此时出现法条竞合,根据《民法典》的规定,优先适用隐私权规则。问题是,在《个人信息保护法》日益完善的当下,优先适用隐私权规则是否还有存在的空间和适用价值?第二,隐私权没有规定时,个人信息保护的相关制度如何直接地、全部

---

① 黄薇:《中华人民共和国民法典人格权编解读》,北京:中国法制出版社,2020年,第665页。
② 黄薇:《中华人民共和国民法典合同编解读(上)》,北京:中国法制出版社,2020年,第30页。
③ 陈甦,谢鸿飞:《民法典评注·合同编通则》,北京:中国法制出版社,2020年,第47-48页。

地适用于个人私密信息？第三，《民法典》人格权编的一些未决问题，在个人私密信息的保护中同样存在。比如"人格权保护产生的民事关系"与"侵害民事权益产生的民事关系"之间是什么关系，是值得探讨的。一般而言，权利法与侵权法的界限本是基本清晰的，权利法体现分配正义，重在利益分配和权利类型塑造，侵权法体现矫正正义，重在救济权益被侵害的受害人。① 但是《民法典》在人格权编中也纳入了保护人格权的规则，这样人格权编就不再纯粹是权利法，同时，侵权规则也拆分在不同分编中，立法技术上有值得检讨的余地，在法律适用上可能引发一些问题。② 在人格权请求权的规范结构中，无论是适用场合，还是救济措施，都没有与侵权责任请求权清晰地区分开来。③ 下文对个人私密信息法律适用的研究将同时对这些问题进行讨论。

表 7-1 个人私密信息的法律适用

情形	隐私权规则	个人信息保护规则	个人私密信息保护规则选择	举 例
情形一	严格	宽松	适用隐私权规则	1.处理行为的合法性基础 2.无须证明的损害 3.不适用合理使用制度
情形二	宽松	严格	适用个人信息保护规则	损害赔偿的归责原则
情形三	有规定	没有规定	适用隐私权规则	1.人格权请求权 2.人格权禁令制度
情形四	没有规定	有规定	适用个人信息保护规则	1.信息主体的权能体系 2.信息处理者的义务

7.2.3 隐私权与个人信息保护规则适用的四种情形

研究中，本书分析了四种隐私权与个人信息保护规则适用的情形（见表 7-1），总结认为在个人私密信息的规则适用中，《民法典》第一千零三十四条第三款规定"隐私权优先"的作用旨在强化对个人私密信息的高程度保护。因为若没有该条的规定，由于个人私密信息也是个人信息，所有个人信

---

① 叶金强：《论侵权法的基本定位》，载于《现代法学》2015 年第 5 期。
② 邹海林，朱广新：《民法典评注·侵权责任编》，北京：中国法制出版社，2020 年，第 4-5 页。
③ 李永军：《论〈民法典〉人格权编的请求权基础规范——能否以及如何区别于侵权责任规范？》，载于《当代法学》2022 年第 2 期。

息的规范都适用于个人私密信息,则将个人私密信息等同视为普通个人信息,这必将大大降低对个人私密信息的保护力度。但是事实证明,并不是所有关于隐私权的规则都高于个人信息制度,因而需要对不同情形进行分析。由于本条规定了个人私密信息获得更高程度保护的原则,所以需要细化每种情形下个人私密信息保护规则的具体适用。

第一种情形,也是最为常见的场景,即隐私权和个人信息均有规定,但是隐私权规则更为严格,此时很显然直接优先适用隐私权保护的规则。典型的例子有三个:

第一,处理个人私密信息的合法性基础。《民法典》第一千零三十三条规定,"除法律另有规定或者权利人明确同意外,任何组织或者个人不得实施下列行为:(五)处理他人的私密信息"。而《个人信息保护法》第十三条规定了六种处理个人信息的情形:(一)取得个人的同意;(二)为订立、履行个人作为一方当事人的合同所必需,或者按照依法制定的劳动规章制度和依法签订的集体合同实施人力资源管理所必需;(三)为履行法定职责或者法定义务所必需;(四)为应对突发公共卫生事件,或者紧急情况下为保护自然人的生命健康和财产安全所必需;(五)为公共利益实施新闻报道、舆论监督等行为,在合理的范围内处理个人信息;(六)依照本法规定在合理的范围内处理个人自行公开或者其他已经合法公开的个人信息。第(六)条还在第七款用"法律、行政法规规定的其他情形"作为开放条件,足以表明个人信息制度在以"使用为原则、禁止为例外"的逻辑下,处理个人信息的条件更为放宽。此时,个人私密信息处理的合法性基础应遵循隐私权的规定,即仅为"法律另有规定"或"权利人明确同意"方可处理。

第二,个人私密信息不适用合理使用制度。《民法典》第九百九十九条规定,为公共利益实施新闻报道、舆论监督等行为的,可以合理使用民事主体的姓名、名称、肖像、个人信息等;使用不合理侵害民事主体人格权的,应当依法承担民事责任。在"合理使用制度"之下,对列举的这些人格权益的使用可以不必取得自然人或监护人的同意,即处理行为的合法性不是建立在自然人同意的基础上,而是直接依据法律的规定所从事的行为,该行为在性质上属于民事法律事实中的合法事实行为,即法律赋予此类处理行为以合法性。[①] 该制度之下,产生的法律效果是免除处理者的民事责任。该条明确列举了个人信息,但是没有列明隐私,因而也产生了隐私权是否适用

---

① 程啸:《论我国民法典中的个人信息合理使用制度》,载于《中外法学》2020年第4期,第4页。

"合理使用制度"的争议。一种观点认为该条位于《民法典》人格权编的"一般规定"中,适用于人格权和基于人身自由、人格尊严产生的人格权益,隐私权属于人格权的一种类型,可以被解释进本条规定的"等"中,可以适用合理使用制度。另一种观点则严格遵循文义解释,认为第九百九十九条没有明确列举"隐私权",考虑到隐私权与人格尊严的紧密联系程度,理应赋予更强的保护,不能适用合理使用制度。本书同意后一种观点,因为合理使用制度的本质是立法者对自然人特殊人格权益的限制,是立法者基于价值权衡,为维护公共利益而对自然人的人格权益所作出的限制。① 这种限制应限定在特定的范围内,有些人格权并不适合,比如生命权、身体权就不能基于价值权衡作出限制,法律没有明确列举的人格权类型有其特殊之处,是立法者有意为之,应引起足够的重视。且本书已多次强调,我国《民法典》确立了隐私权和个人信息权益区分保护的模式,隐私权的价值位阶高于个人信息权益,因而在合理使用中,允许个人信息的合理使用、禁止隐私权的合理使用具有合理性。另外根据《民法典》第一千零三十五条的规定,仅在"权利人明确同意或法律另有规定"的情况下,才可以处理个人私密信息,既然第九百九十九条没有明确列举"隐私权",自然也就不属于"法律另有规定"的例外,即不能合理使用个人私密信息。

第三,侵权损害赔偿中,个人私密信息的权利人可在无损害证明的情形下对处理个人私密信息引发的未来风险请求赔偿。《民法典》第一千一百六十五条规定,行为人因过错侵害他人民事权益造成损害的,应当承担侵权责任。与原《侵权责任法》相比,本条强调"损害"这一构成要件在侵权损害赔偿请求权中的作用。一般而言,侵权损害赔偿请求权要求损害具有确定性,原告需要证明损害的实际存在。但是人格权受到侵害所造成的损害往往体现为非物质性损害,比如担心恐惧未来遭受损害的焦虑、精神困扰等,因此越来越多的学者提出了"风险即损害"理论。② 尤其在个人信息保护中,"将风险直接作为损害"不需要证明实际损害的存在,数据处理行为本身存在风险,该行为本身即可作为损害,是新型损害的表现形式。但是需要综合考虑未来损害发生的可能性和后果、数据性质、预防措施的可能性等计算损害的

---

① 程啸:《论我国民法典中的个人信息合理使用制度》,载于《中外法学》2020年第4期,第6页。
② 谢鸿飞:《个人信息泄露侵权责任构成中的"损害"——兼论风险社会中损害的观念化》,载于《国家检察官学院学报》2021年第5期。

数额。① 本书进一步认为,个人私密信息具有与人格尊严紧密联系的隐私利益,这是人类尊严的底线,具有成为经济社会发展"禁区"的正当性,私密信息的特殊性质决定了对个人私密信息的保护利益优先于利用利益。侵害私密信息行为本身即可获得赔偿,无须证明其造成了任何物质损害或困扰,只要无法律特别规定或未经权利人同意,处理他人私密信息本身即构成侵权,是否造成其他实际的损害后果在所不问。② 这也是个人私密信息与个人一般信息保护的重要区别之一。

第二种情形,同样是隐私权和个人信息制度均有规定,但是隐私权规则更为宽松,这种情形比较少见。研究中本书找到了一个典型的例子,即损害赔偿的归责原则。根据《民法典》第一千一百六十五条的规定,侵权责任的基本归责原则是过错责任,即行为人因过错侵害他人民事权益造成损害的,应当承担侵权责任。第一千一百六十五条第二款表明过错推定责任需要法律另行规定。隐私权作为一种人格权,在归责原则上采用一般归责原则,即过错责任,由受害人证明自己的民事权益受到损害。但是《个人信息保护法》第六十九条规定个人信息权益侵害采用过错推定责任,即法律推定个人信息处理者具有过错,其应当举证证明自己没有过错,才能免除责任,否则应当承担损害赔偿等侵权责任。过错推定责任的确定有利于保护个人信息权益,减轻受害人的举证责任,同时对于个人信息处理者而言,也不会过于苛刻,其仍有机会通过证明自己没有过错而免除责任。③ 从信息主体的角度而言,过错推定责任更有利于保护信息主体的权益,相比于过错责任,其对于信息处理者苛以的责任更为严格,因而在个人私密信息保护的规则适用中,应适用过错推定责任而非一般过错责任,这也与私密信息中的"更高保护"原则一脉相承。

第三种情形,隐私权保护规则有规定,而个人信息制度没有规定,此时适用隐私权规则。这种情形集中体现为《民法典》人格权编的相关制度。《民法典》第四编人格权编调整对象既包括人格权,也包括基于人身自由、人格尊严产生的其他人格权益。但是除了第九百九十条将人格权和人格权益

---

① Daniel J. Solove and Danielle Keats Citron,"Risk and Anxiety: A Theory of Data-Breach Harms",*Texas Law Review*,2018,vol.96,p.737;谢鸿飞:《个人信息泄露侵权责任构成中的"损害"——兼论风险社会中损害的观念化》,载于《国家检察官学院学报》2021年第5期,第36页。
② 田野:《风险作为损害:大数据时代侵权"损害"概念的革新》,载于《政治与法律》2021年第10期,第36页。
③ 程啸:《个人信息保护法理解与适用》,北京:中国法制出版社,2021年,第508页。

同时列明外,其他条款并没有直接使用"人格权益"的表述,而仅规定"人格权",比如第九百九十五条人格权请求权、第九百九十七条人格权禁令制度。因而对于人格权请求权、人格权禁令制度是否可以适用于人格权益存在不同观点。一种观点认为人格权编的一般规定中的所有制度均可以适用于人格权益,因为人格权和人格权益都被规定在人格权编之下,具有适用的当然性。另一种观点则认为应该区分具体的人格权和抽象的人格权益,前者具有明确的界限、为法律所列举(比如生命权、身体权、隐私权等),后者是基于人身自由、人格尊严而产生的利益,尚未上升为具体的人格权,其虽然也受到法律保护,但是保护程度应低于人格权,故人格权请求权、人格权禁令制度等仅适用于人格权。本书赞同后一种观点。我国民法上一直有区分民事权利和民事权益的传统,权利较之于权益能获得更强和更全面的保护。从我国隐私权演变的历史可以看出,隐私权经历了一个从民事权益上升为隐私权的过程,这表明是否赋予具体人格权地位,并不具有当然性。是否规定个人信息权在我国立法过程中也一直存在争议,因而不能忽略人格权和人格权益的区别,人格权请求权和人格权禁令制度都应限于人格权的范畴。个人私密信息是隐私,适用隐私权的规则,即适用人格权请求权和人格权禁令制度。

人格权请求权是一种绝对权请求权,《民法典》第九百九十五条规定,人格权受到侵害的,受害人有权请求停止侵害、排除妨碍、消除危险、消除影响、恢复名誉、赔礼道歉,人格权请求权不适用诉讼时效的规定。停止侵害、排除妨碍、消除危险请求权并不是人格权请求权的"专属",《民法典》侵权责任编第一千一百六十七条也规定,侵权行为危及他人人身、财产安全的,被侵权人有权请求侵权人承担停止侵害、排除妨碍、消除危险等侵权责任。人格权独立成编最初设计时的思路是考虑到适用于未构成侵权的情形,包括更正请求权、删除请求权、回应权等。[①] 人格权请求权预防功能的发挥使其具有三点特殊性。第一,人格权请求权的行使不要求行为人具有过错。人格权请求权在性质上属于绝对权请求权,其目的在于恢复个人对其绝对权利益的圆满支配状态,当人格权遭受侵害或有遭受侵害的危险时,不考虑行为人是否具有过错,有利于防止损害的发生或者扩大,减轻权利人的举证责

---

① 李永军:《论〈民法典〉人格权编的请求权基础规范——能否以及如何区别于侵权责任规范?》,载于《当代法学》2022年第2期,第30页。

任。① 第二,人格权请求权的行使不要求造成实际的损害。法律上确认独立的人格权请求权的原因之一是在妨害人格权行使的情形下,虽然没有发生实际损害,但是通过允许权利人行使人格权请求权,有利于制止损害的发生,从而达到"防患于未然"的目的。所以,人格权请求权的行使并不要求损害已经实际发生,在人格权益遭受损害之虞,权利人即可以要求行为人消除危险;而在侵害行为正在进行时,即使损害结果还没有发生,权利人也可以要求行为人排除妨害。② 第三,人格权请求权不受诉讼时效的限制。人格权请求权是一种具有绝对权请求权属性的权利,其功能在于保护民事主体对人格权益的圆满状态,一般对人格权益的侵害无法确定起算点,而且侵害可能一直处于持续状态,很难计算时效。人格权不受诉讼时效的限制对于受害人的救济非常重要,即不论过了多久,只要损害后果或不利影响一直存在,就应该给予受害人救济。人格权请求权在给予权利人救济中的三点优势,都将当然性地适用于个人私密信息的保护。类似地,《民法典》第九百九十七条规定人格权禁令制度,赋予人格权主体在行为人正在实施或者即将实施侵害行为、不及时制止将使其合法权益遭受难以弥补的损害的情形下,有权依法向人民法院申请采取责令行为人停止有关行为的措施。该禁令制度的适用应限定在特定范围内,一般个人信息权益并不适用。

第四种情形,隐私权制度中没有规定,而个人信息保护制度有规定,此时应适用个人信息保护制度。在我国个人信息保护制度日益成熟和完善的当下,这种情形非常普遍。尤其是《个人信息保护法》的出台,系统规范了个人信息处理行为,对于保护包括个人私密信息在内的个人信息具有重要价值。个人信息保护制度与信息技术的发展紧密相连,传统隐私权制度难以适应信息时代发展的需求,个人信息保护制度因而呈现了明显的时代性。《个人信息保护法》第四章规定了个人在个人信息处理活动中的权利,第五章规定了个人信息处理者的义务,这些规范内容在传统隐私权中是缺失的,因此结合个人信息保护制度的这些规范可以更好地保护个人信息主体的权益,也能更好地规范个人信息处理行为。从这个角度出发,个人私密信息处理行为也应当受到这些规范的约束,从而更好地实现对个人私密信息主体

---

① 王利明,程啸:《中国民法典释评·人格权编》,北京:中国人民大学出版社,2020年,第83页。
② 王利明,程啸:《中国民法典释评·人格权编》,北京:中国人民大学出版社,2020年,第84页。

权益的维护,体现对个人私密信息周延保护的立法初衷。

7.2.4 小结:隐私权和个人信息权益保护的请求权竞合

请求权的第一层含义是旨在获得某种特定的给付的要求,《德国民法典》第 194 条第 1 款将请求权定义为"要求他人为或不为一定行为的权利"。这样的一种请求权以存在一项有实体法依据的请求权为前提。① 个人私密信息分别适用隐私权和《个人信息保护法》的规定,如果同一侵权行为或者妨碍行为同时构成对隐私权或者对个人信息的侵害或妨碍,会出现请求权并存的现象;此时,个人私密信息的保护要选择两者中保护程度更高、保护举措更严格的规则。结合《民法典》和《个人信息保护法》等个人信息保护制度,我国对个人私密信息的保护有两个维度。在《民法典》人格权编内部,存在隐私权和个人信息权益保护的双重路径;在《民法典》人格权编外部,存在人格权请求权与侵权责任请求权竞合的现实。因而,对于《民法典》第一千零三十四条第三款的法律适用,应分别从人格权编内部和外部展开,前者主要体现为个人私密信息之上权利的行使和享有。所谓权利行使,是指权利人实现其权利内容之正当行为。② 而权利享有则主要体现为对个人私密信息之上权利的救济。本书总结个人私密信息权益行使中隐私权和个人信息保护制度的重合之处,主要体现为处理个人私密信息的合法性基础。而两种制度的非重合之处则体现为个人信息中的其他规定,包括信息主体享有的权益体系、信息处理的原则、信息处理者的义务规定等,这些是否都可以适用于私密信息,将是讨论的重点。而在个人私密信息的权利救济方面,损害赔偿请求权中对"损害"的不同规则、过错责任的认定等,隐私权和个人信息权益存在不同,根据《民法典》第一千零三十四条第三款的规定,隐私权规则优先适用,在隐私权规则没有规定的情况下,才适用个人信息保护的规则,这些将在下一章具体展开。

7.3 《民法典》与《个人信息保护法》的关系

我国《民法典》将人格权编独立出来,其个人信息权益保护规则主要是从信息处理者的义务着眼,与《个人信息保护法》存在部分规则重叠,这是个

---

① [德]迪特尔·梅迪库斯著,邵建东译:《德国民法总论》,北京:法律出版社,2013 年,第 67 页。
② 梁慧星:《民法总论(第五版)》,北京:法律出版社,2017 年,第 271 页。

人信息权益侵权领域适用保护性法规的一大特色。① 如何处理与特别民法的关系,被认为是当今社会所有民法典面临的最大问题。② 民法与个人信息保护法之间存在着密切的联系,成为比较法上的普遍现象。个人私密信息保护中因适用隐私权和个人信息制度双重规则,必然涉及《民法典》与《个人信息保护法》的法律适用问题。由私密信息的法律适用引申出的《民法典》与《个人信息保护法》在立法技术与法律操作上的问题,被认为折射了我国法治现代化面临的种种深层次挑战。③ 随着我国《民法典》和《个人信息保护法》的相继颁布施行,两者的关系诠释成为学者们讨论的重点。本书总结了关于两者关系的四种主要观点如下:普通法与特别法、新法与旧法、私法与公法、《个人信息保护法》是综合性法律。

7.3.1 两者关系的既有学说

第一种观点认为,《民法典》与《个人信息保护法》中的私法规范构成普通法与特别法的关系。根据特别法优先于一般法的原则,在《个人信息保护法》有明确规定的时候应优先适用,而在其没有规定的时候应适用《民法典》的规则。④ 这种普通法—特别法的逻辑关系,并不牵涉两部法律之间的等级划分,不意味着《个人信息保护法》地位被贬低,而是为了解决法律适用中的规范冲突问题。⑤《个人信息保护法》的特点体现为处理的是信息能力不平衡的主体之间的利益关系,属于王轶教授所指的"弱式意义上的平等对待",为了平衡主体之间的强弱地位,类似于《消费者权益保护法》的政策型特别民法,是法律赋予弱式信息主体以特权的体现。⑥

---

① 谢鸿飞:《个人信息泄露侵权责任构成中的"损害"——兼论风险社会中损害的观念化》,载于《国家检察官学院学报》2021年第5期,第27页。
② 谢鸿飞:《民法典与特别民法关系的构建》,载于《中国社会科学》2013年第2期,第98页。
③ 周汉华:《平行还是交叉——个人信息保护与隐私权的关系》,载于《中外法学》2021年第5期,第1187页。
④ 石佳友:《个人信息保护的私法维度——兼论〈民法典〉与〈个人信息保护法〉的关系》,载于《比较法研究》2021年第5期;王苑:《个人信息保护在民法中的表达——兼论民法与个人信息保护法之关系》,载于《华东政法大学学报》2021年第2期,第79页。
⑤ 石佳友:《个人信息保护的私法维度——兼论〈民法典〉与〈个人信息保护法〉的关系》,载于《比较法研究》2021年第5期。
⑥ 参见王轶:《民法价值判断问题的实体性论证规则》,载于《中国社会科学》2004年第6期;谢鸿飞:《民法典与特别民法关系的构建》,载于《中国社会科学》2013年第2期;王苑:《个人信息保护在民法中的表达——兼论民法与个人信息保护法之关系》,载于《华东政法大学学报》2021年第2期。

第二种观点认为,《个人信息保护法》以规范信息处理行为为核心,它生效后,《民法典》中有关信息处理的行为规范应以"新法优于旧法"的规则被整体性替代。① 延续隐私权与个人信息保护制度的"限制权力"和"疏导权力"的不同工具性理论,隐私权保护的是个人信息,即信息处理的对象,而个人信息受保护权是对信息处理这一过程性行为的规范。② 《民法典》的功能在于确认个人信息之上的人格权益,而《个人信息保护法》的功能则着重体现在规范信息处理过程的程序价值,后者作为新法,将取代前者在规范信息处理行为上的作用。③

第三种观点则认为,《个人信息保护法》与《民法典》是私法与公法的关系,一个规定公法权利和制度,一个规定民事权利与制度,共同构筑个人信息保护的规则体系,两者是平行适用的关系。④ 这种观点得到了公法学者们的支持,学者们认为《民法典》第一千零三十四条规定的"自然人的个人信息受法律保护"并非确立一项私法权利,而是宪法上个人信息国家保护义务在具体法律中的规范表达,"个人信息权益"是个人信息处理活动中可能受到数据权利威胁的、需要国家保护的合法权益。⑤

第四种观点可以视为第一种观点和第三种观点的延续,认为《个人信息保护法》是兼具公私法属性规范特定领域的综合性法律。民法上的个人信息保护,主要奠定了私法地位,而对于其中的公法保护手段,《民法典》并不能予以实现,因而需要通过特别法的立法来达成。民法与行政法的结合共同保护个人信息,因此产生了《个人信息保护法》,属于领域立法。⑥《个人信息保护法》并非《民法典》之特别法,而是一部保护个人信息的、全面规范

---

① 蔡培如:《欧盟法上的个人数据受保护权研究——兼议对我国个人信息权利构建的启示》,载于《法学家》2021年第5期,第29页。

② De Hert P. and S. Gutwirth,"Privacy, Data Protection and Law Enforcement. Opacity of the Individual and Transparency of Power"//E. Claes, A. Duff and S. Gutwirth (eds.), *Privacy and the Criminal Law*, Oxford: Antwerp, 2006, pp. 61-104.

③ 蔡培如:《欧盟法上的个人数据受保护权研究——兼议对我国个人信息权利构建的启示》,载于《法学家》2021年第5期,第29页。

④ 周汉华:《平行还是交叉——个人信息保护与隐私权的关系》,载于《中外法学》2021年第5期,第1184-1185页。

⑤ 王锡锌:《个人信息国家保护义务及展开》,载于《中国法学》2021年第1期,第157页。

⑥ 王利明:《和而不同:隐私权与个人信息的规则界分和适用》,载于《法学评论》2021年第2期,第22-24页。

的、兼具公法与私法属性的综合性法律。① 个人信息保护的立法应当以《民法典》确立的个人信息的基本框架为基础,并将《民法典》的相关规范予以细化,结合有关行政法等公法规范进行综合协调,在此基础上制定一部系统完整的、全面保护个人信息的法律。②

7.3.2 对既有理论的评析

《民法典》与《个人信息保护法》的关系问题不能仅仅停留在理论讨论的层面,在两部法律都已经颁布实施的当前,我们更应该立足于既有法律规定,从解释论的角度进行解读,这样才更有价值和意义。第一种观点和第二种观点仅体现为理论依据不同,但是在实际法律适用上并不存在差别,不论是普通、特殊,还是新法、旧法,都体现为《个人信息保护法》的优先适用性。本书认为将《民法典》视为民事法律关系领域的普通法、个人信息保护制度中民事关系部分为特别领域的特别法,更加符合法律体系和逻辑。第三种观点和第四种观点对两者关系的解读是另一个视角,涉及个人信息保护的性质问题,由于个人信息处理活动涉及的主体在信息能力、技术水平等方面存在不平等,因此将个人信息保护纯粹视为民事法律关系的观念显然已经不合时宜。结合世界各国对于个人信息保护制度的规范体系,本书认为个人信息保护法的综合法律性质值得推崇。

当前,我国现有个人信息保护制度日趋成熟,《个人信息保护法》的规定较之于《民法典》更为细致且全面(详见表7-2),《个人信息保护法》整体体现了《民法典》人格权编的影响,被认为是"人格权编的影响外溢"。③ 比如《个人信息保护法》延续了《民法典》的强势话语体系,在个人信息定性问题上,"个人信息权益"的定位与《民法典》一脉相承。《民法典》和《个人信息保护法》的规定多以统一性为原则,比如个人信息处理原则、知情同意规则等。在两者统一规定的情况下,由于个人信息保护制度的规则更为具体和可操作,配合其他个人信息保护领域的相关规章制度,将《个人信息保护法》作为诉讼依据和作为裁判理由的可能性将大大增强。《民法典》和《个人信息保

---

① 程啸:《个人信息保护中的敏感信息与私密信息》,载于《人民法院报》2020年11月19日第5版。

② 王利明:《和而不同:隐私权与个人信息的规则界分和适用》,载于《法学评论》2021年第2期,第22页。

③ 周汉华:《平行还是交叉——个人信息保护与隐私权的关系》,载于《中外法学》,2021年第5期,1177页。

护法》的规定存在冲突是例外情形,并不多见。典型例子比如个人信息侵权中归责原则的规定,《民法典》中一般侵权行为是过错责任,而《个人信息保护法》第六十九条规定了个人信息保护民事侵权认定采过错推定责任。在这种规定不一致时,《个人信息保护法》既是"特别法"又是"新法",具有优先适用性。但是这种不一致可能带来逻辑的混乱,因为隐私权仍适用《民法典》的规定,而实践中原告往往不能明确区分隐私权侵权还是个人信息权益纠纷,因此同时提起两个诉讼请求,这就将导致"隐私权纠纷、个人信息保护纠纷"在同一个案件、同一个案由下,分别适用两个不同的归责原则,可能增加司法过程的难度和不确定性。①

表 7-2 《民法典》与《个人信息保护法》相关条文比较——以《民法典》条文为基础

内 容	《民法典》	《个人信息保护法》
一般规定		
个人信息的定义	识别说(单独或与其他信息结合识别特定自然人的各种信息)(第一千零三十四条)	关联说(与已识别或者可识别的自然人有关的各种信息)(第四条)
基本原则	合法、正当、必要原则(第一千零三十五条)	合法、正当、必要、诚信原则,最小必要原则,公开透明原则,数据质量原则等(第五条至第八条)
处理个人信息的合法性基础	1.自然人或其监护人同意的范围内合理实施的行为;2.合理处理自行公开或已经公开的信息;3.为维护公共利益或者该自然人合法权益(第一千零三十六条)	1.取得个人的同意;2.为订立、履行个人作为一方当事人的合同所必需,或者按照依法制定的劳动规章制度和依法签订的集体合同实施人力资源管理所必需;3.为履行法定职责或者法定义务所必需;4.为应对突发公共卫生事件,或者紧急情况下为保护自然人的生命健康和财产安全所必需;5.为公共利益实施新闻报道、舆论监督等行为,在合理的范围内处理个人信息;6.依照本法规定在合理的范围内处理个人自行公开或者其他已经合法公开的个人信息;7.法律、行政法规规定的其他情形(第十三条)

---

① 周汉华:《平行还是交叉——个人信息保护与隐私权的关系》,载于《中外法学》2021 年第 5 期,第 1181 页。

续表

内　容	《民法典》	《个人信息保护法》
一般规定		
同意规则	征得该自然人或其监护人同意,明示处理信息的目的、方式和范围,公开处理规则(第一千零三十五条)	包括同意的形式、撤回同意、告知事项等(第十四条至第十七条)
个人在个人信息处理活动中的权利		
	第一千零三十五条至第一千零三十七条	第四章个人在个人信息处理活动中的权利,第四十四条至第五十条
知情权	处理个人信息时应当公开处理信息的规则,并明示处理信息的目的、方式和范围(第一千零三十五条)	个人对其个人信息的处理享有知情权、决定权,有权限制或者拒绝他人对其个人信息进行处理(第七条、第十四条、第十七条、第四十四条)
查阅复制权	自然人可以依法向信息处理者查阅或者复制其个人信息(第一千零三十七条)	个人有权向个人信息处理者查阅、复制其个人信息;但是法律、行政法规规定应当保密或者不需要告知的、告知将妨碍国家机关履行法定职责的情形除外。个人信息处理者关于查阅、复制权的义务,个人请求查阅、复制个人信息的,个人信息处理者应当及时提供(第四十五条第一款、第二款)
更正权	发现信息有错误的,有权提出异议并请求及时更正等必要措施(第一千零三十七条)	个人发现其个人信息不准确或不完整的,有权请求个人信息处理者更正、补充。个人请求更正、补充其个人信息的,个人信息处理者应当对其个人信息予以核实,并及时更正、补充(第四十六条)
删除权	自然人发现信息处理者违反法律、行政法规的规定或者双方约定处理其个人信息的,有权请求信息处理者及时删除(第一千零三十七条)	有下列情形之一的,个人信息处理者应当主动删除个人信息;个人信息处理者未删除的,个人有权请求删除:1.处理目的已实现、无法实现或者为实现处理目的不再必要;2.个人信息处理者停止提供产品或服务,或者保存期限已届满;3.个人撤回同意;4.个人信息处理者违反法律、行政法规或违反规定处理个人信息;5.法律、行政法规规定的其他情形(第四十七条)

续表

内　容	《民法典》	《个人信息保护法》
个人在个人信息处理活动中的权利		
拒绝权	处理个人信息的免责事由的例外中指出,有下列情形之一的,行为人不承担民事责任:(二)合理处理该自然人自行公开的或者其他已经合法公开的信息,但是该自然人明确拒绝或者处理该信息侵害其重大利益的除外(第一千零三十六条)	个人对其个人信息的处理享有知情权、决定权,有权限制或拒绝他人对其个人信息进行处理;法律、行政法规另有规定的除外(第四十四条); 通过自动化决策方式向个人进行信息推送、商业营销,应当同时提供不针对其个人特征的选项,或者向个人提供拒绝的方式(第二十四条第二款)
可携带权	—	转移个人信息的情形,即个人请求将个人信息转移至其指定的个人信息处理者,符合国家网信部门规定条件的,个人信息处理者应当提供转移的途径(第四十五条第三款)
个人信息处理者的义务		
信息处理者的义务	第一千零三十八条	第五章个人信息处理者的义务(第五十一条至第五十九条)
	不得泄露、篡改、向他人非法提供,采取技术和其他必要措施确保个人信息安全(第一千零三十八条)	制定信息保护负责人、合规审计、个人信息保护影响评估、信息泄露通知等
国家机关处理个人信息		
	应当保密,不得泄露或向他人非法提供(第一千零三十九条)	第二章第三节国家机关处理个人信息的特别规定(第三十三条至第三十七条共五个条文)
其他规定		
	—	1.敏感个人信息的处理规则(第二章第二节);2.个人信息跨境提供的规则(第三章);3.履行个人信息保护职责的部分(第六章);4.法律责任(行政、刑事责任)

7.3.3 《个人信息保护法》：特定领域的综合法律

《个人信息保护法》是我国个人信息保护领域的第一部综合性法律，既有公法的内容也有私法的内容，其中私法的内容是民法的重要组成部分，《民法典》与《个人信息保护法》相结合，才能真正实现对个人信息权益的有效保护。

从整个私法体系看，《民法典》是基础性法律。《民法典》在中国特色社会主义法律体系中具有重要地位，是一部固根本、稳预期、利长远的基础性法律。在调整民事主体人身关系和财产关系的私法规范体系中，《民法典》居于基础性地位，在个人信息保护规范中也不例外。但是，《民法典》作为处理民事法律关系领域的基础性法律，考虑到长期稳定适用性，不能作出太多细致具体的规定，对个人信息保护的规定因而也呈现基础性、原则性的特点。

《个人信息保护法》是规范个人信息处理领域的综合性立法和单行特别法，相比于《民法典》的抽象性和原则性，《个人信息保护法》的规范更加具体化。《个人信息保护法》被定位为个人信息新型领域的专门法暨基本法。[①] 这带来两方面的影响：一方面，《个人信息保护法》因更为细致的特别法规范而具有了优先适用性；另一方面，正因为《个人信息保护法》的具体性，其规则设置内容有限，而《民法典》原则性规范能为个人信息保护制度发挥兜底性作用。通过对私密信息特别条款的分析，可以总结《民法典》与《个人信息保护法》适用关系的三种情况。第一，两者都有规范的情况下，《个人信息保护法》的规则更为细致，优先直接适用《个人信息保护法》的规定，但是法律适用不能违反《民法典》的相关规则，要从基础法所确立的价值和原则进行解释。比如个人信息保护中处理儿童信息的监护人同意制度，《个人信息保护法》虽有规定，但是并不完整，还需要结合《民法典》总则编及其司法解释中关于"确定监护人"的相关规定予以配套使用。第二，《个人信息保护法》作出了规定，而《民法典》没有规定的情形。典型的比如个人信息保护中的公益诉讼制度，此时就可以直接按照特别法优于普通法的规则来确定法律适用。第三，《个人信息保护法》没有规定，而《民法典》有规定的情形。典型的比如精神损害赔偿、人格权请求权、禁令制度等，就可以直接适用《民法

---

① 龙卫球：《〈个人信息保护法〉的基本法定位与保护功能——基于新法体系形成及其展开的分析》，载于《现代法学》2021 年第 5 期，第 87 页。

典》的规定。由此可见，《民法典》和《个人信息保护法》只有结合起来，才能构建完善个人信息权益的保障体系，促进数字经济社会的发展。

7.4 本章小结

私密信息是隐私权和个人信息权益在保护对象上的重叠部分，个人私密信息权利保护的客体同时包括隐私权和个人信息权益。隐私权旨在保护不愿为他人知晓的私密利益，从而保障个人安定宁静、不受干扰的生活状态和精神安宁。个人信息权益防范因个人信息不合理使用而使得其他人身或财产权益受到侵害的危险。隐私权因与人格尊严的联系更为紧密而获得更高程度的法律保护，对个人私密信息的保护同时兼具划定权利界限和规范权利行使的作用。结合《民法典》和《个人信息保护法》等个人信息保护制度，在《民法典》人格权编内部，存在隐私权和个人信息权益保护的双重路径；在《民法典》人格权编外部，存在人格权请求权与侵权损害赔偿请求权竞合的现实。结合个人私密信息之上的权利行使和权利救济两方面，隐私权和个人信息制度存在竞合时，应从强化个人私密信息保护的规范目的出发具体判断，而不能机械地认为隐私权规则在个人私密信息的适用上完全具有优先性。在个人私密信息的保护中要处理好《民法典》和《个人信息保护法》的关系。《个人信息保护法》是我国个人信息保护领域的一部综合性法律，既有公法的内容也有私法的内容，其中私法的内容是民法的重要组成部分。只有《民法典》与《个人信息保护法》相结合，才能真正实现对个人信息权益的有效保护。

第 8 章 权利保护：个人私密信息的特殊保护规则

《民法典》中人格权独立成编，成为我国《民法典》的重大亮点。人格权编第六章专章规定"隐私权和个人信息保护"，表明两者都属于受到法律保护的人格权益。根据人格权编第一条的规定，人格权编调整的对象是因人格权的享有和保护产生的民事关系。由此可知人格关系的产生有两种渊源：一种是因"人格权的享有"而产生的民事关系，是一旦权利主体享有某种人格权，即可以要求世界上除了自己之外的所有其他人（世人、第三人）承担尊重、不侵犯其人格权的义务；[①]另一种是因"人格权的保护"而产生的民事关系，在行为人侵犯他人享有的人格权，或者在违反对他人承担的合同义务时，权利人有权向法院起诉，请求行为人承担侵权责任或违约责任。[②]《民法典》第一千零三十四条第三款规定，个人信息中的私密信息，适用有关隐私权的规定；没有规定的，适用有关个人信息保护的规定。本条确立了个人私密信息的保护遵循"隐私权优先"的二阶递进模式，对私密信息双重保护下的法律适用分析也可以从权益享有和权益保护两个方面展开。"双重保护"结构既是界分个人私密信息的意义所在，也是厘清个人私密信息法律基准的重要注脚。

8.1 个人私密信息双重保护之权利行使

结合《民法典》和《个人信息保护法》等个人信息保护制度，本书总结个人私密信息权益行使中隐私权和个人信息保护制度的重合之处，主要体现为处理个人私密信息的合法性基础。而两者制度的非重合之处，则体现为个人信息中的相关规定，包括信息主体享有的权益体系、信息处理的原则、

---

① 梁慧星：《民法总论（第五版）》，北京：法律出版社，2007 年，第 75-76 页。
② 陈甦，谢鸿飞：《民法典评注·人格权编》，北京：中国法制出版社，2020 年，第 4-5 页。

信息处理者的义务规定等,这些是否都适用于私密信息,将是讨论的重点。

8.1.1　个人私密信息处理的合法性基础

个人信息处理的合法性基础问题(lawful basis for processing)是个人信息保护中最为基础的问题之一,是指"处理关于个人的信息所依据的正当的法律理由"。[①] 个人信息处理行为从客观上讲,是对自然人的信息权益的侵入和影响,如果没有合法的根据或合法的理由,该处理行为就应被认定为个人信息权益的不法行为。[②] 私密信息的处理同时适用《民法典》第一千零三十三条关于侵害隐私权的免责事由和《民法典》第一千零三十六条、《个人信息保护法》第十三条的规定。个人私密信息的合法性基础是否适用一般个人信息的多元合法性基础、隐私权的例外规定如何作用于私密信息,这些问题需要进行探讨和研究。

8.1.1.1　处理私密信息合法性基础的限缩

个人信息处理行为的规模性与复杂性,催生了基于预防的谨慎保护思路,处理个人信息需要合法性基础成为各国立法的共识。任何对个人信息的适用行为都是对个人信息权益潜在的干涉和限制,"信息主体同意"+"其他必要性情形"的双重合法性基础规范结构,是平衡个人信息处理多元利益的重要制度手段。法律对个人信息的处理行为作出规定,是旨在通过控制和引导信息合理使用的权利,防范个人受到信息过度处理和过度使用造成侵害的风险。综观世界各国和各地区对个人信息的规范,一般都对处理个人信息的合法性基础作出明确列举,要求在满足至少一项合法性基础的情况下,才允许处理个人信息。最早对合法处理原则作出规定的国际性规范是1981年颁布的《108号公约》(the Council of Europe Convention 108),这一原则被《95指令》第5条所吸收,此后GDPR第6条延续规定了仅在6种情形下的个人信息处理才是合法的(lawful)。[③] GDPR第6条要求数据控制者对个人信息的处理必须是公平地和合法地(fairly and lawfully),规定了数据主体同意、为履行合同所必需、为履行法定义务所必需、为保护数据主

[①] 高富平:《个人信息使用的合法性基础——数据上利益分析视角》,载于《比较法研究》2019年第2期,第72页。

[②] 程啸:《个人信息保护法理解与适用》,北京:中国法制出版社,2021年,第115页。

[③] Christopher Kuner, Lee A. Bygrave, Christopher Docksey edited, *The EU General Data Protection Regulation: A Commentary*, Oxford: Oxford University Press, 2020, p. 327.

体或其他自然人的利益所必需、为公共利益所必需、为控制者或第三方所追求的正当利益所必需 6 种情形。这种"信息主体同意"+"其他满足必要性情形"的双重规范模式被很多国家个人信息保护立法所效仿,比如日本《个人信息保护法》第 16 条①、加拿大《个人信息保护和电子文件法》第 7 条等。②

我国现行法从正反两个方面对个人信息处理的合法性基础作出明确规定。一方面正面规定"任何组织或个人需要获取他人个人信息的,应当依法取得"(比如《民法典》第一百一十一条),并规定"处理个人信息应当遵循合法原则"(比如《民法典》第一百一十一条、第一千零三十五条;《个人信息保护法》第五条);另一方面反面规定"任何个人或组织不得窃取或者以其他非法方式获取个人信息"等(比如《网络安全法》第四十四条、《个人信息保护法》第五条等)。③《民法典》第一千零三十六条和《个人信息保护法》第十三条对一般情形下个人信息处理的合法性基础作了详细规定。《民法典》第一千零三十六条规定了三种处理个人信息可以免责的情形:自然人或监护人同意、自然人自行公开或其他已经合法公开、维护公共利益或该自然人的合法权益。《个人信息保护法》第十三条对个人信息处理的合法性基础在《民法典》的基础上作了更为细致的规定,共有 6 种具体情形和 1 项法律、行政法规规定的其他情形作为兜底条款。6 种合法性基础分别为:取得个人的同意、为订立履行合同所必需、为履行法定职责或法定义务所必需、为保护自然人的生命健康和财产安全所必需、为公共利益实施新闻报道和舆论监督等行为、处理自行公开或已经合法公开的个人信息。为其他合法利益"所必需"(necessary for)成为非信息主体同意下处理个人信息合法性基础的重要组成部分。"处理个人信息合法性基础"的其他情形描述了在一定范围内,为追求特定的合法利益而对数据可能需要处理的场景,不论是基于合同所必需、法定义务、公共利益、信息主体的利益、信息处理者的利益还是第三方利益,都强调为这些利益"所必需"。在这里,"必需"是一个不确定的法律概念,内涵非常模糊,笼统指一种追求合法利益、需要经过解释和涵射的过程。在欧盟,根据 GDPR 及其相关规范,在要求"所必需"的情况下应经过专门额外的平衡测试,衡量对比数据主体的利益和其他相关利益,测试的结

---

① Act on the Protection of Personal Information (Act No. 57 of 2003 as amended in 2020), https://www.ppc.go.jp/files/pdf/APPI_english.pdf, last visited on 21 March, 2023.
② Personal Information Protection and Electronic Documents Act, https://laws-lois.justice.gc.ca/eng/acts/P-8.6/page-2.html#docCont, last visited on 21 March, 2023.
③ 彭錞:《论国家机关处理个人信息的合法性基础》,载于《比较法研究》2022 年第 1 期,第 1 页。

果作为是否可以处理个人信息的法律依据。①

个人私密信息的规则是"隐私权没有规定的,可以适用个人信息保护的规定"。在对信息处理的合法性基础上,应优先遵循隐私权的限制,主要体现在《民法典》第一千零三十三条,除法律另有规定或者权利人明确同意外,任何组织或者个人不得实施侵害他人隐私权的行为。因而,"法律另有规定"和"权利人明确同意"成为处理他人私密信息仅有的两个合法性基础。这里的"处理"根据《民法典》第一千九百三十五条的规定,包括对私密信息的收集、存储、使用、加工、传输、提供、公开等行为。相比于一般个人信息处理多元的合法性基础,私密信息的处理基础受到了限缩,这体现了隐私权的防御性。比较个人信息处理的基本原则,法律重视对个人信息权益的保护与利用的平衡,因而规定了"合法、正当、必要原则",合法性基础也多体现为"为维护自然人合法权益、社会公共利益、履行合同所必需、为履行法定职责所必需"等情形下允许对个人信息的处理。但是按照《民法典》第一千零三十三条的规定,对私密信息的处理不能出于必要性的考量,即便为履行合同所必需、履行法定职责所必需等情形,若没有得到当事人的明确同意或法律明确规定,也不能处理个人私密信息。因而个人私密信息的处理是一个需要法律明确列举的穷尽式规范系统,这里再次突显了法律保留的底线和隐私权的"禁区"。因而,对"法律另有规定"和"当事人明确同意"的研究成为私密信息处理的关键。法院也在司法实务中强调"当事人明确同意"或"法律特别规定"为处理个人私密信息的两种例外。②

8.1.1.2 法律规定

所谓"法律另有规定",是指如果法律明确规定可以处理个人私密信息的行为,那么相关组织和个人可以根据法律的授权,采取相应的行为。③ 即其他法律可以为基于公共利益等正当利益而处理"他人私密信息"提供法律基础。这里的法律既包括私法规定也包括公法规定,但是不包括行政法规,不是广义解释上的"法"。公法上,经过法律的明确授权,可以对自然人的隐私权作一定限制,例如公安机关根据刑法、刑事诉讼法等相关法律的规定,

---

① Article 29 Data Protection Working Party, Opinion 06/2014 on the notion of legitimate interests of the data controller under Article 7 of Directive 95/46/EC, WP217, P13.
② 比如江苏省苏州市吴江区人民法院(2020)苏 0509 民初 16063 号。
③ 陈甦,谢鸿飞:《民法典评注·人格权编》,北京:中国法制出版社,2020 年,第 348 页。

可以对犯罪嫌疑人的行踪进行跟踪,也可以对犯罪嫌疑人的住宅进行搜查等。比如《宪法》第四十条对通信信息权的限制严格限定在追查刑事犯罪和维护国家安全的目的,因为通信信息是与人格尊严紧密关联的,具有非常强的人身属性,只有基于极其重大的公共利益才能合法干预。① 《国家安全法》第四十二条规定,国家安全机关、公安机关依法搜集涉及国家安全的情报信息,在国家安全工作中依法行使侦查、拘留、预审和执行逮捕以及法律规定的其他职权。《人民警察法》第十六条规定,公安机关因侦查犯罪的需要,根据国家有关规定,经过严格的批准手续,可以采取技术侦查措施。这些侦查措施包括对权利人的私密空间、私密活动和私密信息进行拍摄、窃听等手段。在法律明确规定的情形下,国家机关依法采取的这些手段,不属于侵害隐私权。②

此外,保护自然人人身财产安全,比如《网络安全法》第五十七条规定因网络安全事件,发生突发事件或者生产安全事故的,应当按照相关法律规定处置。其中《安全生产法》第七十九条规定国务院应急管理部门牵头建立全国统一的生产安全事故应急救援信息系统,推行网上安全信息采集。《传染病防治法》第十二条规定一切单位和个人,必须接受疾病预防控制机构、医疗机构有关传染病的调查、检验、采集样本、隔离治疗等预防、控制措施,如实提供有关情况;第十八条规定了各级疾控机构履行收集、分析和报告传染病监测信息的职责。这些为相关部门收集私密的个人健康信息提供了法律上的依据,法律同时规定疾病预防控制机构、医疗机构不得泄露涉及个人隐私的有关信息、资料。

通过法律明确规定对隐私权进行限制的具体表现有以下几点。第一,这些限制必须来自法律,而不是法规或司法解释;且这些法律规定必须足够明确,不能有模糊或质疑的空间。③ 第二,这些法律限制应当严格以实现法律规定的目的为依据,并且在可能的情况下,应将采取限制的法律目的充分告知权利人。这是因为法律内部对权利的限制是为了规范内部体系的统一和协调,追求整体的法律秩序。④ 因而这种限制应当符合比例原则,保护正当利益,采取能够达成法律目的而影响最小的方式。

---

① 彭锌:《论国家机关处理个人信息的合法性基础》,载于《比较法研究》2022年第1期,第10页。
② 陈甦,谢鸿飞:《民法典评注·人格权编》,北京:中国法制出版社,2020年,第348页。
③ 陈甦,谢鸿飞:《民法典评注·人格权编》,北京:中国法制出版社,2020年,第348页。
④ 陈甦,谢鸿飞:《民法典评注·人格权编》,北京:中国法制出版社,2020年,第348页。

8.1.1.3 当事人明确同意

本条规定的"当事人明确同意"是侵害隐私权的另一种免责事由。根据民法上的同意规则,理论上同意可以区分为明示同意(expressly)和默示同意(implied),特殊情形下权利人可以沉默作出同意。但是《个人信息保护法》规定,个人对于其个人信息被处理而作出的同意必须是在充分知情的前提下自愿、明确作出的。因而默示、预选方框或者不作为都不能成为同意的法定形式,同意必须是明示的,即必须是个人通过文字、语言等积极的行为来作出对处理者实施的个人信息处理行为的同意。① 根据我国《民法典》和《个人信息保护法》的规定,个人同意有三种类型——明确同意、单独同意、书面同意。根据《个人信息保护法》第十四条的规定,"明确"应当是对个人信息处理中个人同意的一般性要求,甚至明确同意本身并不被认为是一种同意的类型。② 从字面意思来看,私密信息的处理中"明确同意"已经为处理个人信息中的一般要求,似乎和处理一般个人信息的"同意"要求并没有太大区别。

但是参考欧盟法上"同意"的相关定义,此"明确同意"应与所附的其他同意内容相分离而独立告知和作出,是比一般"无歧义性"更高的标准。欧盟法上第4条第11款规定了"同意"的概念:信息主体通过一个声明或通过某项清晰的确信行为而自由作出的(freely given)、充分知悉的(informed)、不含糊的(unambiguous)、表明同意对其个人信息进行处理的意愿。③ 根据 GDPR 的鉴于条款第32条,"非歧义性标准"是指需要通过明确的肯定性行为建立明确的信息主体同意的指示,比如通过书面声明,包括电子或口头方式等。同时表明,"沉默的、预先勾选框或不作为"(silence, pre-ticked boxes or inactivity)形式的被动同意不是可以接受的同意形式。④

其中的"无歧义"与我国《民法典》规定的"明确"有相似的含义。事实

---

① 程啸:《论个人信息处理中的个人同意》,载于《环球法律评论》2021年第6期,第53页。
② 程啸:《论个人信息处理中的个人同意》,载于《环球法律评论》2021年第6期,第53页。
③ GDPR Article 4 (11), "consent" of the data subject means any freely given, specific, informed and unambiguous indication of the data subject's wishes by which he or she, by a statement or by a clear affirmative action, signifies agreement to the processing of personal data relating to him or her.
④ Case C-673/17, Planet49 (AG Opinion), paras. 59-66.

上，在 GDPR 的立法过程中，建议稿中在定义"同意"时曾使用"明确"（explicit）而非"非歧义"（unambiguous），这被证明是为了避免混淆，强调单一的"同意"定义，确保信息主体意识到他同意的是什么。① 欧盟委员会在第一次审读的时候支持了"明确"的定义，但是明确性标准在 GDPR 最终版本的"同意"定义中被删除，仅作为对特殊信息处理时有效同意的附加条件而出现，比如 GDPR 第 9 条第 2 款规定的个人敏感信息、第 49 条规定将个人数据传输到未对数据提供充分保护的第三国或国际组织等情形。② 可见，欧盟 GDPR 要求所有基于同意的个人信息的"同意"均是"无歧义的"，但是对特殊信息的处理要求更为严格的"明确性"标准。EDPB 也强调了这一点，"立法历程表明，明确性的标准被认为比'无歧义性'更为严格"。③ "无歧义性"标准本质上意味着数据主体的行为必须毫无疑问地表明他们已经给予了同意，而"明确性"标准则意味着请求和提供同意的过程必须作为一个正式独立的过程发生，与"同意"所附的交易相分离，而且该过程必须涉及特定的信息控制者请求信息主体允许其处理相关信息，然后给出肯定的具体答复。④ 在私密信息处理中，"明确同意"要求信息处理者单独就私密信息的处理向信息主体告知并获得其肯定答复，不能与其他条款捆绑征求同意。例如在陈某、北京百度网讯科技有限公司个人信息保护纠纷案中，法院认为原告使用百度产品进行搜索的关键词"减肥""整形"形成的浏览记录不属于个人私密信息，而是一般个人信息，因而不需要征得原告的单独同意，被告百度公司通过隐私政策、用户协议等获取原告概括同意，属于取得用户的有效授权，并未侵犯用户权益。⑤

准确理解《民法典》第一千零三十三条的"明确同意"，有三点值得注意。第一，此处"同意"的意思表示需要具体、明确、没有歧义。立法过程中，"明确"一词是立法者修改时特意添加的，体现了立法者对"明确性"一词的重视。⑥ 这里的"明确"有两方面的内容。一方面是指权利人放弃其隐私权的

---

① Proposal for the General Data Protection Regulation，p. 8.
② Christopher Kuner，Lee A. Bygrave，Christopher Docksey edited，*The EU General Data Protection Regulation：A Commentary*，Oxford：Oxford University Press，2020，p. 185.
③ European Data Protection Board，"Guidelines 2/2018 on Derogations of Article 49 under Regulation 2016/679"（25 May 2018），p. 6.
④ Christopher Kuner，Lee A. Bygrave，Christopher Docksey edited，*The EU General Data Protection Regulation：A Commentary*，Oxford：Oxford University Press，2020，p. 185.
⑤ 湖北省黄冈市中级人民法院（2021）鄂 11 民终 3136 号。
⑥ 陈甦、谢鸿飞：《民法典评注·人格权编》，北京：中国法制出版社，2020 年，第 349 页。

意思应当是明确的、具体的,并且能够排除合理怀疑的。如果无法确定权利人是否放弃了隐私,不能推定其已经放弃。另一方面,权利人同意放弃的隐私权的范围和实施侵害隐私权行为的内容是明确的。① 因为隐私权是关乎人格尊严的基础性人格权,一般不允许权利人概括地放弃其权利,这可能会动摇人格保护的根本,不符合公序良俗的要求,因而须限制权利人对它的支配权。

第二,此"同意"的意思表示应是真实自愿的,不存在欺诈、胁迫、乘人之危的情形。② 法律行为的有效性以当事人的意志自由为基础,按照私法自治的原则,权利人的同意必须以其自身的自由意志为依据,任何受到了胁迫或欺诈等形式的同意决定,都会造成法律行为效力上的瑕疵。③

第三,此"同意"包含了对当事人的告知义务,而且此告知也要是明确具体的。④ 这源于私法自治原则,即法律预设放弃权利的权利人是理性人,有效同意的前提是充分了解信息、知悉同意可能造成的风险和收益后的合理决定。⑤《民法典》对"同意"的事项没有进一步规定,但是《个人信息保护法》有更为细致的规范。《个人信息保护法》第十七条要求,应当以显著方式、清晰易懂的语言真实、准确、完整地向个人告知以下事项:(一)个人信息处理者的名称或者姓名和联系方式;(二)个人信息的处理目的、处理方式,处理的个人信息种类、保存期限;(三)个人行使本法规定权利的方式和程序;(四)法律、行政法规规定应当告知的其他事项。这些关于"同意"的规则同样适用于"明确同意"中。《个人信息保护法》第三十条另规定在处理敏感个人信息时,还应当向个人告知处理敏感个人信息的必要性以及对个人权益的影响。本书第 6 章论述了个人敏感信息与私密信息的关系,因而第三十条的特殊告知内容也应适用于个人私密信息的处理。另外,当事人的明确同意还必须符合法律、法规的强制性规定和公序良俗。⑥

---

① 陈甦,谢鸿飞:《民法典评注·人格权编》,北京:中国法制出版社,2020 年,第 349-350 页。
② 最高人民法院民法典贯彻实施工作领导小组:《中华人民共和国民法典人格权编理解与适用》,北京:人民法院出版社,2020 年,第 352 页。
③ 陈甦,谢鸿飞:《民法典评注·人格权编》,北京:中国法制出版社,2020 年,第 350 页。
④ 最高人民法院民法典贯彻实施工作领导小组:《中华人民共和国民法典人格权编理解与适用》,北京:人民法院出版社,2020 年,第 352 页。
⑤ 陈甦,谢鸿飞:《民法典评注·人格权编》,北京:中国法制出版社,2020 年,第 350 页。
⑥ 陈甦,谢鸿飞:《民法典评注·人格权编》,北京:中国法制出版社,2020 年,第 350 页。

8.1.1.4 私密信息的处理受到"最小必要"原则的限制

上文提到,履行合同、法定职责等必需的情形,并不能成为私密信息处理的合法性基础,只有法律明确规定和信息主体明确同意两种情形下,才能处理个人私密信息。作为个人信息的一种类型,个人私密信息的处理还应当受到个人信息处理其他规则的限制。个人信息保护的基本原则、信息处理者的义务等规范是为了更好地保护个人信息权益和规范信息处理行为的,可以适用于个人私密信息。张新宝老师指出,个人信息处理的基本原则,尤其正当目的原则和必要原则,无论这两个原则与告知同意原则是何种关系,正当目的原则、必要原则与告知同意原则都应当结合,且告知同意原则都要受到这两个原则的约束。① 通过必要性对个人信息处理行为作出限制在应然层面已成为共识,这点也必然体现在个人信息处理的要求中。不论是欧洲源于人权法案对私人权利的正当化限制由此引发的数据质量的要求,还是美国基于透明公平原则对使用目的公开的要求,对于个人信息处理的限制一直都具有重要的意义。尽管立法表述和规范方式不同,但是各国均通过对必要性作出规定以努力实现个人信息保护与利用的平衡。因此我国法律也通过明确最小必要原则的内涵,确保在风险最小的前提下,处理为基本功能服务正常运行所必需的个人信息,这已成为实践中判断个人信息权益纠纷的重要标准。

2020年3月我国发布的《信息安全技术 个人信息安全规范》(GB/T 35273—2020)国家标准将2017年版的《信息安全技术 个人信息安全规范》(GB/T 35273—2017)第5条"最小够用"原则修改为"最小必要"原则,成为我国首个明确提出"最小必要"原则的规范性文件。《个人信息保护法》第六条将对处理个人信息目的的限制和对信息范围的要求规定在同一条款内,明确"处理个人信息应当具有明确、合理的目的,采取对个人权益影响最小的方式,并应当限于实现处理目的所必要的最小范围,不得过度收集个人信息",这是我国法律上对"最小必要"原则的第一次清晰阐述。"最小必要"原则已然成为我国个人信息保护领域最常见的原则,在司法实践中,也有越来

---

① 张新宝:《个人信息收集:告知同意原则适用的限制》,载于《比较法研究》2019年第6期,第10-11页。

越多的法院将该原则作为衡量是否侵害个人信息权益的重要依据。①

必要性原则是个人信息保护中比例原则的具体化,"最小必要"原则是对必要性原则判断标准的限缩,是具有中国特色的个人信息保护原则的表述。"最小必要"原则的提法为我国所特有,本书认为,我国个人信息领域"最小必要"原则包括目的限制原则和数据最小化原则两个方面。目的限制原则和数据最小化原则两者相辅相成,共同成为我国个人信息保护领域必要性要求的体现。"最小必要"原则的提出体现对个人信息处理行为的具体规范路径,要求在所有能够达成目的的手段中选择风险最小、侵害最少的方法,实现对个人信息处理行为的目的与手段的合理限制。目的限制原则为数据最小化原则的基础,体现为对处理个人信息必要性的要求;数据最小化原则是对目的限制原则实施中数据质量的要求和合比例性的体现。目的限制原则要求处理个人信息必须出于明确、合理的目的,允许以与这些目的兼容的方式进一步处理个人信息。② 数据最小化原则要求处理的个人信息与目的充分相关,处理所需目的的最小数据量和处理行为带来的风险最小化。具体而言包括三方面的内容。第一,处理的个人信息应与特定目的充分相关,不能处理无关的个人信息。即只有在充分、相关且相对于其收集的特定目的而言不过度的情况下,才可以对个人数据进行处理。第二,最短的存储时间。比如在基于合同所必须处理个人信息的情形下,一旦合同终止,因为不再存在任何履约的"必要性",所以数据处理行为必须停止。超出上述个人信息存储期限后,应对个人信息进行删除或匿名化处理,这点似乎与"被遗忘权"相关联。第三,处理个人信息行为对个人权益带来的风险最小化。以"风险最小化"取代"数据最小化"作为信息处理者应遵循的准则,且将规制的重心由信息收集环节转向使用环节。③ 有学者在对数据最小化的判断上提出了风险最小化的替代方案,提出要转变数据最小化的判断思路,从单纯追求数量的最小、频率的最低、要素的最少,转变为对数据可能引发风

---

① 比如,淘宝(中国)软件有限公司诉安徽美景信息科技有限公司不正当竞争案,杭州市中级人民法院(2018)浙01民终7312号;大众点评诉百度不正当竞争案,上海知识产权法院(2016)沪73民终242号民事判决等。

② European Union Agency for Fundamental Rights and Council of Europe, Handbook on European Data Protection Law,2018 edition,pp. 122-123.

③ 范为:《大数据时代个人信息保护的路径重构》,载于《环球法律评论》2016年第5期,第109页。

险的判断,并结合数据保护影响评估,构建更可行的个人信息保护体系。① 在风险的判断上,有学者提出应由第三方独立机构进行风险评估且应受主管部门监管,如果数据处理的社会影响和风险是最小化并可控的,风险防控措施是有效的,则符合情境合理测试,可在告知评估结果后适用拟制同意。②

8.1.2 个人信息的权能体系

隐私权对私密信息没有规定时,适用个人信息保护的规定,这种情况集中体现为信息主体在个人信息处理中享有特定权能的规定。我国《个人信息保护法》第四章规定"个人在个人信息处理活动中的权利",那么如何理解这些权利(知情权、删除权、修改权等)的法律性质?本书赞同将这些知情权、决定权、查阅权、复制权、更正权、删除权等理解为权能而非权利,这些权能依附于个人信息,无法单独予以转让。③ "权利"和"权能"法律地位区别的判断标准主要由其独立转让性和重要性决定。④ 这和我们熟知的作为民事基本权利的支配权、请求权、形成权和抗辩权是一样的,虽然名为"权利",但其实质上并非权利,而是一种权能,只是因学理上方便而称之为权利。个人信息之上信息主体享有知情权、更正权等,是个人信息权益的效力表现,是个人信息权益得以发挥作用的手段,依托于个人信息权益而无法单独存在和转让。个人信息本身是由删除权、查阅权、复制权、更正权等一系列权能所组成的"权利束",各项权能分别承担个人信息保护的特定功能,发挥着不同的作用。⑤ 这些权能可以被区分为两种类型,一种体现程序正义功能,一种蕴含分配正义功能。⑥ 前者保障个人在信息处理过程中的参与和全环节"在场",促进个人与信息处理者的理性交涉,包括知情权、查询权、更正权等;后者则关涉多个相互博弈的权利与权利主体间的关系,包括限制处理权、撤回同意权、删除权、可携带权等,这类权能是立法者进行立法裁量后确

---

① 蔡星月:《数据主体的"弱同意"及其规范结构》,载于《比较法研究》,2019年第4期,第84-85页。
② 蔡星月:《数据主体的"弱同意"及其规范结构》,载于《比较法研究》,2019年第4期,第84-85页。
③ 申卫星:《论个人信息权的构建及其体系化》,载于《比较法研究》2021年第5期。
④ [德]卡尔·拉伦茨著,王晓晔、邵建东、程建英、徐国建译:《德国民法通论(上册)》,北京:法律出版社,2003年,第264页。
⑤ 王利明:《论个人信息删除权》,载于《东方法学》2022年第1期,第39页。
⑥ 王锡锌:《国家保护视野中的个人信息权利束》,载于《中国社会科学》2021年第11期,第129-133页。

定的结果。① 对信息主体赋予这些重要的权能有利于保障个人信息权益的实现,促进个人信息的主体对信息的参与和交涉,个人私密信息的主体也应该享有。其中较为重要的几种具有典型代表的权能如下。

知情权(right to be informed),是指信息主体在收集个人信息时应告知信息处理者的基本信息、处理的目的、储存时间等内容的权利。《民法典》第一千零三十五条规定处理个人信息应当符合公开处理信息的规则,明示处理信息的目的、方式和范围。虽然没有明确使用"知情权""有权知悉"等术语,但本条是处理个人信息公开透明原则的体现,可以被认为是确保信息主体享有知情权。② 知情权在《个人信息保护法》中被进一步明确,除了第四十四条规定知情权外,第二章"个人信息处理规则"第十四条、第十七条等都可以理解为信息主体知情权的具体内容。

查阅权,也可以称为信息获取权(right to access),保证信息主体了解信息处理的实际情况,也能为其后续正常行使更正权和删除权创造条件。《民法典》和《个人信息保护法》将查阅权和复制权一起规定,第一千零三十五条第一款第一句规定"自然人可以依法向信息处理者查阅或者复制其个人信息",《个人信息保护法》第四十五条前两款有更为具体的规定。查阅权、复制权的对象不仅仅限于个人信息本身,还包括信息的使用方法、存储环境、使用情境、传输对象等,因为信息处理都是在具体场景中发生的,不了解信息处理的具体环境无法准确判断信息处理是否符合信息主体的权益。

更正权(right of correction),是指信息主体有权请求信息处理主体对不正确、不全面的个人信息进行改正与补充的权利。③《民法典》对更正权的规定体现在第一千零三十七条第一款后半句"(自然人)发现信息有错误的,有权提出异议并请求及时采取更正等必要措施"。《个人信息保护法》第四十六条将"错误信息"细化为"信息不准确或不完善",一旦在查阅个人信息过程中发现记载的信息有误,信息主体有权提出异议并请求及时采取更正等必要措施。从信息处理者的角度来看,应当对提出更正、补充的个人信息予以核实,并及时更正、补充。

拒绝权,也可以称为反对权(right to object),欧盟 GDPR 第 21 条对这

---

① 王锡锌:《国家保护视野中的个人信息权利束》,载于《中国社会科学》2021 年第 11 期,第 129-133 页。
② 申卫星:《论个人信息权的构建及其体系化》,载于《比较法研究》2021 年第 5 期。
③ 参见陈甦,谢鸿飞:《民法典评注·人格权编》,北京:中国法制出版社,2020 年;黄薇:《中华人民共和国民法典人格权编解读》,北京:中国法制出版社,2020 年。

一权利的表述为,当数据控制者基于某些法定理由合法地进行数据处理,而信息主体却根据某些特定情况要求数据控制者停止使用其个人信息的时候,其可以行使的权利。① 我国《民法典》没有明确规定拒绝权,但是第一千零三十六条规定处理个人信息的免责事由例外中有"自然人明确拒绝"的条款,即使相关个人信息已经公开,但是如果信息主体明确拒绝他人使用的,行为人也不得处理该个人信息,这可以视为拒绝权能的一种效果。《个人信息保护法》第四十四条明确信息主体有权限制或拒绝他人对其个人信息进行处理。同时,第十五条规定了信息主体的撤回同意,也是行使拒绝权的一种形式。

删除权(right to erasure),是指个人信息的处理已经违反法律规定,超过了当事人约定的范围,或权利人认为继续信息处理行为会有损本人的利益时,信息主体要求信息处理者及时停止对个人信息的处理并删除相关个人信息的权利。② 在欧盟,这一权利被称为"被遗忘权"(the right to be forgotten)。《民法典》将删除权规定在第一千零三十七条中;《个人信息保护法》第四十七条在《民法典》的基础上,对删除权作出了更为具体的规定,第一款明确了适用情形也扩张至五种,第五款"法律法规规定的其他情形"成为删除权的兜底条款,进一步扩大了删除权的适用空间,扩展了我国个人信息删除权的适用条件,体现出与欧盟法上"被遗忘权"的很高的相似度。

除了《个人信息保护法》第四章中规定信息主体享有的权利外,第五章信息处理者的义务中规定的个人信息影响评估、合规审计、信息泄露通知制度等,均适用于个人私密信息处理的情形。因为私密信息是个人信息的特殊类型,在本书第 6 章分析敏感信息与私密信息关系部分中已强调,所有私密信息都属于敏感信息,因而对信息处理者的特殊义务规定均适用于个人私密信息。

8.2 个人私密信息双重保护之权利救济

我国《民法典》确立了人格权请求权与侵权责任请求权相分离的保护模式。在请求权基础的视角下,人格侵害首先引发停止侵害、排除妨碍、消除

---

① Christopher KUNER, Lee A. BYGRAVE, Christopher DOCKSEY edited, *The EU General Data Protection Regulation: A Commentary*. Oxford: Oxford University Press, 2020: 477.

② 参见 Vgl. Nolte| Werkmeister, in: Gola, DSGVO, § 17 Rn. 8, 转引自陈甦,谢鸿飞,《民法典评注·人格权编》,北京:中国法制出版社,2020 年。

危险等消极防御性请求权,如果发生损害,则进一步产生侵权损害赔偿请求权。若涉及合同缔结的需要,还会相应产生合同上的请求权,包括缔约过失责任请求权、合同履行请求权、违约金请求权等。个人信息作为一种人格权益,是否适用人格权请求权及相关规定仍存争议。但是个人私密信息是隐私权的权利对象,适用《民法典》人格权编的保护具有当然性。在权益救济方面,下文将分别从《民法典》人格权编和侵权责任编展开。

8.2.1 人格权请求权与侵权责任请求权的关系

我国《民法典》确立了人格权请求权与侵权责任请求权的"分离模式"。比较法上,最早规定人格权一般保护规则的是《瑞士民法典》,开创了人格权请求权的先河,并确定了防御性诉讼与损害赔偿诉讼并列的二元诉讼模式。[1]《民法典》第九百九十五条规定,人格权受到侵害的,受害人有权依照本法和其他法律的规定请求行为人承担民事责任。受害人的停止侵害、排除妨碍、消除危险、消除影响、恢复名誉、赔礼道歉请求权,不适用诉讼时效的规定。本条规定了人格权遭受侵犯时侵权请求权产生的两类制定法渊源。[2] 一种是"本法"(即《民法典》),主要是依据侵权责任编的规定主张侵权请求权,人格权编中也规定了一些侵权请求权的情形,比如第九百九十四条关于死者近亲属对侵犯死者人格特征时享有的请求权。另一种是"其他法律规定",即《民法典》之外的制定法主张侵权请求权,比如《刑法》[3]《道路交通安全法》[4]等。《民法典》总则编第一百二十条规定,民事权益受到侵害的,被侵权人有权请求侵权人承担侵权责任。本条成为侵权责任请求权的

---

[1] 王利明:《论人格权请求权与侵权损害赔偿请求权的分离》,载于《中国法学》2019年第1期,第225页。

[2] 陈甦,谢鸿飞:《民法典评注·人格权编》,北京:中国法制出版社,2020年,第44-46页。

[3] 《刑法》第三十六条规定,由于犯罪行为而使被害人遭受经济损失的,对犯罪分子除依法给予刑事处罚外,并应根据情况判处赔偿经济损失。承担民事赔偿责任的犯罪分子,同时被判处罚金,其财产不足以全部支付的,或者被判处没收财产的,应当先承担对被害人的民事赔偿责任。

[4] 《道路交通安全法》第七十六条规定,机动车发生交通事故造成人身伤亡、财产损失的,由保险公司在机动车第三者责任强制保险责任限额范围内予以赔偿;不足的部分,按照下列规定承担赔偿责任:(一)机动车之间发生交通事故的,由有过错的一方承担赔偿责任;双方都有过错的,按照各自过错的比例分担责任;(二)机动车与非机动车驾驶人、行人之间发生交通事故,非机动车驾驶人、行人没有过错的,由机动车一方承担赔偿责任;有证据证明非机动车驾驶人、行人有过错的,根据过错程度适当减轻机动车一方的赔偿责任;机动车一方没有过错的,承担不超过百分之十的赔偿责任;交通事故的损失是由非机动车驾驶人、行人故意碰撞机动车造成的,机动车一方不承担赔偿责任。

请求权基础,侵权责任的方式根据《民法典》第一百七十九条,主要有停止侵害、排除妨碍、消除危险、返还财产、恢复原状、修理重做更换、继续履行、赔偿损失、支付违约金、消除影响、恢复名誉、赔礼道歉。当行为人侵犯他人享有的人格权时,他人也能够向法院起诉,要求法官责令行为人对自己承担侵权责任,即人格权遭受侵犯所产生的侵权请求权。① 当个人私密信息被非法处理时,权利人享有要求行为人对其承担侵权责任的请求权。这种诉权形成的基础是他人已经享有某种人格权或人格权益,因而人格权先于他人享有的侵权请求权。②

《民法典》人格权编既确认了人格权的内容,也规定了由人格权所产生的绝对权请求权。《民法典》第九百九十五条规定,人格权受到侵害的,受害人有权依照本法和其他法律的规定请求行为人承担民事责任。该法第一千一百六十七条同时规定,侵权行为危及他人人身、财产安全的,被侵权人有权请求侵权人承担停止侵害、排除妨碍、消除危险等侵权责任。《民法典》第一千一百六十七条可以视为消极防御性请求权的请求权基础,构成要件包括"人格权＋正在进行或即将发生的侵害或妨害＋不法性阻却抗辩"。③ 第九百九十五条人格权请求权为规范基础,在明文规定了绝对权请求权的情况下,绝对权请求权优先于侵权责任请求权的适用。

人格权属于绝对权,具有排他效力、对世效力,权利人之外的任何人都负有不得侵害、妨害权利人享有和行使人格权的义务。根据《民法典》第九百九十五条规定,当人格权面临被妨害或被妨害的危险时,基于人格权的排他权能,权利人享有基于绝对权的请求权。人格权请求权使人格权主体能够排除行为人的不法侵害行为,以恢复人格权的圆满状态。④ 这种请求权属于展望性的侵权预防责任体系,针对不当行为和损害危险,归责依据是行为人带来的侵扰或危险,实现损害和妨害的预防,其正当性依据在于实用主义考量和伦理性基础。⑤ 与回顾性的损害赔偿责任体系不同,损害赔偿体系主要机能在于填补损害,核心是解决在权利受到侵害的情况下应该如何

---

① 张民安:《无形人格侵权责任制度研究》,北京:北京大学出版社,2012年,第425—502页。
② 陈甦、谢鸿飞:《民法典评注·人格权编》,北京:中国法制出版社,2020年,第43—44页。
③ 吴香香:《请求权基础视角下〈民法典〉人格权的规范体系》,载于《中国高校社会科学》2021年第4期,第130页。
④ [德]卡尔·拉伦茨著,王晓晔,邵建东,程建英,徐国建等译:《德国民法通论(上册)》,北京:法律出版社,2003年,第264页。
⑤ 叶名怡:《论侵权预防责任对传统侵权法的挑战》,载于《法律科学》2013年第2期,第124页。

救济的问题。因此,人格权请求权和物权请求权一样,属于绝对权的请求权,其主要功能不在于对损害进行补救,而在于恢复遭受侵害的权利和预防可能发生的损害。其并非以损害赔偿为责任形式,而是以停止侵害、恢复原状等为责任形式。① 概而言之,人格权受到妨害(或持续的侵害)或可能受到妨害时,应当适用人格权请求权;而人格权受到侵害并且造成了损害时,就应当适用侵权损害赔偿请求权。

8.2.2 人格权请求权

根据《民法典》第九百九十五条的规定,在他人的人格权受到侵犯时,他人能够依照"本法"提起侵权请求权,也可以依照《民法典》之外的"其他法律规定"主张侵权请求权。根据第一千一百六十七条的规定,在人格权遭受侵害或者有遭受侵害的危险时,赋予权利人人格权请求权,并且不考虑行为人是否具有过错,有利于防止损害发生或扩大,更有利于对人格权的保护。据此,该请求权的行使条件有三个要素。第一,"侵权行为",意味着妨害的不法性,至于妨害人对于妨害是否具有过错,在所不问。② 第二,"危及他人人身、财产安全的",指妨害已然存在,或存在妨害权利支配状态的危险。比如个人信息处理者收集、公开、使用的个人信息不准确,信息主体可以请求及时更正,并不需要证明信息处理者构成侵权。第三,"被侵权人有权请求侵权人",表明请求权存在于"被侵权人"与"侵权人"之间。③

在请求权基础视角下,《民法典》人格权编的规范主要为辅助规范,侵害个人信息行为的不法性可以从行为规范和权益衡量两方面考量。因为个人信息权益以自决为中心,与信息流通、信息自由常存在法益冲突,信息处理在个案中是否遵循相关原则,须借助法益衡量判断(《民法典》第一千零三十五条)。蔡立东教授指出,我国采取"抽象原则+具体行为规范"的个人信息保护思路可以为行为违法判断提供适格法源,并构建个人信息权益侵害要

---

① 王利明:《我国侵权责任法的体系构建——以救济法为中心的思考》,载于《中国法学》2008年第4期,第10页。
② 即使在没有构成侵权的情况下,只要妨害了人格权或者可能妨害人格权,权利人就可以行使人格权请求权。这被视为人格权请求权在适用条件上的独特性,参见陈甦、谢鸿飞:《民法典评注·人格权编》,北京:中国法制出版社,2020年。
③ 从举证责任上看,原告无须证明两者间具备相当因果关系,只需证明自己是权利人(被妨害人)、被告是妨害人或造成妨害危险的人,即完成了举证责任。参见陈甦、谢鸿飞:《民法典评注·人格权编》,北京:中国法制出版社,2020年。

件双阶层认定机制。① 第一阶层是判断信息处理者的行为是否导致信息主体信息自决遭受贬损(行为违法性判断);第二阶层判定信息主体信息自决遭受贬损是否会使其人格尊严或人格自由遭受不合比例妨碍(利益权衡)。② 第一阶层的认定中,包括直接保障信息自决的行为规范(比如《民法典》第一千零三十五条、第一千零三十六条,《个人信息保护法》第十三条等),违法间接保障信息自决的行为规范(比如《民法典》第一千零三十八条和《个人信息保护法》第五十一条关于信息处理者对信息安全的技术保障措施);还包括其他与保障信息自决无关的行为规范(比如制定信息保护负责人、定期进行合规审计等)。第二阶层的认定着眼于恰当性、必要性和均衡性,旨在权衡信息主体人格尊严或人格自由是否因信息自决受到妨碍或遭受信息处理者不合比例侵害。比如《民法典》第一千零三十五条规定,处理个人信息应当遵循合法、正当、必要原则,不得过度处理。《个人信息保护法》进一步明确个人信息处理的合法、正当、必要和诚信原则,以及最小必要原则、公开透明原则、数据质量原则等,并在第二章"个人信息处理规则"中细化个人信息处理的合法性基础、征得主体同意的规则、敏感个人信息的处理规则等,为判断个人私密信息侵权行为的不法性提供了具体指引和法律依据。

《民法典》设置人格权请求权,除停止侵害、排除妨碍、消除危险等责任承担方式外,还有诉前禁令、更正删除权等非责任形式,这些都是人格权效力的体现,可满足人格权事前预防保护之需。③ 其中人格权禁令制度被视为人格权编的一大亮点,对于及时制止侵害人格权的行为、有效预防侵害人格权损害后果的发生具有重要意义。根据《民法典》第九百九十七条的规定,如果他人能够证明"行为人正在实施或者即将实施侵害其人格权的违法行为",则在一定条件下,他人就能够主张停止侵害请求权。对人格权领域的停止侵害请求权作出一般性的规定,目的在于通过这一侵权请求权实现损害的事先预防和阻止损害持续扩大。人格权禁令制度被认为是一项制度创新,是属于人格权请求权的独立实现程序,可以增强人格权编的预防功

---

① 蔡立东,展海晴:《论个人信息权益保护范围的厘定——以行为违法判断为核心》,载于《吉林大学社会科学学报》2023年第2期,第10-12页。
② 蔡立东,展海晴:《论个人信息权益保护范围的厘定——以行为违法判断为核心》,载于《吉林大学社会科学学报》2023年第2期,第10-12页。
③ 张红:《民法典(人格权编)一般规定的体系构建》,载于《武汉大学学报(哲学社会科学版)》2020年第5期,第163页。

能,是适应互联网、高科技时代的重要制度。

人格权禁令的适用条件包括:行为人正在实施或者即将实施侵害其人格权的违法行为,不及时制止将使权利人的合法权益受到难以弥补的损害,民事主体有证据证明。① 在禁令制度适用于个人私密信息禁令的适用可以不考虑行为人的主观状态,因为禁令的实体法依据是人格权请求权,受害人申请禁令并不要求行为人的行为具有不法性,也不要求行为人具有过错,只要有证据证明行为人的行为可能对自身的人格权造成现实的危险或威胁即可。② 对于正在实施或即将实施侵害人格权的行为是否必须构成侵权,王利明教授认为,在行为人有侵害之虞的情形下,申请人很难证明行为人构成侵权,损害后果并未发生,因此是否造成损害或造成多大损害难以判断,不宜要求申请人证明行为人构成侵权。③ 当前,对于人格权禁令是否应当设置一个独立程序、如何设置以及如何兼顾程序效率与程序公正,是摆在民法学者和民诉法学者面前的问题。④

人格权请求权的作用在于恢复人格权的圆满状态,而不是为了填补权利人的实际损害。侵害人格权的特殊民事责任承担方式,主要包括停止侵害、排除妨害、消除危险等防御性的责任。因为仅仅通过金钱支付难以实现有效救济,而恢复名誉、消除影响、赔礼道歉等方式,在救济精神损害方面可能比金钱赔偿更有效果。人格权请求权具有多种表现形式,更正、撤回、删除等都具有预防损害发生的功能和作用,可以适应现代社会发展对侵害人格权行为进行预防的特殊需求。⑤ 数智时代使得侵害人格权的行为具有易发性和损害后果的不可逆性,个人信息保护的防范重点应是一种因个人信息被滥用而可能产生的抽象的危险,这种危险可能现实化为隐私受侵害、名誉受损或者财产受损,遵守个人信息保护规则有助于避免

---

① 参见黄薇:《中华人民共和国民法典人格权编解读》,北京:中国法制出版社,2020年。
② 参见最高人民法院民法典贯彻实施工作领导小组:《中华人民共和国民法典人格权编理解与适用》,北京:人民法院出版社,2020年。程啸教授也指出,《民法典》第九百九十七条关于违法行为的表述仅仅是一个提示性的规定,是提醒法院应该审查被申请人是否存在阻却违法性的事由。参见程啸:《论我国民法典中的人格权禁令制度》,载于《比较法研究》2021年第3期。
③ 王利明:《论侵害人格权的诉前禁令制度》,载于《财经法学》2019年第4期,第11页。
④ 张卫平:《民法典的实施与民事诉讼法的协调和对接》,载于《中外法学》2020年第4期,第943-944页。
⑤ 王利明:《论人格权请求权与侵权损害赔偿请求权的分离》,载于《中国法学》2019年第1期,第231-232页。

这种危险。① 因而,在个人私密信息的保护中,人格权请求权在积极保护隐私权、及时制止侵害隐私权、预防损害后果中将发挥重要作用。

8.2.3 侵权责任请求权

一般说来,人格权受到妨害(或持续的侵害)或可能受到妨害时,应当适用人格权请求权;而人格权受到侵害并且造成了损害时,就应当适用侵权损害赔偿请求权。在个人私密信息的保护中,损害赔偿请求权也发挥了重要作用。

侵权责任是一种事后救济的法律,不主动介入到某种社会关系中,是权益遭受到侵害之后所形成的社会关系,其核心是解决受到侵害的情况下如何救济的问题。② 作为权利的救济规则,以损害赔偿为主要责任形式,产生损害赔偿责任,也称损害赔偿请求权,是指被侵权人请求侵权人赔偿因侵权行为给其造成的损害(财产损失与精神损害)的请求权,其中恢复原状、赔偿损失最为典型。从本质上来说,《民法典》侵权责任编首先是救济法,通过责任的承担来填平损害以达到保护权利的目的。③

《民法典》侵权责任编第一条,即《民法典》第一千一百六十四条明确指出,本编调整因侵害民事权益产生的民事关系,其中民事权益包括民事权利和民事利益。个人信息权益受到侵害适用《民法典》第一千一百六十五条第一款规定,行为人因过错侵害他人民事权益造成损害的,应当承担侵权责任。本款在逻辑构成上满足行为模式与法律后果的基本要求,属于兼具行为规则功能和裁判规则功能的完全法条,个人私密信息权益遭受侵害的受害人有权以该条为请求权基础向法院提出诉讼请求。在一般过错责任原则下,侵权责任的成立必须具备违法行为、损害事实、因果关系和主观过错四个要件。

在个人信息侵权责任中,由于信息处理者和信息主体之间的力量悬殊和技术差异,各国都对信息处理者提出了更为严格的要求。比如欧盟GDPR 第 82 条规定,数据处理者如果能证明其无论如何都不应对造成损害

---

① 杨芳:《个人信息自决权理论及其检讨——兼论个人信息保护法之保护客体》,载于《比较法研究》2015 年第 6 期,第 32 页。
② 王利明:《侵权责任法研究》,北京:中国人民大学出版社,2016 年,第 315-318 页。
③ 参见最高人民法院民法典贯彻实施工作领导小组:《中华人民共和国民法典人格权编理解与适用》,北京:人民法院出版社,2020 年;程啸:《侵权责任法(第三版)》,北京:法律出版社,2020 年。

的事件负责时,才能免除第2款的责任。① 根据我国《民法典》侵权责任编,过错责任是最基本的损害赔偿责任的归责原则,而过错推定责任或无过错则都必须以法律有明确规定为前提(第一千一百六十五条和第一千一百六十六条)。《个人信息保护法》第六十九条规定,处理个人信息侵害个人信息权益造成损害,个人信息处理者不能证明自己没有过错的,应当承担损害赔偿等侵权责任。本条确立了我国个人信息侵权中的"过错推定责任"。

在私密信息的侵权责任构成上,存在不同见解。有学者提出对隐私权保护规则优先性的缓和化方案,以化解隐私权和个人信息权益保护的冲突,即坚持将过错责任而非过错推定责任作为私密信息的侵权构成要件,但是认为应降低信息主体对过错要件的证明标准,即通过事实推定规则确定侵权事实和个人信息处理者在此基础上是否违反成文法义务来实现。② 本书并不赞同这种观点,适用隐私权侵权构成要件、降低信息主体对过错要件的证明标准的做法,仍然是固守"隐私权优先"的体现,并不符合法律强化对个人私密信息保护的立法宗旨;且降低过错要件的证明标准,并没有法律上直接的依据。一方面,从目的解释第一千零三十四条第二款的角度出发,本书认为个人私密信息的侵权构成应取隐私权和个人信息权益保护中更有利于个人信息主体的规则,可直接适用过错推定责任。另一方面,由于《个人信息保护法》是保护个人信息领域的专门立法,根据"特别法优先于一般法",其应优先于《民法典》予以适用,因此,在判断个人私密信息权益侵权的案件中,应适用过错推定责任。

所谓"过错推定",是指在损害事实发生后,基于某种客观事实或条件而推定行为人具有过错,从而减轻或免除受害人对过失的证明责任,并由被推定者证明自己没有过错。③ 过错推定责任之下,将原本由原告负担的证明被告具有过错的证明责任,移转给了被告,即由被告证明自己没有过错。从过错责任产生的历史和发展来看,多涉及高深的科学知识与专业领域,要求受害人证明被告具有过错,不仅消耗时间精力,且极其困难,转由被告来证明自己没有过错,既能维持过错责任原则,又可以有效地保护受害者。个人信息侵权中的过错推定责任与隐私权的传统过错责任原则相比,受害人无

---

① 程啸:《论侵害个人信息的民事责任》,载于《暨南学报(哲学社会科学版)》2020年第2期,第42页。
② 刘承韪,刘磊:《论私密信息隐私权保护优先规则的困局与破解——以〈民法典〉第1034条第3款为中心》,载于《广东社会科学》2022年第3期。
③ 程啸:《侵权责任法(第三版)》,北京:法律出版社,2020年,第119页。

须证明信息处理者存在过错,如果信息处理者不能推翻该过错之证明,即证明自己没有过错,则须承担侵权责任。比如在个人信息被黑客攻击而导致泄露的情形下,信息处理者应当证明自己已经按照法律规定采取了必要措施防止个人信息泄露或窃取,同时在信息泄露后积极采取了补救措施并履行了通知负有个人信息保护职责的部门和个人的业务,如此可以认定个人信息处理者不存在过错,可以不承担侵权责任。①

8.3 侵害个人私密信息造成"损害"的认定

个人信息的损害风险可基于人格权请求权适用消除危险责任方式是没有疑问的,关键在于能否更进一步适用于损害赔偿责任,这是个人信息损害赔偿请求权适用的关键环节。在对此"损害"的认定上出现了两种对立的观点:一种观点认为在大数据时代,应该变革传统侵权损害的观念,对损害作灵活的扩张解释,承认未来风险作为损害的可赔偿性;②另一种观点则坚守损害的"确定性"标准,即要求损害必须是真实的、可证明的,因为坚持风险为损害容易导致主观臆测。③ 中外司法实践中对此的态度也不一致,肯定未来高概率可能风险作为损害的案例包括 Rosenbach v. Six Flags Entertainment Corp.④、Krottner v. Starbucks⑤ 等,在我国北京市互联网法院判决的"微信读书案"⑥和"抖音案"⑦中,法院同时认可了原告在没有具体损害的情况下提出的精神负担。但是,由于损害的标准不一,实践中很多法院也常因为损害的不确定性而否认原告的诉讼请求,比如 Clapper v. Amnesty International

---

① 程啸:《个人信息保护法理解与适用》,北京:中国法制出版社,2021年,第518页。
② 参见谢鸿飞:《个人信息泄露侵权责任构成中的"损害"——兼论风险社会中损害的观念化》,载于《国家检察官学院学报》2021年第5期;田野:《风险作为损害:大数据时代侵权"损害"概念的革新》,载于《政治与法律》2021年第10期;等等。
③ Benjamin C. West, "No Harm, Still Foul: When an Injury-in-Fact Materialized in a Consumer Data Breach", *Hastings Law Journal*, 2018, vol. 69, p. 701.
④ Rosenbach v. Six Flags Entertainment Corp., No. 123186(The Supreme Court of Illinois January 25, 2019).
⑤ 628F. 3d1139(9thCir. 2010). Krottner v. Starbucks, Nos. 09-35823 and 35824(9th Cir.; Dec. 14, 2010).
⑥ 北京互联网法院(2019)京 0491 民初 16142 号。
⑦ 北京互联网法院(2019)京 0491 民初 6694 号。

USA①案、Spokeo Inc. v. Robins 案②等。在我国的"朱烨诉百度案"中③,二审法院基于类似的理由也不认可原告提出的"精神紧张和恐惧"等精神损害和未来的风险损害形式。

8.3.1 个人信息权益纠纷中的"损害"

个人信息权益纠纷中,有关"损害"的相关研究吸引了理论界和实务界的众多关注,损害不确定性等难题成为个人信息权益纠纷中责任认定的重要环节。越来越多的学者认识到,个人信息权益侵害所引发的非物质性损害比物质性损害更为常见,主要表现包括担心和恐惧未来遭受损害的"焦虑"、财产权益未来被侵害的风险本身等。④ 非物质性损害成为个人信息侵权中最为重要的损害形式,因其不确定性与传统损害的证明标准存在矛盾:损害作为一种事实状态,指因一定的行为或时间使某人受侵权法保护的权利和利益遭受某种不利益的影响。⑤ 传统侵权法上,"确定性"是损害最核心的要素,即要求损害必须真实客观存在,而不能是主观臆断的。⑥

一般而言,损害可以分为财产损害和非财产损害。财产之损害,着重于财产价值之减少,而非财产之损害,着重于痛苦之感受。⑦ 非财产之损害,可以分为最广义、广义及狭义三种。最广义之非财产损害,泛指一切损害,除包括生理上或心理上之痛苦外,还包括比较低层次之不快或不适。广义之非财产损害,则泛指生理上或心理上之痛苦,但不包括比较低层次之不快或不适。广义之非财产损害中仅符合损害赔偿法规定要件的部分,方能获得赔偿,该可获得赔偿的部分,即狭义之财产损害。⑧ 美国学者 Solove 教授将隐私伤害分为以下几种类型:身体伤害(physical harms)、经济伤害(economic harms)、名誉伤害(reputational harms)、精神伤害(psychological

---

① 568U. S. 398(2013). Clapper v. Amnesty Int'l USA-568 U. S. 398,133 S. Ct. 1138 (2013).
② Spokeo Inc. v. Robins,136S. Ct. 1540(2016).
③ 江苏省南京市中级人民法院(2014)宁民终字第 5028 号。
④ 比如谢鸿飞:《个人信息泄露侵权责任构成中的"损害"——兼论风险社会中损害的观念化》,载于《国家检察官学院学报》2021 年第 5 期;刘云:《论个人信息非物质性损害的认定规则》,载于《经贸法律评论》2021 年第 1 期;Daniel J. Solove and Danielle Keats Citron,"Risk and Anxiety: A Theory of Data-Breach Harms",*Texas Law Review*,2018,vol. 96,p. 737。
⑤ 王利明、杨立新:《侵权行为法》,北京:法律出版社,1996 年,第 55 页。
⑥ 张新宝:《中国侵权行为法》,北京:中国社会科学出版社,1998 年,第 93-94 页。
⑦ 曾世雄:《损害赔偿法原理》,北京:中国政法大学出版社,2001 年,第 295 页。
⑧ 曾世雄:《损害赔偿法原理》,北京:中国政法大学出版社,2001 年,第 294 页。

harms,包括情绪困扰和干扰,emotional distress,disturbance)、自治的伤害(autonomy harms,包括胁迫、操纵、未能告知、挫败预期、缺乏控制、令人不寒而栗的效果)、歧视伤害(discrimination harms)、关系伤害(relationship harms)等。① 除身体伤害、经济伤害外,其他伤害类型都属于非物质性损害,可见非物质性损害是个人信息权益纠纷中最常见的损害类型,包括名誉、自治、歧视、关系等带来的负面影响和破坏性情绪。有学者用"焦虑"这一笼统的术语来涵盖广泛的负面性破坏性情绪,比如悲伤、尴尬等。② 个人信息侵权造成的这些损害以"无形性"为其最突出的特点。一方面,由于信息的不对称、信息主体与控制者之间的力量失衡,权利主体对于哪些隐私信息被收集、如何处理以及如何在不同平台和机构间共享等事实难以知悉,使得无法对个人隐私加以控制,自然对隐私权侵害所造成的可能损害也无法预估和证实。③ 另一方面,即使损害变成了现实,也不必然导致即时的身体伤害、人格受损或财产损失等可以量化和识别的损害,权利人因隐私受到威胁而遭遇未来侵害的风险显著增加,却是法院无经验且无规则可寻的。

8.3.2 "风险即损害"理论

当前我国既有法律对"损害"的定义没有作限制,这为"风险即损害"的解释留下了空间。我国《民法典》第一千一百六十五条为过错侵权提供请求权基础,为民事权益的保障确立基础性规范。④ "行为人因过错侵害他人民事权益造成损害的,应当承担侵权责任",该条是一般侵权责任的基本条款和法律依据,"造成损害的"为本条新增,对"损害后果"作出要求成为《民法典》侵权责任编与以往立法相比的重大变化。从文义解释来看,本条的"损害"是一个比较广的概念,不仅包括已经存在的"现实损害",还包括构成现实威胁的"不利后果"。比如房屋倾斜,若不采取防范措施,将导致房屋倒塌而造成对他人人身、财产安全的损害等。⑤ 损害是一种不利益,可以分为事实上的损害和法律上的损害。前者是从事实层面观察,看受害人遭受了哪

---

① Danielle Keats Citron and Daniel J. Solove,"Privacy Harm",*B. U. Law Review*,2022,vol. 102.
② Daniel J. Solove & Danielle Keats Citron, Risk and Anxiety: A Theory of Data-Breach Harms,96 *Texas Law Review* 737,(2018). p. 764.
③ 阮神裕:《民法典视角下个人信息的侵权法保护——以事实不确定性及其解决为中心》,载于《法学家》2020年第4期。
④ 邹海林,朱广新:《民法典评注·侵权责任编》,北京:中国法制出版社,2020年,第6页。
⑤ 黄薇:《中华人民共和国侵权责任编解读》,北京:中国法制出版社,2020年,第10页。

些不利益；后者是从法律上评价侵权行为人应予赔偿的、受害人所遭受的不利益。① 因此，并非致害人导致的每一个不利益都需赔偿，事实上的损害只是一种事实，而后需要经由价值判断的过滤，走向法律上的损害。② 这个过程是由一定的价值体系控制，在综合、弹性的评价系统中完成的。③ 通过上文分析可知，"风险作为损害"可以认定为一种事实上的损害，属于事实层面观察到的受害人遭受的不利益，比如因信息泄露而导致未来可能出现财产损失、情绪焦虑等。第一千一百六十五条对于"风险作为损害"没有明显的态度，即未明确肯定也未明确拒绝该类损害，"风险作为损害"是否可以成为法律上认可的损害并获得赔偿，还需要进一步论证和系统考量。《个人信息保护法》第六十九条虽然在归责原则上与《民法典》一般侵权的过错责任不同，但是对于"损害"的规定和《民法典》保持一致："处理个人信息侵害个人信息权益造成损害，个人信息处理者不能证明自己没有过错的，应当承担损害赔偿等侵权责任。"从文义上看，该条也没有进一步明晰"损害"的概念和范围，对"风险即损害"延续了模棱两可的态度。

"风险即损害"理论下，风险是未来未必发生的损害，包括外部风险损害和内部焦虑损害，可以在不需要损害证明的前提下请求赔偿，归纳而言有三个要点。第一，个人信息侵权发生的损害主要表现为损害的非确定性和非现实性，往往以未来发生的损害为主要形式。未来损害可以根据下游损害发生的可能性区分为确定发生和不确定发生。若未来损害必然发生，则受害人可以提前主张赔偿未来发生的损害，其实质类似于预期违约制度的"预期侵权"；若损害未必发生，则可将其界定为风险。④ 第二，风险的类型主要包括外部的风险损害和内部焦虑的损害两种，前者包括降低风险而支出的合理成本、因侵权行为而增加的合理生活成本等，后者包括因个人信息遭受侵害导致生活安宁等利益被破坏而引发的愤怒、沮丧等焦虑性的精神损害，赔偿模式为"预防费用＋精神损害"。⑤ 第三，"将风险直接作为损害"不需要证明实际损害的存在，数据处理行为本身存在风险，该行为本身即可作为损害，这是新型损害的表现形式。但是需

---

① 邹海林，朱广新：《民法典评注·侵权责任编》，北京：中国法制出版社，2020年，第17页。
② 叶金强：《论侵权损害赔偿范围的确定》，载于《中外法学》2012年第1期，第165页。
③ 邹海林，朱广新：《民法典评注·侵权责任编》，北京：中国法制出版社，2020年，第18页。
④ 谢鸿飞：《个人信息泄露侵权责任构成中的"损害"——兼论风险社会中损害的观念化》，载于《国家检察官学院学报》2021年第5期，第36页。
⑤ 刘云：《论个人信息非物质性损害的认定规则》，载于《经贸法律评论》2021年第1期。

要综合考虑未来损害发生的可能性和后果、数据性质、预防措施的可能性等计算损害的数额。①

8.3.3 个人私密信息与损害的特殊认定

"风险即损害"理论在数字时代的个人信息权益纠纷中具有重要的价值,对传统损害确定性的变革具有重要意义,不少既有的司法实践也支持了这一理论。但是,该理论动摇了传统侵权法上"损害"的认定,且是一项重要变革,本书认为扩张认定风险的"步子"不能迈得太大,无须证明的损害并不能无限扩张,需要限定适用范围。因为若将风险直接作为损害,损害和个人信息之间的因果关系将"剪不断,理还乱",甚至导致几乎任何处理行为都可能产生未来的风险,这将增加确定个人信息保护范围的难度,也将威胁信息处理者行为的自由,不利于正常的信息流动和处理活动,长久来看会阻碍技术创新和社会发展。另外,从精神损害角度来看,由于每个人对精神困扰程度反映不一,若将"风险即损害"适用于所有的个人信息类型,将导致未来"精神困扰"的标准不一,容易引发同案不同判现象。在个人信息分类保护的思路下,本书认为应将"风险即损害"限定于私密信息的处理中,即非经授权的处理个人私密信息行为,在无须证明损害的情形下,可根据"风险即损害"获得赔偿。有以下三点理由:

第一,个人私密信息中保护利益优先于利用利益。个人信息保护规则是制度利益衡量的结果,旨在通过完善法律,使得法律更加契合数字社会、伦理、经济的发展和变迁。对个人信息进行分类保护背后蕴藏着不同的价值,除了个人信息权益这一共同价值外,不同类型的个人信息体现了价值的差异性。个人私密信息与一般个人信息的分类是根据个人信息的性质所作出的区分。一般个人信息的制度设计需要同时兼顾信息的保护需求与利用需求,通过规范信息处理行为,为信息利用和数据流通创造条件,从而实现激励相容、多元互动的良好治理格局。② 然而,个人私密信息具有与人格尊严紧密联系的隐私利益,这是人类尊严的底线,具有成为经济社会发展"禁区"的正当性,私密信息的特殊性质决定了对个人私密信息的保护利益优先于利用利益。与一般个人信息相比,私密信息上的"法律保留"体现在多个

---

① Daniel J. Solove and Danielle Keats Citron,"Risk and Anxiety: A Theory of Data-Breach Harms",*Texas Law Review*,2018,vol. 96,p. 737;谢鸿飞:《个人信息泄露侵权责任构成中的"损害"——兼论风险社会中损害的观念化》,载于《国家检察官学院学报》2021年第5期,第36页。

② 周汉华:《探索激励相容的个人数据治理之道》,载于《法学研究》2018年第2期,第22页。

方面,比如处理行为的合法性基础、同意规则、信息主体享有的权利、信息处理者的义务要求等。

第二,私密信息的"损害"已存在不需要证明实际损害的先例。根据《民法典》第一千零三十四条第三款规定:"个人信息中的私密信息,适用有关隐私权的规定;没有规定的,适用有关个人信息保护的规定。"《民法典》第一千零三十三条规定:"除法律另有规定或者权利人明确同意外,任何组织或者个人不得实施下列行为:……(五)处理他人的私密信息……"只要无法律特别规定或未经权利人同意,处理他人私密信息本身即构成侵权,是否造成其他实际的损害后果在所不问。[①] 这里的"处理"与第一千零三十五条中的"处理"含义相同,包括对私密信息的收集、存储、使用、加工、传输、提供、公开等行为。因此只要没有法律规定或没有当事人同意的,对他人私密信息的处理行为都可以是侵害隐私权。在涉及隐私权的纠纷中,存在法院判决支持不需要证明损害的大量司法实践。比如在孙某某诉中国联通案中,法院明确,个人信息的私密性是其重要内容,只要未经许可向第三人披露他人个人信息的事实存在即可构成侵害,就侵害的成立而言无须考虑第三人究竟给原告带来的是利益还是损害,私人信息为第三人所知本身即为损害。[②] 因此被告将原告的个人信息提供给某公司,使得原告的信息被第三方知悉,即构成对原告隐私权的侵犯。

第三,隐私权与个人信息保护的区别体现在损害的证明责任上,即"风险作为损害"理论应用于私密信息具有重要价值。从范围上来看,数字时代的个人信息具有延展性,其范围远大于隐私,因为隐私仅仅保护"具有隐私合理期望"或具有私密性(private nature)的个人信息。个人信息保护是基于过错原则,过错的判断标准是信息处理者是否采取了恰当的技术和组织措施防止未经授权或非法处理个人信息。除了个人信息权益的保护外,"促进信息的自由流动"也是个人信息保护法的应有之义,因此,若信息处理者能够证明在所有情况下都采取了谨慎措施,就不应该被苛责不利益,除非能够证明信息主体因此而遭受了物质损害或精神痛苦。反之,如果没有证明实际损害,信息控制者也尽到了合理注意的义务,在信息控制者采取了所有可能的技术保障措施的情况下,仍要求其对信息主体作出赔偿,将是很不合

[①] 田野:《风险作为损害:大数据时代侵权"损害"概念的革新》,载于《政治与法律》2021年第10期,第36页。

[②] 参见上海市浦东新区人民法院(2009)浦民一(民)初字第9737号民事判决书。

理的,也不利于数字经济的发展和创新。反观隐私权侵权,其归责是一种近乎无过错的严格归责,和其他绝对权的侵权一样,即使没有物质损害或精神痛苦证明的情况下,仍应要求行为人承担责任,即滥用私人信息行为本身就可以获得赔偿。因为隐私权源于人格尊严利益,一个人享有选择和控制他人是否以及何时可以接触其私人事务的自由和自主权。对个人隐私的侵犯事实给予赔偿与是否实际造成了任何痛苦或损害无关。隐私是现代国家自由的核心,适当程度的隐私对于个人的福祉和发展至关重要。正因为如此,英国最高法院在 Google 案中指出,基于滥用个人信息和数据保护两者保护法益的不同,判决对个人数据的"失去控制"(loss of control)并不构成 DPA 第 13 条确立的"损害"(damage)。[1]

另有国外学者研究认为,私密信息的暴露(exposure)本身就是损害,无须再费力地证明其他损害。[2] 我国学者也指出,私密信息的特质就在于"不愿为他人知晓"的隐私属性,而加害行为使这种本来的私密状态丧失,必然使信息主体的尊严受损,其损害的确定性是明显的。[3] 实践中已有多个法院在私密信息侵害中采用"风险即损害"理论,比如在潘某某诉姚某安装可视门铃侵害隐私权纠纷案中,法院明确可视门铃具有摄录、存储功能,对原告进出家门的私密信息的侵害造成了现实威胁,从而认定被告侵权行为成立,判决被告删除存储视频、拆除摄影头等。[4] 在广州某公司、陆某隐私权纠纷中,法院认定在没有征得原告陆某本人同意的情况下,被告不应将陆某的身份证号码、身份证地址、家庭地址以及家人手机号码等个人私密信息予以公开;且该信息发布后即已造成陆某个人私密信息被他人知晓的损害后果。[5] 因此,今后判断个人信息侵权行为,需要证明因被告违法处理行为而使信息主体遭受了物质或精神损害;而侵害私密信息行为本身即可获得赔偿,无须证明其造成了物质损害或精神困扰。以是否需要证明实际损害区分个人私密信息与一般信息的路径,将有利于兼顾信息的保护需求与利用需求,为信息利用和数据流通创造条件,从而实现激励相容、多元互动的良

---

[1] Lloyd v. Google LLC [2019] EWCA Civ 1599,[2020] Q. B. 747.
[2] Maxwell E. Loos, "Exposure as Distortion: Deciphering Substantial Injury for FTC Data Security Actions", *George Washington Law Review Arguendo*, 2019, vol. 87, p. 42.
[3] 田野:《风险作为损害:大数据时代侵权"损害"概念的革新》,载于《政治与法律》2021 年第 10 期,第 37 页。
[4] 江苏省无锡市中级人民法院(2019)苏 02 民终 5307 号。
[5] 广东省广州市中级人民法院(2021)粤 01 民终 26259 号。

好治理格局。

8.4 本章小结

我国《民法典》第一千零三十四条第三款规定"隐私权优先的二阶梯适用"模式,在权益行使方面,当隐私权和个人信息保护制度均有规定时,优先适用隐私权保护规则,集中体现为个人私密信息处理的合法性基础上的限缩("法律另有规定"和"当事人明确同意");隐私权没有规定时,个人信息保护制度中基本原则、权益体系、信息处理者的义务等制度可以适用于个人私密信息,以完善个人私密信息保护体系。在权益救济方面,个人私密信息的保护同时适用人格权请求权和侵权损害赔偿请求权,人格权受到妨害(或持续的侵害)或可能受到妨害时,应当适用人格权请求权;而人格权受到侵害并且造成了损害时,就应当适用侵权损害赔偿请求权。在判断个人私密信息权益侵权的案件中,应适用过错推定责任。个人私密信息侵权行为中,可以适用"风险即损害"理论,即风险是未来未必发生的损害,包括外部风险损害和内部焦虑损害,权利主体可以在不需要损害证明的前提下请求赔偿。

第 9 章 结 论

　　信息科学技术的创新性发展全面影响了人类的生产生活方式,也深刻影响了以调整社会关系为对象的法律制度,个人信息的不合理使用成为社会生活中最为突出的问题之一。对个人私密信息研究的本质是立足个人信息之上多元利益的区分,厘清个人信息保护层级体系,实现个人信息权益保护与数字经济发展的平衡。我国《民法典》确立了隐私权与个人信息权益区分保护模式,私密信息的提出成为两者关系的重要桥梁,对个人私密信息的研究是数字时代解决我国许多问题的重要注脚。《民法典》规定隐私包括私密信息,并在第一千零三十四条第三款确立了私密信息"隐私权规则优先"的"二阶递进适用模式"。该"二元路径"在博采众长的同时,也面临着无法避免的挑战。第一,《民法典》下"个人私密信息"是隐私权和个人信息保护对象上的重叠部分,判断个人私密信息成为理论研究和司法实践的前置性问题。对于个人私密信息的识别需要从隐私权和个人信息的"双向辨析"视角出发,在隐私中识别个人私密信息,研究私密信息与其他隐私类型之间的关系;在个人信息中识别私密信息,需要对个人信息的私密性作出判断。第二,对个人私密信息的保护遵循"隐私权优先"的二阶递进模式,但是应从加强对个人私密信息保护立场出发,选择隐私权和个人信息保护制度中相应的规则,具体分解私密信息"双重保护"的不同情形。本书遵循权利对象、权利客体和权利保护的线索,以个人私密信息的法律界分为重点,围绕"双向辨析"和"双重保护",主要回答"个人私密信息是什么"和"如何保护个人私密信息"的问题。研究个人私密信息的法律基准与范畴界定,实现对"私密"一词法律语境的切换,通过个人私密信息与个人信息、隐私、个人敏感信息等类似概念的对比研究,确立个人信息满足何种特性时才符合法律规定的私密性基准,试图对具体判定标准作出阐明;同时分析"隐私权规则优先"的法律适用,以期从可适用性角度切实对个人私密信息特殊保护的法律效果作出明确,为今后立法和司法中涉及个人私密信息的理论和实践提供参考。

　　特殊的法律发展史使得我国在处理隐私权与个人信息保护的关系上呈

现出明显的中国特色。我国经历了通过隐私权保护个人信息到确立个人信息独立保护的不同阶段。我国有关个人信息保护的立法整体起步较晚,近十年来个人信息保护立法加快,但分散规定在各个法律法规中,并未全面建立起个人信息保护的法律体系,司法实践中一般通过隐私权制度来保护个人信息权益。2017年通过的《民法总则》在第一百一十条明确"自然人的个人信息受法律保护",与隐私权规定在"民事权利"章节的不同条款中,成为我国明确区分隐私权和个人信息保护"二元论"模式的开端。2020年通过的《民法典》延续了《民法总则》隐私权和个人信息权益相区别的思路,《民法典》人格权编"隐私权和个人信息保护"一章分别对两者作出规定,并通过"私密信息"的提出明晰两者的关系。《民法典》规定隐私包括私密空间、私密活动、私密信息和私人生活安宁,隐私权是一项具体的人格权,而个人信息是一项人格权益,属于第九百九十条第二款规定的自然人享有基于人身自由、人格尊严产生的其他人格权益。法律将个人信息区分为私密信息与非私密信息,私密信息是隐私权和个人信息权益在保护对象上的重叠部分。通过分析我国同时涉及隐私权与个人信息保护纠纷的司法案例可以看出,《民法典》实施后,由于原告不易判断隐私权和个人信息权益的关系,合理的诉讼策略是同时提起隐私权和个人信息权益的诉讼;即使原告不提起两个诉讼请求,在所有因侵害个人信息引起的侵权纠纷中,判断涉案个人信息是否属于私密信息都是前置性问题。我国法律虽然规定了隐私与个人信息的区分保护路径,但是由于缺乏明晰的个人私密信息判断标准,依然可能引发司法实践中的很多问题。

遵循隐私权和个人信息的"双向辨析"视角,明晰个人私密信息的法律特征,是回答"什么是个人私密信息"的关键证成环节。世界上不同国家和地区对个人信息和个人敏感信息的定义多采用"法律列举+综合考量"模式,本书在对个人私密信息的界分上也采取这种方式。"法律列举"之下,法律对个人私密信息的列举系对个人信息抽象概括定义的具象化说明,旨在增强个人私密信息的可预期性。关于中国国民对个人信息私密性感受的研究缺少数据,本书聚焦个人信息私密性的主观感知度,通过问卷调查和适当的统计方法获得经验数据,以期为今后立法或司法解释提供确定的列举和排除选项。调查表明,《民法典》第一千零三十四条第二款列明的九类个人信息(姓名、出生日期、身份证件号码、生物识别信息、住址、电话号码、电子邮箱、健康信息、行踪信息)中,身份证件号码、生物识别信息是典型的私密信息,姓名、电话号码不具有私密性的合理期待,可以排除出私密信息的范围。

由于个人私密信息是一个比较抽象的法律概念,"综合考量"的前提是明确界定对象的本质特征,同时应尽可能为其提供标准参照和检验模型,以期能在今后高度场景化下的个人信息私密性检验中发挥价值。通过对《民法典》进行文义解释、体系解释、目的解释,本书将私密信息定义为不愿为他人知晓的、与社会公益和他人权益无关的个人信息,具有识别性、秘密性和私人性三个特征。私密信息首先属于个人信息,因此必须满足可以识别至特定自然人的"识别性",在此基础上需具有隐私利益,这是将私密信息与一般个人信息相区分的关键。根据隐私权的发展历史和权利性质,隐私利益可以拆分为"隐"和"私"两种属性。前者强调不为他人所知的秘密性,既包括不愿为他人所知的主观意向,也需要具有未公开的客观事实;后者则突出与公共利益和他人权益无关的私人性。在对私密信息的具体判断中,可由主观私密性(私人性和可获取性)和客观私密性(风险性和可识别性)共同决定。主观因素主要是受主观意志影响的因素,如是否采取了信息保密措施,体现了对私密性的合理期待,从而影响信息的可获得性等;而客观因素不受主观意志的影响,具有客观属性,易于观察和评估,比如是否可识别至特定自然人、是否容易造成损害风险等。私人性、可获得性、风险性、可识别性四个属性被赋予低、中、高三个阈值,综合考量私密性程度为"中"和"高"的个人信息应在个案中被认定为个人私密信息。

私密信息与非私密信息是个人信息分类的一种方式,体现了类型化的民法思维。由于个人私密信息也是隐私,个人私密信息与个人信息的关系背后折射出隐私与个人信息的界分。根据个人信息的不同性质可以将个人信息划分为不同的范畴,"类型化"保护思维有利于实现信息保护与利用的平衡,在保障人格权益的前提下实现信息效益的最大化目标。大数据时代个人信息具有交互性、延展性和规模性,个人信息之上的多元利益要求个人信息保护制度目的避免单一向度。个人私密信息具有与人格尊严紧密联系的隐私利益,这是人类尊严的底线,具有成为经济社会发展"禁区"的正当性,私密信息的特殊性质决定了对个人私密信息的保护利益优先于利用利益。

本书认为,隐私权与个人信息权益保护的关系主要体现在规范对象、规范目的、规范逻辑、规范手段四个方面。第一,从规范对象上看,隐私和个人信息的范围大小是相对的,但是个人信息的范围比信息化的隐私更广。一方面,个人信息保护范围可能更窄,因为其仅规范处理个人信息的行为,但是隐私范围更广,其中还包括私密空间、私密活动、私人生活安宁等。另一方面,个人信息保护的范围也可能更广,它规范即使并没有侵害到隐私的个人信息处理行为,比如因信息处理行为引发歧视性后果的情形。第二,从规范目的上看,隐私在于划定权利的界限,个人信息在于规范权利的行使。隐私的目的在于划定不受国家或他人干预的私人领域,决定什么是政府和他人行为的界限,防止对个人自由和自主未授权的干预。个人信息保护制度通过控制和引导信息合理使用的权利,使得个人免受信息不合理处理带来的侵害。第三,从规范逻辑上看,隐私是禁止逻辑,而个人信息是使用逻辑。对隐私的处理原则上是禁止的,例外情形下才允许对隐私作出处理。而个人信息原则上被允许处理,例外情形下禁止处理。第四,从规范手段上看,隐私是实体正义,个人信息是程序正义。规范手段是规范逻辑的具体化,隐私权制度是一种规范正义,通过隐私利益与其他利益的平衡对有害的使用行为作出抽象判断,最终考量的是利益平衡和价值判断等问题。个人信息保护制度是一种程序正义,为组织信息处理者对个人信息的公平处理,提供各种具体的程序保障,促进信息处理者的问责制,通过制定个人信息保护法对个人信息的正常处理和潜在危害作出精细化的规范。对个人私密信息的研究需要结合隐私权和个人信息制度,既尊重两者的区别,也重视两者的联系,实现对个人私密信息的合理界分。

  个人私密信息是隐私权的一类权利对象,为应对数字时代"隐私信息化"和"信息隐私化"趋势,各国对具有隐私属性的个人信息的保护发展出了不同的路径,以应对传统私法领域隐私权制度的防御性和事后性的问题。由于法律传统和文化背景的不同,各国、各地区的理论与实践具有鲜明特色。德国法上,个人信息保护与隐私是独立但互补的两种权利,但是都体现为一般人格权的具体化,它们共同服务于确保尊重人类尊严的最终目标。美国隐私权具有一般性、概括性的特点,包括物理隐私、信息隐私、自决隐私等多方面的内容,个人信息因此被纳入隐私权的保护范围,是隐私的一个重要方面。欧盟采取基于权利路径的个人数据综合立法模式,个人数据保护从隐私的一部分,逐渐发展为与隐私权并列的一项基本权利。英国则成为世界上拒绝承认隐私权的典型,英国通过调整古老的保密信息制度以保护隐私权,为隐私和个人信息保护的关系研究提供了另一种视角。没有哪一种模式对个人信息保护与隐私如何作用提供明确的指引并堪称典范,但是每种理论和路径都提供了有助于未来解决相关问题可资借鉴的元素。我国《民法典》规定隐私是自然人的私人生活安宁和不愿为他人知晓的私密空间、私密活动、私密信息。随着隐私信息化趋势明显,私密信息的范围广泛且包容性强,实体性的私密空间和私密活动可以抽象为数字化的私密信息。私人生活安宁与私密信息之间是并列关系而非包含关系,对个人私密信息的侵害行为,如果同时涉及私密信息利益和私人生活安宁利益,则可以同时以侵害个人私密信息和侵扰私人生活安宁为由提起诉讼。

敏感信息与一般信息的区分是最为常见的个人信息分类方法且具有很高的参考价值,个人私密信息与个人敏感信息在保护法益、保护对象和保护规则三个方面存在区别,个人敏感信息的保护规则可以直接适用于个人私密信息。相比于非敏感信息,敏感信息的泄露和非法使用更容易对相关权益产生侵害,国内外的立法均对个人敏感信息作出了特别规定。我国《个人信息保护法》规定敏感个人信息采客观权益侵害风险标准,风险内容指向除个人信息权益之外的人身、财产权利和以人格尊严为价值基础的其他人格权益,并不局限于隐私权和所谓的"重大权利"。其风险可以从"不希望的结果"和"处理活动本身有风险"两种角度予以评估,"对个人权益侵害高风险"的判断包括"发生概率高"和"侵害程度高"两个方面。世界各国对特殊类型个人信息保护的手段主要体现为以禁止处理为原则、严格限定的例外情形、加重信息处理者的责任三个方面。本书在敏感信息与私密信息两者关系问题上提出"敏感信息覆盖说",即认为所有的私密信息都是敏感信息,敏感信息进而可以区分为敏感的私密信息和敏感的非私密信息两种类型,据此适用不同的保护规则。从保护法益来看,个人私密信息高于个人敏感信息;从保护对象来看,个人私密信息小于个人敏感信息;从保护规则来看,对敏感的私密信息的保护可以适用隐私权保护规则、敏感信息保护规则、一般个人信息保护规则,且根据《民法典》第一千零三十四条第三款,优先适用隐私权规则。而对敏感的非私密信息的保护,仅适用敏感个人信息保护规则。如此理解两者的关系,既承认了两者规范目的、保护法益等基本问题的区别,也有利于在个人私密信息保护规则欠缺的当下,实现对个人私密信息的具体保护,是兼具理论价值和实践价值的可行思路。

法律将个人信息区分为私密信息与非私密信息,私密信息是隐私权和个人信息权益在保护对象上的重叠部分,但是由于隐私权与个人信息权益是位于权利和权益两个不同位阶的人格利益,因而个人私密信息也可以视为隐私权投射到个人信息的部分,私密信息因此比一般个人信息享有更高的位阶,保护的客体同时包括了不愿为他人所知的隐私利益和防范因信息不合理使用所可能带来危险的个人信息利益。权利保护上,法律规定"隐私权优先"的二阶递进模式,但是不能机械地认为所有隐私权规则都优先于个人信息规则的适用,而应从强化私密信息保护的规范目的出发,具体判断两者规范竞合的情形,选择保护程度更强的规则优先适用。可以具体化为"隐私权有规定、个人信息制度没有规定""隐私权无规定、个人信息制度有规定""隐私权规则保护更强""个人信息保护规则更强"四种情形。在权利行使方面,当隐私权和个人信息保护制度均有规定时,优先适用隐私权保护规则,集中体现为个人私密信息处理的合法性基础上的限缩("法律另有规定"和"当事人明确同意");隐私权没有规定时,个人信息保护制度中基本原则、权益体系、信息处理者的义务等制度可以适用于个人私密信息,处理个人私密信息应事前进行个人信息影响评估,并对处理情况进行记录。在权利救济方面,个人私密信息的保护适用人格权请求权和侵权损害赔偿请求权,人格权受到妨害(或持续的侵害)或可能受到妨害时,可以适用人格权请求权;而人格权受到侵害并且造成了损害时,适用侵权损害赔偿请求权。在判断个人私密信息权益侵权的案件中,应适用过错推定责任。个人私密信息侵权行为适用"风险即损害"理论,可以对未来发生损害的风险(包括外部风险损害和内部焦虑损害)请求赔偿。对个人私密信息的保护需要处理好《民法典》和《个人信息保护法》的关系,《个人信息保护法》是我国个人信息保护领域的一部综合性法律,既有公法的内容也有私法的内容,其中私法的内容是民法的重要组成部分,只有《民法典》与《个人信息保护法》相结合,才能更好地实现对个人信息权益的有效保护。

通过研究,本书建议今后立法或司法解释对个人私密信息应予以进一步明确。个人私密信息是不愿为他人所知的与社会公益和他人权益无关的个人信息,包括身份证件号码、生物识别信息、财务信息等。认定个人信息的私密性,需结合信息处理的具体情境,应当考虑私人性、可获得性、风险性和可识别性等因素。在对个人私密信息保护规则的选择上,应从强化私密信息保护的规范目的出发,具体判断隐私权和个人信息保护规范竞合的情形,选择保护程度更强的规则优先适用。在权利救济方面,个人私密信息的保护适用人格权请求权和侵权损害赔偿请求权。在损害赔偿请求权下,个人私密信息的权利人可在无损害证明的情形下对处理个人私密信息引发的未来风险请求赔偿。处理个人私密信息造成损害或风险,个人信息处理者不能证明自己没有过错的,应当承担损害赔偿等侵权责任。

展望未来,本书讨论的主题与个人信息保护、数字经济社会仍在不断快速发展变化中,相关的理论和实践面临的主要挑战有两点。第一,个人信息保护最终体现的是个人信息的尊严性与资源性之争①，这一领域的价值权衡需要精细化的司法作业来实现。随着信息技术的不断发展，将涌现出更多新问题、新挑战，个人信息权益保护与利用的固有冲突将持续存在。这个领域的法律仍将处于不断调试中，实现个案场景中的正义尚属不易，构建普遍性的价值秩序更有待努力。第二，个人信息保护制度是为了规制信息处理行为的风险，防范与救济个人信息处理与利用活动可能产生的侵害，个人信息权益的内容构成包括宪法法益、民事实体权益、行政法上的权利束等多层次、多类型的法益，呈现出概括性、框架性、集合性的权益结构。② 民事权利的保障仅仅依靠民法尚且无法充分实现，个人信息权益的保护更是如此，单纯依赖私法规范远不足以维护个人信息权益和社会经济发展总体目标。未来个人信息保护应从宏观战略层面进行把握，需要多个法域共同协作，打破部门法之间的壁垒，充分发挥公法、私法等不同治理机制的作用；同时应用技术、伦理、市场等不同的保护工具和手段，分工合作、相互配合，形成多元治理合力。但是，这些未尽的讨论和扩展应该是另一本专著的内容了。

---

① 张建文：《在尊严性与资源性之间：〈民法典〉时代个人信息私密性检验难题》，载于《苏州大学学报（哲学社会科学版）》2021年第1期。

② 王锡锌：《个人信息权益的三层构造及保护机制》，载于《现代法学》2021年第5期，第111-118页。

参 考 文 献

一、中文部分

[1] [美]阿尔文·托夫勒.第三次浪潮.黄明坚,译.北京:中信出版社,2006.
[2] [美]阿丽塔·L.艾伦,理查德·C.托克音顿.美国隐私法:学说、判例与立法.冯建妹,石宏,郝倩,等译.北京:中国民主法制出版社,2004.
[3] [英]边沁.道德与立法原理导论.时殷红,译.北京:商务印书馆,2012.
[4] [美]布莱恩·克雷布斯.裸奔的隐私:你的资金、个人隐私甚至生命安全正在被侵犯.曹烨,房小然,译.广州:广东人民出版社,2016.
[5] [美]布鲁斯·施奈尔.数据与监控:信息安全的隐形之战.李先奇,黎秋玲,译.北京:金城出版社,2018.
[6] 蔡培如.欧盟法上的个人数据受保护权研究——兼议对我国个人信息权利构建的启示.法学家,2021(5).
[7] 陈海帆,赵国强.个人资料的法律保护:放眼中国内地、香港及台湾.北京:社会科学文献出版社,2014.
[8] 陈景辉.隐私的价值独特性:个人信息为何应受保护?.环球法律评论,2022(1).
[9] 陈甦,谢鸿飞.民法典评注·人格权编.北京:中国法制出版社,2020.
[10] 陈甦,谢鸿飞.民法典评注·侵权责任编.北京:中国法制出版社,2020.
[11] 程啸.侵权责任法.3版.北京:法律出版社.2021.
[12] 程啸.论大数据时代的个人数据权利.中国社会科学,2018(3).
[13] 程啸.论我国民法典中个人信息权益的性质.政治与法律,2020(8).
[14] 程啸.论我国个人信息保护法中的个人信息处理规则.清华法学,2021(3).
[15] 程啸.个人信息保护法理解与适用.北京:中国法制出版社,2021.
[16] 程啸.人格权研究.北京:中国人民大学出版社,2022.
[17] 程啸.论个人信息权益与隐私权的关系.当代法学,2022(4).
[18] 崔建远.物权法.4版.北京:中国人民大学出版社,2017.
[19] 崔建远,韩世远,申卫星,等.民法总论.2版.北京:清华大学出版社,2013.
[20] 德国民法典.4版.陈卫佐,译.北京:法律出版社,2015.
[21] [德]迪特尔·梅迪库斯.德国民法总论.邵建东,译.北京:法律出版社,2013.
[22] 丁晓东.什么是数据权利?——从欧洲《一般数据保护条例》看数据隐私的保护.华东政法大学学报,2018(4).
[23] 丁晓东.个人信息私法保护的困境与出路.法学研究,2018(6).

[24] 丁晓东.论个人信息法律保护的思想渊源与基本原理——基于"公平信息实践"的分析.现代法学,2019(3).
[25] 丁晓东.个人信息的双重属性与行为主义规制.法学家,2020(1).
[26] 范为.大数据时代个人信息保护的路径重构.环球法律评论,2016(5).
[27] 房绍坤,曹相见.论个人信息人格利益的隐私本质.法制与社会发展,2019(4).
[28] 冯洋.从隐私政策披露看网站个人信息保护——以访问量前500的中文网站为样本.当代法学,2019(6).
[29] 高富平.个人数据保护和利用国际规则:源流与趋势.北京:法律出版社,2016.
[30] 高富平.个人信息处理:我国个人信息保护法的规范对象.法商研究,2021(2).
[31] 高富平.同意≠授权——个人信息处理的核心问题辨析.探索与争鸣,2021(4).
[32] 高鸿钧,申卫星.信息社会法治读本.北京:清华大学出版社,2018.
[33] 高其才.法理学.3版.北京:清华大学出版社,2015.
[34] 高秦伟.个人信息保护中的企业隐私政策及政府规制.法商研究,2019(2).
[35] [美]格雷克.信息简史.高博,译.北京:人民邮电出版社,2013.
[36] 郭瑜.个人数据保护法研究.北京:北京大学出版社,2012.
[37] 韩旭至.个人信息的法律界定及类型化研究.北京:法律出版社,2018.
[38] 韩旭至.信息权利范畴的模糊性使用及其后果.华东政法大学学报,2020(1).
[39] 韩旭至.敏感个人信息的界定及其处理前提——以《个人信息保护法》第28条为中心.求是学刊,2022(5).
[40] 胡鸿高.公共利益的法律界定——从要素解释的路径.中国法学,2008(4).
[41] 胡凌.个人私密信息如何转化为公共信息.探索与争鸣,2020(11).
[42] 胡文涛.我国个人敏感信息界定之构想.中国法学,2018(5).
[43] 黄薇.中华人民共和国民法典人格权编解读.北京:中国法制出版社,2020.
[44] 黄薇.中华人民共和国民法典合同编解读(上).北京:中国法制出版社,2020.
[45] 黄薇.中华人民共和国民法典侵权责任编解读.北京:中国法制出版社,2020.
[46] 姬蕾蕾.私密信息界定的司法困境及其破解方向.上海大学学报(社会科学版),2022(6).
[47] 纪海龙.数据的私法定位与保护.法学研究,2018(6).
[48] [美]贾里德·迪恩.大数据挖掘与机器学习.林清怡,译.北京:人民邮电出版社,2017.
[49] 蒋坡.个人数据信息的法律保护.北京:中国政法大学出版社,2008.
[50] 金耀.数据可携权的法律构造与本土构建.法律科学,2021(4).
[51] [德]卡尔·拉伦茨.法学方法论.陈爱娥,译.北京:商务印书馆,2003.
[52] [德]卡尔·拉伦茨.德国民法通论(上).王晓晔,邵建东,程建英,等译.北京:法律出版社,2004.
[53] 孔令杰.个人资料隐私的法律保护.武汉:武汉大学出版社,2009.
[54] 劳东燕.个人信息法律保护体系的基本目标与归责机制.政法论坛,2021(1).

[55] [美]劳伦斯·莱斯格.代码2.0：网络空间中的法律.李旭,沈伟伟,译.北京：清华大学出版社,2018.
[56] 李适时,张荣顺.中华人民共和国民法总则释义.北京：法律出版社,2017.
[57] 李新天,郑鸣.论中国公众人物隐私权的构建.中国法学,2005(5).
[58] 李怡.个人一般信息侵权裁判规则研究——基于68个案例样本的类型化分析.政治与法律,2019(9).
[59] 李永军.论《民法总则》中个人隐私与信息的"二元制"保护及请求权基础.浙江工商大学学报,2017(3).
[60] 梁慧星.民法总论.北京：法律出版社,2017.
[61] 梁上上.制度利益衡量的逻辑.中国法学,2012(4).
[62] 梁上上.利益衡量论.3版.北京：法律出版社,2021.
[63] 廖宇羿.我国个人信息保护范围界定——兼论个人信息与个人隐私的区分.社会科学研究,2016(2).
[64] 林恒民.个人对抗商业自动决策算法的私权设计.清华法学,2020(4).
[65] 林鸿文.个人资料保护法.台北：书泉出版社,2018.
[66] 刘承韪,刘磊.论私密信息隐私权保护优先规则的困局与破解——以《民法典》第1034条第3款为中心.广东社会科学,2022(3).
[67] 刘德良.论个人信息的财产权保护.北京：人民法院出版社,2008.
[68] 刘德良.网络时代的民商法理论与实践.北京：人民法院出版社,2008.
[69] 刘金瑞.个人信息与权利配置——个人信息自决权的反思和出路.北京：法律出版社,2017.
[70] 刘士国,熊静文.健康医疗大数据中隐私利益的群体维度.法学论坛,2019(3).
[71] 刘水林.风险社会大规模损害责任法的范式重构——从侵权赔偿到成本分担.法学研究,2014(3).
[72] 刘云.欧洲个人信息保护法的发展历程及其改革创新.暨南学报(哲学社会科学版),2017(2).
[73] 刘云.论个人信息非物质性损害的认定规则.经贸法律评论,2021(1).
[74] 刘泽刚.大数据隐私权的不确定性及其应对机制.浙江学刊,2020(6).
[75] 刘泽刚.欧盟个人数据保护的"后隐私权"变革.华东政法大学学报,2018(4).
[76] 龙显铭.私法上人格权之保护.台北：中华书局,1948.
[77] [日]芦部信喜.高桥和之,增订.宪法.3版.林来梵,凌维慈,龙绚丽,译.北京：北京大学出版社,2006.
[78] 陆青.数字时代的身份构建及其法律保障.法学研究,2021(5).
[79] 罗竹风.现代汉语大词典.上海：汉语大词典出版社,1986.
[80] 吕炳斌.个人信息权作为民事权利之证成——以知识产权为参照.中国法学,2019(4).
[81] 马俊驹.人格和人格权理论讲稿.北京：法律出版社,2009.

[82] 马特,袁雪石.人格权法教程.北京:中国人民大学出版社,2007.
[83] [美]迈克尔·J.奎因.互联网伦理:信息时代的道德重构.王益民,译.北京:电子工业出版社,2016.
[84] 马特.隐私权研究——以体系构建为中心.北京:中国人民大学出版社,2014.
[85] 梅夏英.信息与数据概念区分的法律意义.比较法研究,2020(6).
[86] 宁园.敏感个人信息的法律基准与范畴界定——以《个人信息保护法》第28条第1款为中心.比较法研究,2021(5).
[87] 彭诚信.论个人信息的双重法律属性.清华法学,2021(6).
[88] 彭錞.再论中国法上的隐私权及其与个人信息权益之关系.中国法律评论,2023(1).
[89] 齐爱民.中华人民共和国人格信息保护法示范法草案学者建议稿.河北法学,2006(6).
[90] 齐爱民.拯救信息社会中的人格——个人信息保护法总论.北京:北京大学出版社,2009.
[91] 齐爱民.信息法原论.武汉:武汉大学出版社,2010.
[92] 齐爱民.私法视野下的信息.重庆:重庆大学出版社,2012.
[93] 齐爱民.大数据时代个人信息保护法国际比较研究.北京:法律出版社,2015.
[94] 齐爱民,张哲.识别与再识别:个人信息的概念界定与立法选择.重庆大学学报(社会科学版),2018(2).
[95] 邱文聪.从资讯自决与资讯隐私的概念区分——评"电脑处理个人资料保护法修正草案"的结构性问题.月旦法学杂志,2009(5).
[96] 冉克平,丁超俊.隐私权与个人信息权的界分——以司法判决为中心的分析.天津法学,2016(3).
[97] 阮神裕.民法典视角下个人信息的侵权法保护——以事实不确定性及其解决为中心.法学家,2020(4).
[98] 商希雪.个人信息隐私利益与自决利益的权利实现.法律科学,2020(3).
[99] [英]舍恩伯格.删除:大数据取舍之道.袁杰,译.杭州:浙江人民出版社,2013.
[100] [英]舍恩伯格,库克耶.大数据时代:生活、工作与思维的大变革.盛杨燕,周涛,译.杭州:浙江人民出版社,2013.
[101] 申卫星.数字经济与网络法治研究.北京:中国人民大学出版社,2018.
[102] 申卫星.论数据用益权.中国社会科学,2020(11).
[103] 申卫星.大数据时代个人信息保护的中国路径.探索与争鸣,2020(11).
[104] 申卫星.论个人信息权的构建及其体系化.比较法研究,2021(5).
[105] 申卫星.个人信息保护法手册:条文梳理与立法素材.北京:中国政法大学出版社,2022.
[106] 申卫星.数字权利体系再造:迈向隐私、信息与数据的差序格局.政法论坛,2022(3).

[107] 石佳友.隐私权与个人信息关系的再思考——兼论私密信息的法律适用.上海政法学院学报(法治论丛),2021(4).

[108] 田野.风险作为损害:大数据时代侵权"损害"概念的革新.政治与法律,2020(10).

[109] 田野,张晨辉.论敏感个人信息的法律保护.河南社会科学,2019(4).

[110] [美]托马斯·埃尔,瓦吉德·哈塔克,保罗·布朗.大数据导论.彭智勇,杨先娣,译.北京:机械工业出版社,2017.

[111] 王成.个人信息民法保护的模式选择.中国社会科学,2019(6).

[112] 王洪亮.妨害排除与损害赔偿.法学研究,2009(4).

[113] 王洪亮.《民法典》与信息社会.政法论丛,2020(4).

[114] 王俊秀.监控社会与个人隐私.天津:天津人民出版社,2006.

[115] 王俊秀.数字社会中的隐私重塑——以"人脸识别"为例.探索与争鸣,2020(2).

[116] 王锴.论宪法上的一般人格权及其对民法的影响.中国法学,2017(3).

[117] 王利明.中国民法典草案建议稿及说明.北京:中国法制出版社,2004.

[118] 王利明.隐私权内容探讨.浙江社会科学,2007(3).

[119] 王利明.我国侵权责任法的体系构建——以救济法为中心的思考.中国法学,2008(4).

[120] 王利明.论个人信息权的法律保护——以个人信息权与隐私权的界分为中心.现代法学,2013(4).

[121] 王利明.民法上的利益位阶及其考量.法学家,2014(1).

[122] 王利明.论人格权请求权与侵权损害赔偿请求权的分离.中国法学,2019(1).

[123] 王利明.论侵害人格权的诉前禁令制度.财经法学,2019(4).

[124] 王利明.人格权法重大疑难问题研究.北京:法律出版社,2019.

[125] 王利明.论人格权保护的全面性和方法独特性——以《民法典》人格权编为分析对象.财经法学,2020(4).

[126] 王利明.和而不同:隐私权与个人信息的规则界分和适用.法学评论,2021(2).

[127] 王利明.敏感个人信息保护的基本问题——以《民法典》和《个人信息保护法》的解释为背景.当代法学,2022(1).

[128] 王利明,杨立新.侵权行为法.北京:法律出版社,1996.

[129] 王锡锌.个人信息国家保护义务及展开.中国法学,2021(1).

[130] 王锡锌.个人信息权益的三层构造及保护机制.现代法学,2021(5).

[131] 王叶刚.论侵害人格权益财产损失赔偿中的法院酌定.法学家,2021(3).

[132] 王轶.民法价值判断问题的实体性论证规则.中国社会科学,2004(6).

[133] 王苑.个人信息保护在民法中的表达——兼论民法与个人信息保护法之关系.华东政法大学学报,2021(2).

[134] 王泽鉴.人格权保护的课题与展望——人格权的性质及构造:精神利益与财产利益的保护.人大法律评论,2009.

[135] 王泽鉴.人格权的具体化及其保护范围·隐私权篇(上).比较法研究,2008(6).
[136] 王泽鉴.人格权的具体化及其保护范围·隐私权篇(中).比较法研究,2009(1).
[137] 王泽鉴.人格权的具体化及其保护范围·隐私权篇(下).比较法研究,2009(2).
[138] 王泽鉴.人格权法:法释义学、比较法、案例研究.北京:北京大学出版社,2012.
[139] 王泽鉴.侵权行为.3版.北京:北京大学出版社,2016.
[140] 王泽鉴.损害赔偿.北京:北京大学出版社,2017.
[141] 王治东.技术化生存与私人生活空间:高技术应用对隐私影响的研究.上海:上海人民出版社,2015.
[142] [英]维克托·迈尔-舍恩伯格,肯尼思·库克耶.大数据时代:生活、工作与思维的大变革.盛杨燕,周涛,译.杭州:浙江人民出版社,2013.
[143] [美]沃伦,布兰代斯.隐私权.宦盛奎,译.北京:北京大学出版社,2014.
[144] 吴从周.概念法学、利益法学与价值法学:探索一部民法方法论的演变史.北京:中国人民法制出版社,2011.
[145] 吴香香.请求权基础视角下民法典:人格权的规范体系.中国高校社会科学,2021(4).
[146] 吴伟光.大数据技术下个人数据信息私权保护论批判.政治与法律,2016(7).
[147] 吴伟光.从隐私利益的产生和本质来理解中国隐私权制度的特殊性.当代法学,2017(4).
[148] 吴英姿.人格权禁令程序研究.法律科学(西北政法大学学报),2021(2).
[149] [日]五十岚清.人格权法.铃木贤,葛敏,译.北京:北京大学出版社,2009.
[150] 谢鸿飞.个人信息泄露侵权责任构成中的"损害"——兼论风险社会中损害的观念化.国家检察官学院学报,2021(5).
[151] 谢鸿飞.民法典与特别民法关系的构建.中国社会科学,2013(2).
[152] 谢琳,王潆.我国个人敏感信息的内涵和外延.电子知识产权,2020(9).
[153] 谢琳,曾俊森.数据可携权之审视.电子知识产权,2019(1).
[154] 谢永志.信息论视角下个人信息的价值——兼对隐私权保护模式的检讨.清华法学,2015(3).
[155] 谢远扬.信息论视角下个人信息的价值.清华法学,2015(3).
[156] 谢远扬.个人信息的私法保护.北京:中国法制出版社,2016.
[157] 解正山.数据泄露损害问题研究.清华法学,2020(4).
[158] [日]星野英一.私法中的人.王闯,译.北京:中国法制出版社,2004.
[159] 熊丙万,包晓丽.通讯录数据中的社会关系资本——数据要素产权配置的研究范式.中国法律评论,2020(2).
[160] 徐恪.算法统治世界——智能经济的隐形秩序.北京:清华大学出版社,2017.
[161] 徐亮.论隐私权.武汉大学博士学位论文,2005.
[162] 徐明.大数据时代的隐私危机及其侵权法应对.中国法学,2017(1).
[163] 徐子沛.数据之巅.北京:中信出版社,2014.

[164] 徐子沛.大数据:3版.桂林:广西师范大学出版社,2015.
[165] 许可,孙溪铭.个人私密信息的再厘清——从隐私和个人信息的关系切入.中国应用法学,2021(1).
[166] 许文义.个人资料保护法论.台北:三民书局,2001.
[167] [法]雅克·盖斯旦,等.法国民法总论.陈鹏,等译.北京:法律出版社,2004.
[168] [德]亚图·考夫曼.类推与"事物本质"——兼论类型理论.吴从周,译.台北:学林文化事业有限公司,1999.
[169] 姚佳.论个人信息处理者的民事责任.清华法学,2021(2).
[170] 杨芳.个人信息自决权理论及其检讨——兼论个人信息保护法之保护客体.比较法研究,2015(6).
[171] 杨芳.德国一般人格权中的隐私保护——信息自由原则下对"自决"观念的限制.东方法学,2016(6).
[172] 杨芳.德国一般人格权中的隐私保护.学术论坛,2016(10).
[173] 杨芳.个人信息保护法保护客体之辨.比较法研究,2017(5).
[174] 杨立新.个人信息:法益抑或民事权利——对《民法总则》第111条规定的"个人信息"之解读.法学论坛,2018(1).
[175] 杨咏婕.个人信息的私法保护研究.吉林大学博士学位论文,2013.
[176] 叶金强.论侵权损害赔偿范围的确定.中外法学,2012(1).
[177] 叶金强.《民法总则》"民事权利章"的得与失.中外法学,2017(3).
[178] 叶名怡.论侵权预防责任对传统侵权法的挑战.法律科学,2013(2).
[179] 叶名怡.个人信息的侵权法保护.法学研究,2018(4).
[180] [英]伊莱恩·卡斯凯特.网上遗产:被数字时代重新定义的死亡、记忆与爱.张淼,译.福州:海峡文艺出版社,2020.
[181] 于柏华.处理个人信息行为的合法性判准——从《民法典》第111条的规范目的出发.华东政法大学学报,2020(3).
[182] 于浩.我国个人数据的法律规制——域外经验及其借鉴.法商研究,2020(6).
[183] [英]约翰·帕克.全民监控:大数据时代的安全与隐私困境.北京:金城出版社,2015.
[184] 曾世雄.损害赔偿法原理.北京:中国政法大学出版社,2001.
[185] 翟志勇.论数据信托:一种数据治理的新方案.东方法学,2021(4).
[186] 张红.民法典(人格权编)一般规定的体系构建.武汉大学学报(哲学社会科学版),2020(5).
[187] 张建文.在尊严性和资源性之间:《民法典》时代个人信息私密性检验难题.苏州大学学报(哲学社会科学版),2021(1).
[188] 张民安.美国当代隐私权研究:美国隐私权的界定类型基础以及分析方法.广州:中山大学出版社,2013.
[189] 张民安.法国人格权法(上).北京:清华大学出版社,2016.

[190] 张民安.场所隐私权研究.广州:中山大学出版社,2016.
[191] 张民安.隐私权的比较研究——法国、德国、美国即其他国家的隐私权.广州:中山大学出版社,2014.
[192] 张卫平.民法典的实施与民事诉讼法的协调和对接.中外法学,2020(4).
[193] 张新宝.中国侵权行为法.北京:中国社会科学出版社,1998.
[194] 张新宝.隐私权的法律保护.北京:群众出版社,2004.
[195] 张新宝.从隐私到个人信息:利益再衡量的理论与制度安排.中国法学,2015(3).
[196] 张新宝.个人信息收集:告知同意原则适用的限制.比较法研究,2019(6).
[197] 张新宝.论个人信息权益的构造.中外法学,2021(5).
[198] 郑晓剑.比例原则在民法上的适用及展开.中国法学,2016(2).
[199] 郑志峰.人工智能时代的隐私保护.法律科学,2019(2).
[200] 周汉华.中华人民共和国个人信息保护法及立法研究报告.北京:法律出版社,2006.
[201] 周汉华.域外个人数据保护法汇编.北京:法律出版社,2006.
[202] 周汉华.探索激励相容的个人数据治理之道——中国个人信息保护法的立法方向.法学研究,2018(2).
[203] 周汉华.平行还是交叉——个人信息保护与隐私权的关系.中外法学,2021(5).
[204] 朱晓峰,黎泓玥.私密信息与敏感个人信息区分保护论.经贸法律评论,2023(1).
[205] [美]茱莉亚·霍维兹,杰拉米·斯科.无处安放的互联网隐私.北京:中国人民大学出版社,2017.
[206] 邹海林,朱广新.民法典评注·侵权责任编(1).北京:中国法制出版社,2020.
[207] 最高人民法院民法典贯彻实施工作领导小组.中华人民共和国民法典人格权编理解与适用.北京:人民法院出版社,2020.
[208] 最高人民法院民法典贯彻实施工作领导小组.中华人民共和国民法典侵权责任编理解与适用.北京:人民法院出版社,2020.
[209] 最高人民法院民法典贯彻实施工作领导小组.中华人民共和国民法典总则编理解与适用.北京:人民法院出版社,2020.

二、英文部分

[1] Adam Carlyle Breckenridge. The Right to Privacy. Nebraska: University of Nebraska Press,1970.
[2] Alan Westin. Privacy and Freedom. Athenaeum,1967.
[3] Allen AL. Privacy-as-Data Control: Conceptual, Practical and Moral Limits of the Paradigm. Connecticut Law Review,2000.
[4] Andrew Jay McClurg. Kiss and Tell: Protecting Intimate Relationship Privacy Through Implied Contracts of Confidentiality. University of Cincinnati Law Review, Vol 74,2006.

[5] Ari Ezra Waldman. Privacy as Trust — Information Privacy for An Information Age. Cambridge: Cambridge University Press, 2018.

[6] Austin L. Privacy and Private Law: The Dilemma of Justification. McGill Law Journal, Vol 55, 2010.

[7] Bainbridge D. Data Protection (2nd ed). XPL Publishing, 2005.

[8] Bamberger KA. Regulation as Delegation: Private Firms, Decisionmaking, and Accountability in the Administrative State. Duke Law Journal, Vol 56, 2006.

[9] Bamberger KA. Privacy on the Ground: Driving Corporate Behavior in the United States and Europe. Cambridge: The MIT Press, 2015.

[10] Bart van der Sloot. Legal Fundamentalism: Is Data Protection Really a Fundamental Right?. Ronald Leenes &. Rosamunde van Brakel eds. Data Protection and Privacy: Risibilities and Infrastructures. Swizerland: Spinger, 2017.

[11] Basil Markesinis. The German Law of Obligations Vol II. The Law of Torts (3rd ed), Oxford: Clarendon Press, 1997.

[12] Bernal P. Internet Privacy Rights: Rights to Protect Autonomy. Cambridge University Press, 2014.

[13] Bert-Jaap Koops. The Trouble with European Data Protection Law. International Data Privacy Law. Vol 4, 2014.

[14] Bingham Tom. Opinion: Should There Be a Law to Protect Rights of Personal Privacy?. Oxford University Press, 2000.

[15] Blackman J. Omniveillance, Google, Privacy in Public, and the Right to Your Digital Identity: A Tort for Recording and Disseminating an Individual's Image over the Internet. Santa Clara Law Review, Vol 49, 2009.

[16] Blackman J. Risk-Based Regulation: Choices, Practices and Lessons Being Learnt. in OECD (ed). Risk and Regulatory Policy: Improving the Governance of Risk. OECD Publishing, 2010.

[17] Brunton F and Nissenbaum H. Obfuscation: A User's Guide for Privacy and Protest. Cambridge: The MIT Press, 2015.

[18] Broberg MP and Fenger N. Preliminary References to the European Court of Justice. Oxford: Oxford University Press, 2010.

[19] Buxton R. The Human Rights Act and Private Law. Law Quarterly Review, Vol 48, 2000.

[20] Bygrave L. Minding the Machine: Article 15 of the EC Data Protection Directive and Automated Profiling. Computer Law &. Security Report, Vol 17, 2001.

[21] Bygrave L. Data Protection Law: Approaching its Rationale, Logic and Limits. London: Kluwer Law International, 2002.

[22] Bygrave L. Data Protection by Design and by Default: Deciphering the EU's

[23] Calo R. The Boundaries of Privacy Harm. Indiana Law Journal, Vol 86, 2011.
[24] Carlin F. The Data Protection Directive: The Introduction of Common Privacy Standards. European Law Review, Vol 21, 1996.
[25] Carey P. Data Protection: A Practical Guide to UK and EU Law. Oxford: Oxford University Press, 2009.
[26] Cate FH. Privacy in the Information Age. Washington: Brookings Institution Press, 1997.
[27] Cave M and Lodge M. Risk-Based Regulation, Understanding Regulation: Theory, Strategy, and Practice (2nd ed). Oxford: Oxford University Press, 2012.
[28] Cavoukian A. Evolving FIPPs: Proactive Approaches to Privacy, Not Privacy Paternalism. in Serge Gutwirth, Ronald Leenes and Paul De Hert (eds). Reforming European Data Protection Law. New York: Springer, 2015.
[29] Charles Fried. Privacy. Yale Law Journal. Vol 77, 1968.
[30] Christian von Bar. The Common European Law of Torts. Oxford: Clarendon Press, 1998.
[31] Christopher Kuner, Lee A. Bygrave, Christopher Docksey (edited), The EU General Data Protection Regulation: A Commentary, Oxford: Oxford University Press, 2020.
[32] Clarke R. Privacy Impact Assessment: Its Origins and Development. Computer Law & Security Review, Vol 25, 2009.
[33] Clifford D. Consent and the Cookie Monster—Tracking the Crumbs of On-line User Behaviour. Information Technology and Electronic Commerce Law, Vol 5, 2014.
[34] Cohen J. Examined Lives: Informational Privacy and Subject as Object. Stanford Law Review, Vol 52, 2000.
[35] Colin Campbell. Data Processing and the Law. London: Sweet & Maxwell, 1984.
[36] Colin J. Bennett, Charles D. Raab. The Governance of Privacy: Policy Instruments in Global Perspective. Cambridge: The MIT Press, 2006.
[37] Costa L. Privacy and the Precautionary Principle. Computer Law and Security Review. Vol 28, 2012.
[38] Costa L and Poullet Y. Privacy and the Regulation. Computer Law & Security Review, Vol 29, 2012.
[39] Curren L and Kaye J. Revoking Consent: A "Blind Spot" in Data Protection Law?. Computer Law and Security Review, Vol 26, 2010.
[40] Daniel Solove. Understanding Privacy. Cambridge: Harvard University Press, 2009.

[41] Daniel J. Solove. Privacy and Power: Computer Databases and Metaphors for Information Privacy. Stanford Law Review, Vol 53, 2001.

[42] Daniel J. Solove. A Brief History of Information Privacy Law. Information Privacy Law. Vol 5, 2015.

[43] Daniel J. Solove. The Myth of the Privacy Paradox. GW Law School Public Law and Legal Theory Paper, No. 10, 2020.

[44] Daniel J. Solove and Danielle Keats Citron. Risk and Anxiety: A Theory of Data-Breach Harms. Texas Law Review, Vol 96, 2018.

[45] Daniel J. Solove, Neil M. Richards. Privacy's Other Path: Recovering the Law of Confidentiality. Georgetown Law Journal, Vol 96, 2007.

[46] Daniel J. Solove and Paul M. Schwartz. Information Privacy Law (4th ed). Wolters Kluwer Law & Business, 2011.

[47] Danielle Keats Citron and Daniel J. Solove. Privacy Harm. Boston University Law Review, Vol 102, 2022.

[48] David Demortain. Scientists and the Regulation of Risk—Standardising Control. Cheltenham: Edward Elgar Publishing, 2011.

[49] David H. Flaherty. Protecting Privacy in Surveillance Societies: the Federal Republic of Germany, Sweden, France, Canada, and the United States, North Carolina: The University of North Carolina Press, 1989.

[50] David H Flaherty. On the Utility of Constitutional Rights to Privacy and Data Protection. Case Western Reserve Law Review, Vol 41, 1990-1991.

[51] De Schutter O. International Human Rights Law: Cases, Materials, Commentary. Cambridge: Cambridge University Press, 2010.

[52] Donald P. Kommers and Russell A. Miller. The Constitutional Jurisprudence of the Federal Republic of Germany: Revised and Expanded (3rd ed). Duke: Duke University Press, 2012.

[53] Edward J. Eberle. Observations on the Development of Human Dignity and Personality in German Constitutional Law. Liverpool Law Review, Vol 33, 2012.

[54] Edward J. Eberle, Dignity and Liberty: Constitutional Visions in Germany and the United States. Praeger Publishers, 2002.

[55] Eli Lederman and Ron Shapira. Law, Information and Information Technology. London: Kluwer Law International, 2001.

[56] Eric Barendt. Privacy: Law and legislation. Burlington: Ashgate Publishing Limited, 2001.

[57] Etlose Gratton. If Personal Information Is Privacy's Gatekeeper, Then Risk of Harm the Key. A Proposed Method for Determining What Counts as Personal Information, Albany Law Journal of Science and Technology, Vol 24, 2014.

[58] European Union Agency For Fundamental Rights. Your Rights Matter: Data Protection and Privacy,2013.

[59] Fairfield JAT and Engel C. Privacy as a Public Good. Duke Law Journal, Vol 65,2015.

[60] Fazlioglu, M. Beyond the Nature of Data: Obstacles to Protecting Sensitive Information in the European Union and the United States. Fordham Urban Law Journal, Vol 46, 2019.

[61] Ferd H. Cate. Privacy in the Information Age. Washington: The Bookings Institution Press, 1997.

[62] Franze Hofmann and Franziska Kurz. Law of Remedies: A European Perspective. Cambridge: Intersentia Ltd, 2019.

[63] Frederick Warner. "Introduction" in The Royal Society (ed), Risk: Analysis, Perception and Management—A Report of a Royal Society Study Group. The Royal Society, 1992.

[64] Galetta A and De Hert P. The Proceduralisation of Data Protection Remedies under EU Data Protection Law: Towards a More Effective and Data Subject-Oriented System?. Review of European Administrative Law, Vol 8, 2015.

[65] Gavison R. Privacy and the Limits of Law. Yale Law Journal, Vol 89, 1980.

[66] Gellert R. Data Protection: A Risk Regulation? Between the Risk Management of Everything and the Precautionary Alternative. International Data Privacy Law, Vol 5, 2015.

[67] Gellert R. Discussion On Risk, Balancing, and Data Protection: A Response to van Der Sloot. European Data Protection Law Review, Vol 3, 2017.

[68] Gellert R. Understanding the Notion of Risk in the General Data Protection Regulation. Computer Law and Security Review, Vol 34, 2018.

[69] Geraint Howells, Andre Janssen and Reiner Schulze. Information Rights and Obligations: A Challenge for Party Autonomy and Transactional Fairness. Aldershot: Ashgate, 2005.

[70] Gerards J. How to Improve the Necessity Test of the European Court of Human Rights. International Journal of Constitutional Law, Vol 11, 2013.

[71] Gerrit Hornung and Christoph Schnabel. Data Protection in Germany I: The Population Census Decision and the Right to Informational Self-determination. Computer Law & Security Review, Vol 25, 2009.

[72] Gert Bruggemeier, Aurelia Colombi Ciacchi and Patrick O'Callaghan. Personality Rights in European Tort Law. Cambridge: Cambridge University Press, 2010.

[73] Gloria González Fuster. The Emergence of Personal Data Protection as a Fundamental Right of the EU. Springer, 2014.

[74] González Fuster G and Gellert R. The Fundamental Right of Data Protection in the European Union: In Search of an Uncharted Right. International Review of Law, Computers & Technology, Vol 26, 2012.

[75] Gregory Shaffer. Globalization and Social Protection: The Impact of EU and International Rules in the Ratcheting Up of U. S. Privacy Standards. Yale Journal of International Law, Vol 25, 2000.

[76] Gutwirth S. Privacy and the Information Age. Rowman & Littlefield Publishers, 2002.

[77] Haines F. Regulation and Risk in Peter Drahos (ed), Regulatory Theory: Foundations and Applications. Australian National University Press, 2017.

[78] Helen Nissenbaum. Privacy as Contextual Integrity. Washington Law Review, Vol 79, 2004.

[79] Helen Nissenbaum. Privacy in Context. Stanford: Stanford Law Books, 2010.

[80] Hilary Delany and Eoin Carolan. The Right to Privacy. London: Thomson Round Hall, 2008.

[81] Hornung G and Schnabel C. Data Protection in Germany I: The Population Census Decision and the Right to Informational Self-determination. Computer Law and Security Review, Vol 25, 2009.

[82] Hood C, Rothstein H and Baldwin R. The Governance of Risk: Understanding Risk Regulation Regimes. Oxford: Oxford University Press, 2004.

[83] Hustinx, P. EU Data Protection Law: The Review of Directive 95/46/EC and the Proposed General Data Protection Regulation in the Marise Gremona (ed), New Technologies and EU Law, Oxford: Oxford University Press, 2017.

[84] Huw Beverley-Simth, Ansgar Ohly and Agnes Lucas-Schloetter. Privacy, Property and Personality. Cambridge: Cambridge University Press, 2005.

[85] Jacob M. Victor. The EU General Data Protection Regulation: Toward a Property Regime for Protecting Data Privacy, Yale Law Journal, Vol 123, 2013.

[86] James Q. Whitman. The Two Western Cultures of Privacy: Dignity versus Liberty, Yale Law Journal, Vol 113, 2004.

[87] Juliane Kokott and Christoph Sobotta. The Distinction Between Privacy and Data Protection in the Jurisprudence of the CJEU and the ECtHR. International Data Privacy Law, Vol 3, 2013.

[88] Jon L Mills. Privacy: The Lost Right. Oxford: Oxford University Press, 2008.

[89] Jonathan Barker. The Effective Use of Technology in the Practice of Law. Ontaris: Canada Law Book, 1998.

[90] Josh Blackman. Omniveillance, Google, Privacy in Public, and the Right to Your Digital Identity: A Tort for Recording and Disseminating an Individual's Image

over the Internet. Santa Clara Law Review, Vol 49, 2009.

[91] Kay R S. The European Convention on Human Rights and the Control of Private Law. European Human Rights Law Review, Vol 5, 2005.

[92] Ken Gormley. One Hundred Years of Privacy. Wisconsin Law Review, Vol 5, 1992.

[93] Kokott J and Sobotta C. The Distinction between Privacy and Data Protection in the Jurisprudence of the CJEU and the ECtHR. International Data Privacy Law, Vol 3, 2013.

[94] Kong L. Data Protection and Transborder Data Flow in the European and Global Context. European Journal of International Law, Vol 21, 2010.

[95] Kosta E. Consent in European Data Protection Law. Martinus Nijhoff, 2013.

[96] Kranenborg H. Access to Documents and Data Protection in the European Union: On the Public Nature of Personal Data. Common Market Law Review, Vol 45, 2008.

[97] Kuner C. European Data Protection Law: Corporate Compliance and Regulation (2nd ed). Oxford: Oxford University Press, 2007.

[98] Kuner C. Data Protection and Rights Protection on the Internet: The Promusicae Judgment of the European Court of Justice. European Intellectual Property Review, Vol 30, 2008.

[99] Kuner C. The European Commission's Proposed Data Protection Regulation: A Copernican Revolution in EU Data Protection Law, Privacy and Security Law Report, Bloomberg BNA Privacy and Security Law Report, Vol 11, 2012.

[100] Lee A. Bygrave. Data Protection Law: Approaching Its Rationale, Logic and Limits. Norwell: Kluwer Law International, 2002.

[101] Lee A Bygrave. Privacy and Data Protection in an International Perspective. Scandinavian Studies in Law, Vol 56, 2010.

[102] Leonard P. Customer Data Analytics: Privacy Settings for "Big Data" Business. International Data Privacy Law, Vol 4, 2014.

[103] Lesley Brown. The New Shorter Oxford Dictionary on Historical Principles, Oxford: Clarendon Press, 1993.

[104] Levi-Faur D. From "Big Government" to "Big Governance"? in David Levi-Faur (ed). The Oxford Handbook of Governance. Oxford: Oxford University Press, 2012.

[105] Litman J. Information Privacy/Information Property. Stanford Law Review, Vol 52, 2000.

[106] Joseph King. Causation, Valuation, and Change in Personal Injury Torts Involving Preexisting Conditionals and Future Consequences. The Yale Law

Journal, Vol 90,1981.

[107] Luciano Floridi. Information: A Very Short Introduction. Oxford: Oxford University Press,2010.

[108] Lynn M. Daggett. FERPA in the Twenty-First Century: Failure To Effectively Regulate Privacy for All Students, Catholic University Law Review, Vol 59,2008.

[109] Madeleine Colvin. Developing Key Privacy Rights. Oxford: Hart Publishing, 2002.

[110] Manny CH. European and American Privacy: Commerce, Rights and Justice. Computer Law & Security Report, Vol 19,2003.

[111] Marc A. Rodwin. Patient Data: Property, Privacy & the Public Interest, American Journal of Law & Medicine, Vol 36,2010.

[112] Maria Tzanou. Data Protection as a Fundamental Right Next to Privacy? Reconstructing a Not So New Right. International Data Privacy Law, Vol 3,2013.

[113] Maria Cristina Caldarola and Joachim Schrey. Big Data and Law: A Practitioner's Guide. Munchen: Verlag C. H. Beck o HG,2020.

[114] Mark Burdon. Digital Data Collection and Information Privacy Law. Cambridge: Cambridge University Press,2020.

[115] Mendoza I and Bygrave LA. The Right Not to Be Subject to Automated Decisions Based on Profiling in Tatiana Eleni Synodinou and Others (eds), EU Internet Law: Regulation and Enforcement, Springer,2017.

[116] Michael Power. Organized Uncertainty: Designing a World of Risk Management. Oxford: Oxford University Press,2007.

[117] Moses LB. How to Think about Law, Regulation and Technology: Problems with"Technology" as a "Regulatory Target". Law Innovation and Technology, Vol 1,2013.

[118] Mowbray A. A Study of the Principle of Fair Balance in the Jurisprudence of the European Court of Human Rights. Human Rights Law Review, Vol 10,2010.

[119] Nestor M. Davidson, Michele Finck and John J. Infranca. The Law of The Sharing Economy. Cambridge: Cambridge University Press,2018.

[120] Nigel Foster. German Legal System and Laws (2nd ed). London: Blackstone Press,1993.

[121] Nissenbaum H. Protecting Privacy in Public: The Problem of Privacy in the Information Age. Law and Philosophy, Vol 17,1998.

[122] Oliver P. The Protection of Privacy in the Economic Sphere before the European Court of Justice. Common Market Law Review, Vol 46,2009.

[123] Orla Lynskey. The Fundations of EU Data Protection Law. Oxford: Oxford University Press,2016.

[124] Patricia Sanchez Abril. A (My) Space of One's Own: On Privacy and Online Social Networks. Northwestern Journal of Technology and Intellectual Property, Vol 6,2007.

[125] Poullet Y. Data Protection Legislation: What is at Stake for our Society and for Democracy. Computer Law and Security Review,Vol 25,2009.

[126] Purtova N. Property Rights in Personal Data: A European Perspective. London: Kluwer Law International,2011.

[127] Rachels J. Why Privacy is Important. Philosophy & Public Affairs. Vol 4,1975.

[128] Raymond Youngs. Sourcebook on German Law. London: Cavendish Publishing, 1998.

[129] Rees C. Tomorrow's Privacy: Personal Information as Property. International Data Privacy Law,Vol 3,2013.

[130] Richards NM. The Dangers of Surveillance. Harvard Law Review, Vol 126,2003.

[131] Rob Reich,Mehran Sahami and Jeremy M. Weinstein. System Error: Where Big Tech Went Wrong and How We Can Reboot. London: Hodder & Stoughton, 2020.

[132] Rubenstein IS. Big Data: The End of Privacy or a New Beginning. International Data Privacy Law,Vol 3,2013.

[133] Robert Van den Hoven van Genderen. Privacy Limitation Clauses. Frederick: Wolters Kluwer,2017.

[134] Romanosky S and Acquisti A. Privacy Costs and Personal Data Protection: Economic and Legal Perspectives. Berkeley Technology Law Journal,Vol 24, 2009.

[135] Rosen J. The Right to be Forgotten. Stanford Law Review Online,Vol 64,2012.

[136] Rotenberg M. Fair Information Practices and the Architecture of Privacy (What Larry Doesn't Get). Stanford Technology Law Review,Vol 1,2001.

[137] P. De Hert and S. Gutwirth. Data Protection in the Case Law of Strasbourg and Luxemburg: Constitutionalisation in Action. in: Gutwirth S., Poullet Y., De Hert P., de Terwangne C., Nouwt S. (eds) Reinventing Data Protection?. Springer,2009.

[138] Paul Lambert. Social Networking: Law, Rights And Policy. Dublin: Clarus Press,2014.

[139] Paul. M. Schwartz and Daniel J. Solove. The PII Problem: Privacy and a New Concept of Personally Identifiable Information, New York University Law

Review,Vol 86,2011.

[140] Paul M. Schwartz and Daniel J. Solove. Reconciling Personal Information in the United States and European Union. California Law Review,Vol 102,2014.

[141] Peters, J. D. Information: Notes Toward a Critical History. Journal of Communication Inquiry,Vol 12,1988.

[142] Philip Coppel. Information Rights Law and Practice (4th ed). Oxford: Hart Publishing Ltd,2010.

[143] Raphaël Gellert and Serge Gutwirth. The Legal Construction of Privacy and Data Protection. Computer Law & Security Review. Vol 29,2013.

[144] Raphaël Gellert. The Risk-Based Approach to Data Protection. Oxfrod: Oxford University Press,2020.

[145] Raymond Wacks. Personal Information: Privacy and The Law. Oxford: Clarendon Press,1989.

[146] Raymond. Privacy and Press Freedom. Blackstone Press Limited,1995.

[147] Robert C. Post. Data Privacy and Dignitary Privacy. Google Spain. the Right To Be Forgotten. and the Construction of the Public Sphere. Duke Law Journal,Vol 67,2018.

[148] Ronald J. Krotoszynski. Privacy Revisited: A Global Perspective on the Right to Be Left Alone. Oxford: Oxford University Press,2016.

[149] Rosa Maria Ballardini, Petri Kuoppamaki and Olli Pitkanen. Regulation Industrial Internet Through IPR,Data Protection and Competition Law. Sussex: Wolters Kluwer,2019.

[150] Samuel D. Warren and Louis D. Brandeis,The Right to Privacy,Harvard Law Review,Vol 4,1890.

[151] Sandra Wachter and Brent Mittelstadt. A Right to Reasonable Inferences: Rethinking Data Protection Law in The Age of Big Data and AI,Columbia Business Law Review,Vol 2019.

[152] Schwartz PM. Property,Privacy and Personal Data. Harvard Law Review,Vol 117,2014.

[153] Schwartz PM and Solove DJ. Information Privacy Law (3rd ed), Aspen Publishers,2009.

[154] Scott Skinner-Thompson. Outing Privacy. Northwestern University Law Review, Vol 110,2015.

[155] Shujie Cui and Peng Qi. The Legal Construction of Personal Information Protection and Privacy under Civil CodeComputer Law & Security Review,Vol 41,2021.

[156] Sieghart P. "Information Privacy and the Data Protection Bill". in Colin Bourn

and John Benyon (eds), Data Protection: Perspectives on Information Privacy. University of Leicester, 1984.

[157] Solove DJ. Identity Theft, Privacy and the Architecture of Vulnerability. Hastings Law Journal, Vol 54, 2003.

[158] Solove DJ. The Digital Person: Technology and Privacy in the Information Age. New York: New York University Press, 2004.

[159] Solove DJ. "I've Got Nothing to Hide" and Other Misunderstandings of Privacy. San Diego Law Review, Vol 44, 2007.

[160] Solove DJ, Understanding Privacy. Cambridge: Harvard University Press, 2008.

[161] Solove DJ. Privacy Self-Management and the Consent Dilemma. Harvard Law Review, Vol 126, 2013.

[162] Tamar Gidron. Publication of Private Information: An Examination of the Right to Privacy from a Comparative Perspective (Part 1), Journal of South African Law, 2010.

[163] Tanya Aplin. The Future of the Breach of Confidentiality and the Protection of Privacy. Oxford University Commonwealth Law Journal, 2007.

[164] Tanya Aplin, Lionel Bently, Phillip Johnson, Simon Malynicz. Gurry on Breach of Confidence: the Protection of Confidential Information (2nd ed), Oxford: Oxford University Press, 2012.

[165] Tom Gerety. Redefining Privacy. Harvard Civil Rights-Civil Liberties Law Review, Vol 12, 1977.

[166] Tranberg CB. Proportionality and Data Protection in the Case Law of the European Court of Justice. International Data Privacy Law, Vol 1, 2011.

[167] Tridimas T. The General Principles of EU Law (2nd ed), Oxford: Oxford University Press, 2007.

[168] Urs Gasser. Recording Privacy Law: Reflections on the Future Relationship among Law, Technology and Privacy. Harvard Law Review, Vol 130, 2016.

[169] US Department of Health Education & Welfare, Records, Computers, and the Rights of Citizens. The MIT Press, 1973.

[170] US President's Council of Advisors on Science and Technology. Report to the President— Big Data and Privacy: A Technological Perspective. 2014.

[171] Václav Janeek. Ownership of Personal Data in the Internet of Things. Computer Law & Security Review, Vol 34, 2018.

[172] Van Der Sloot B. From Data Minimization to Data Minimummization in Bart Custers and others (eds), Discrimination and Privacy in the Information Society: Data Mining and Profiling in Large Databases. Springer-Verlag, 2013.

[173] Weber RH. Privacy Management Practices in the Proposed EU Regulation.

International Data Privacy Law, Vol 4, 2014.
[174] William L. Prosser. The Right to Privacy, California Law Review, Vol 48, 1960.
[175] Woodrow Hartzog. Reviving Implied Confidentiality. Indian Law Journal, Vol 89, 2014.
[176] World Economic Forum. Rethinking Personal Data: A New Lens for Strengthening Trust. 2014.
[177] Yeung K. Securing Compliance: A Principled Approach. Oxford: Hart Publishing, 2004.

致　　谢

随着论文的写作接近尾声，四年博士生活即将告一段落。论文研究和写作是我过去几年生活中最为浓墨重彩的一笔，得到了很多人的帮助和指导，在此一并致谢。首先感谢恩师申卫星教授。从硕士起即有幸加入申老师门下，老师令人尊敬的为师之道、为学之道和为人之道，让我获益匪浅，是我一生的宝贵财富。论文写作中，老师从选题方向、研究方法、框架安排、语言表达等各个方面进行全面指导，每一次认真讨论、思想交锋、修改指点，都促进这篇论文的完善，并启发我今后继续进行研究。期待今后不断努力前行，以报答老师的悉心培养。

在博士学习和论文写作过程中，我得到了清华大学法学院诸位老师的指导和帮助，不胜荣幸。尊敬的崔建远教授、韩世远教授、王洪亮教授、程啸教授、耿林教授、汪洋教授、龙俊教授，还有中国人民大学石佳友教授、中国政法大学戴孟勇教授等，他们作为评审专家，在开题答辩、中期检查、预答辩等多个环节对我的论文提出了建设性的宝贵意见，在此表示感谢。同时，四年博士生涯中我曾多次参与各位老师的课堂学习、讲座讨论等，感受到了各位师长渊博的知识和优雅的人格，让我的博士生活熠熠生辉。我也要感谢法学院小伙伴们的关心和帮助，一起学习思考进步的过往历历在目，让那些难熬的时光变得可爱且快乐。

在国家留学基金委的资助下，我有幸前往英国牛津大学访学一年。在外学习期间，感谢来自法学系、互联网研究中心、计算机系的 John Armour 教授、Jeremias Adams-Prassl 教授、Rebecca Williams 教授、Philip Howard 教授、Sandra Wachter 教授、Natalie Mrockova 博士、Mimi Zou 博士、Vaclav Janecek 博士的指导和建议。同时感谢来自不同学科的小伙伴们（Halefom Abraha 博士、Aislinn Kelly-Lyth 博士生、Beril Boz 博士生、樊竟合博士生、Thomas Serban Von Davier 博士生、Konrad Kollnig 博士生、Jake Stein 博士生等）具有启发性的讨论和共同学习。牛津大学学习和生活的岁月是难忘而美好的，拓展了我的研究视野和思考方向，丰富了我的人生阅历。

我还想要感谢我的另一个培养单位——中国政法大学,感谢冯世勇校长、李秀云校长、王敏老师以及学校办公室的各位同事们在工作和学习中对我的关心和支持,让我拥有宝贵的脱产学习机会继续深造,潜心学术。

　　最后想对我的家人们表示诚挚的谢意,在并不轻松的学习和写作过程中,他们是我最坚强的后盾。感谢我的父母、兄长一直以来对我的支持和爱护,感谢爱人黄先生陪我一起走过的春夏秋冬,感谢公婆的理解和关怀。尤其是黄先生的支持和鼓励,让我充满力量,不断向前奔跑。

　　感谢一切美好的相遇,期待未来崭新的篇章。